COMMON USAGE DICTIONARY

ITALIAN-ENGLISH
ENGLISH-ITALIAN

THE LIVING LANGUAGE™ SERIES
BASIC COURSES ON CASSETTE
*Spanish
*French
*German
*Italian
*Japanese
*Portuguese (Continental)
Portuguese (South American)
Advanced Spanish
Advanced French
Children's Spanish
Children's French
Russian
Hebrew
English for Native Spanish Speakers
English for Native French Speakers
English for Native Italian Speakers
English for Native German Speakers
English for Native Chinese Speakers

*Also available on Compact Disc

LIVING LANGUAGE PLUS®
Spanish
French
German
Italian

LIVING LANGUAGE TRAVELTALK™
Spanish
French
German
Italian
Russian

Living Language™

COMMON USAGE DICTIONARY

ITALIAN-ENGLISH
ENGLISH-ITALIAN

By Genevieve A. Martin
and Mario Ciatti

BASED ON THE DICTIONARY DEVELOPED BY
RALPH WEIMAN
FORMERLY CHIEF OF LANGUAGE SECTION,
U.S. WAR DEPARTMENT

CONTAINING OVER 15,000 BASIC TERMS WITH
MEANINGS ILLUSTRATED BY SENTENCES AND
1000 ESSENTIAL WORDS SPECIALLY INDICATED

Crown Publishers, Inc., New York

THE LIVING LANGUAGE COURSE is a registered trademark, and
CROWN, and LIVING LANGAGE and colophon are trademarks of
Crown Publishers, Inc., 201 East 50th Street, New York, N.Y. 10022.

Library of Congress Catalog Card Number: 56-9316

ISBN 0-517-55791-6

1985 Updated Edition

Manufactured in the United States of America

18   17   16   15   14

TABLE OF CONTENTS

Introduction   vii

Explanatory Notes   viii

ITALIAN-ENGLISH DICTIONARY   1

    Glossary of Proper Names   111

    Glossary of Geographical Names   113

ENGLISH-ITALIAN DICTIONARY   117

    Glossary of Proper Names   172

    Glossary of Geographical Names   173

INTRODUCTION

The Italian Common Usage Dictionary lists the most frequently used Italian words, gives their most important meanings and illustrates their use.

1. The *basic* words are indicated by capitals. These are the words generally considered essential for any reasonable command of the language.

2. Only the most important meanings are given.

3. These meanings are illustrated, wherever necessary, by means of everyday phrases and sentences. Where there is no close English equivalent for a Italian word or where the English equivalent has several different meanings, the context of the illustrative sentences helps to make the meanings clear.

4. Each important word is followed by the everyday expressions in which it most frequently occurs. The Common Usage Dictionary serves accordingly as a phrase book or conversation guide: it contains thousands of everyday sentences which are of practical importance (for traveling, correspondence, etc.) or which serve as illustrations of the grammatical features of current written and spoken Italian. The Common Usage Dictionary should, therefore, prove helpful both to beginners who are building up their vocabulary and to advanced students who want to perfect their command of colloquial Italian.

5. In translating the Italian phrases and sentences an attempt has been made to give not a mere translation but an equivalent—that is, what an English speaker would say in the same situation. (Literal translations have been added to help the beginner.) The user is thus furnished with numerous examples of how common Italian expressions (particularly the very idiomatic and the very colloquial ones) can best be translated into English. This feature makes the Common Usage Dictionary especially useful for translation work.

6. The English-Italian part contains the most common English words and their Italian equivalents. By consulting the sentences given under the Italian word in the Italian-English part the reader can observe whether the Italian word always translates the English one or whether it does so only in certain cases.

EXPLANATORY NOTES

Literal translations are in parentheses.

Very colloquial words, phrases and sentences are marked *colloq.*

Living Language

COMMON
USAGE
DICTIONARY

ITALIAN-ENGLISH
ENGLISH-ITALIAN

ITALIAN-ENGLISH

NOTE: To help the student pronounce words in which the stress is not on the expected syllable, we have purposely added some accent marks which are not required in Italian writing. More complete information on pronunciation is given in the manual.

A

A, AD (used in front of words beginning with vowels) *to, at.* Also:

  al (contraction of *a* plus *il*).

  allo (contraction of *a* plus *lo;* used in front of words beginning with *z, s* followed by a consonant, and *gn*).

  alla (contraction of *a* plus *la*).

  ai (plural; contraction of *a* plus *i*).

  alle (plural; contraction of *a* plus *le*).

  agli (plural; contraction of *a* plus *gli*).

  alle tre *at three o'clock*

  andare a piedi *to go on foot.*

  cucinare all' italiana *to cook in the Italian way.*

  A domani. *See you tomorrow. (Until tomorrow.)*

  Andiamo al cinema! *Let's go to the movies!*

  È andato allo stadio. *He went to the stadium.*

  È la prima strada a destra. *It's the first street on the right.*

  Hai dato la mancia ai facchini? *Did you tip the porters?*

  Io vado a Roma. *I'm going to Rome.*

  Mi preparo ad andar via. *I'm getting ready to leave (go away).*

  Questi libri appartengono agli studenti. *These books belong to the students.*

  Siamo andati all fiera. *We went to the fair.*

  Ti condurrò alle corse. *I'll take you to the races.*

abbaiare *to bark.*

abbandonare *to abandon.*

abbandono *abandonment, desertion.*

abbassare *to lower; to reduce.*

abbasso *down, downstairs.*

abbastanza *enough, rather.*

abbattere *to throw down; to demolish; to pull down; to fell; to bring down.*

  Egli ha abbattuto un aeroplano nemico. *He brought down an enemyplane.*

  Hanno abbattuto gli alberi del giardino. *They felled the trees in the garden.*

  La minima cosa lo abbatte. *The least thing depresses him.*

abbatersi *to get disheartened; to get depressed.*

  Non bisogna abbatersi cosi facilmente.

  One should not get discouraged so easily.

abbattuto *dejected, downhearted.*

  L'ho trovato molto abbattuto. *I found him very downhearted.*

abbazia *abbey.*

abbellimento *improvement, embellishment.*

abbellire *to improve; to make more beautiful.*

abbigliamento *clothes.*

abbisognare *to be in need of; to need.*

  Egli abbisogna di tutto. *He is in need of everything.*

  Ti abbisogna qualcosa? *Do you need anything?*

abboccamento *interview, talk.*

abbominevole *abominable.*

abbonamento *subscription.*

  Egli ha un biglietto d'abbonamento ferroviario. *He has a season train ticket.*

  Ho un abbonamento a questa rivista. *I have a subscription to this magazine.*

abbondante *abundant.*

  La mano d'opera è abbondante in questa regione. *There is an abundant labor supply in this region.*

abbondanza *abundance; plenty.*

  V'e un' abbondanza di limoni in Sicilia. *There is an abundanceof lemons in Sicily.*

abbondare *to abound; to be plentiful.*

  La selvaggina abbonda in questo paese. *Game is plentiful in this country.*

abbordare *to board (a ship); to accost (a person).*

  Mi ha abbordato scortesesmente. *He accosted me rudely.*

abbottonare *to button.*

abbozzo *sketch.*

abbracciare *to embrace.*

abbreviamento *abbreviation; abridgment (of a text).*

abbreviare *to make shorter; to abbreviate.*

abbreviazione, f. *abbreviation.*

  Qualche abbreviazione italiana (Some Italian abbreviations):

    mons. *monsignore Mgr.*

    N.B. (nota bene) *N.B.*

    P.T. (Poste e Telegrafi) *post and telegraph office*

    sig. *signore Mr.*

    sig.a *signora Mrs.*

    sig.na *signorina Miss.*

abbronzare *to become suntanned.*

abbrustolito *toasted.*

abbuiare *to darken.*

abdicare *to abdicate.*
abete, m. *fir tree.*
abietto *base, abject.*
abile *able, skillful.*
abilità *ability, capability.*
abisso *abyss.*
abitabile *habitable.*
ABITANTE, m. *inhabitant.*
abitare *to live; to dwell.*
abitazione, f. *habitation, house.*
ABITO *suit, dress.*
abituale, m. & f. adj. *habitual, usual.*
abituorsi *to get used to.*
ABITUATO *accustomed; used to.*
abitudine, f. *habit, custom.*
abolire *to abolish.*
abolizione, f. *abolition.*
aborrire *to abhor.*
abrasione, f. *abrasion.*
abusare *to take advantage of.*
  Egli abusa della mia pazienza. *He is
  taking advantage of my patience.*
abuso *abuse.*
  Egli fa abuso tabacco. *He smokes
  too much.*
accademia *academy.*
  Accademia di Belle Arti. *Academy
  of Fine Arts.*
accademicamente *academically.*
accademico *academician.*
accademico, adj. *academic.*
ACCADERE *to happen.*
  Che cos'è accaduto? *What happened?*
  E accaduta una disgrazia. *An
  accident happened.*
  Mi è accaduto d'incontrarlo. *I
  happened to meet him.*
  Non accade mai. *It never happens.*
accaldarsi *to become excited (nervous).*
accampamento *camp, camping.*
accampare *to camp; to encamp
(military).*
  I soldati si sono accampati ai piedi
  della collina.
    *The soldiers have encamped at
    the foot of the hill.*
accanimento *obstinacy, persistence.*
ACCANTO *beside, near, by.*
  La chiesa si trova accanto al cimitero.
    The church is near the cemetery.
  Le fanciulle camminano una accanto
  all'altra. *The girls are walking side by
  side.*
  Siedi accanto a me. *Sit by me.*
accappatoio *robe;* **—da bango**
bathrobe; **—da toletta** *dressing robe.*
accarezzare *to caress; to fondle;
to cherish.*
  accarezzare un'idea *to cherish an idea.*
  Il bimbo accarezza il suo cane. *The*

  boy is caressing his dog.
accartocciare *to wrap up.*
accatastare *to heap up.*
accattare *to beg.*
accattone, m. *beggar.*
accecare *to blind.*
accedere *to accede; to enter.*
accelerare *to accelerate; to hasten.*
  Dobbiamo accelerare il passo. *We
  must hasten (quicken our steps).*
accelerato *accelerated;* (as a noun)
local train.
acceleratore, m. *accelerator.*
  Premi l'acceleratore. *Step on the gas.
  (Press the accelerator.)*
ACCENDERE *to light; to kindle; to
turn on.*
  Accende la luce. *He turns the light on.*
  Accendi il fuoco nel camino. *Light
  a fire in the fireplace.*
  Ho acceso la candela. *I lit the candle.*
accendersi *to light up; to ignite; to
get excited.*
accendi-sigaro *cigarette lighter.*
accennare *to hint; to point out.*
accenno *hint, nod.*
accentare *to accent.*
accentato *accented.*
  L'ultima sillaba è accentata. *The
  stress is on the last syllable.*
accento *accent, stress.*
  Egli ha un leggiero accento. *He has
  a slight accent.*
accentuare *to emphasize; to accent.*
accerchiamento *encircling; surrounding.*
accerchiare *to surround; to encircle.*
  La casa è accerchiata. *The house
  is surrounded.*
accertare *to ascertain; to verify.*
accertarsi *to make certain.*
  Me ne voglio accertare. *I want to
  make sure of it.*
acceso *alight, aflame.*
  La folla è accesa d'ira. *The crowd
  is in a fit of rage.*
  La luce è accesa nel corridoio. *The
  light is on in the hall.*
accessibile *accessible.*
ACCESSO *access, admission, attack,
fit.*
  Egli ha avuto un accesso di rabbia.
  He had a fit of rage.
accessorio *accessory.*
accettabile, m. & f. adj. *acceptable.*
ACCETTARE *to accept*
  Accetti le mie scuse. *Accept my
  apology.*
  Ho accettato il suo invito. *I
  accepted his invitation.*
  Le condizioni furono accettate da tutti.

Everyone agreed to the conditions.
Non posso accettare questo dono.
I can't accept this gift.
acciaio *steel.*
accidentale *accidental.*
ACCIDENTE, m. *accident.*
E' morto in un accidente automobilistico. *He died in an automobile accident.*
Accidenti! *The devil!*
accigliato *gloomy, frowning.*
accingersi *to get ready.*
Mi accingo a partire. *I'm preparing to leave.*
acciochè *that; in order that.*
acciottolato *pavement.*
acciuga *anchovy.*
acciuffare *to catch; to grasp.*
acclamare *to acclaim.*
acclamazione, f. *acclamation.*
acclimatarsi *to become acclimated.*
ACCLUDERE *to enclose.*
Accludo una fotografià di mio figlio. *I am enclosing a snapshot of my son.*
Non si dimentichi di accludere la fattura. *Don't forget to enclose the bill.*
accluso *enclosed.*
accoccolarsi *to squat; to crouch.*
accoglienza *reception, welcome.*
Mi han fatto una cordiale accoglienza. *They welcomed me warmly.*
accogliere *to receive; to welcome.*
Andiamo ad accogliere gli ospiti. *Let us go and receive the guests.*
Egli fu accolto male. *He was not welcome. (He was poorly received.)*
accollarsi *to take upon oneself; to assume.*
Mi sono accollato questa responsabilità. *I assumed this responsibility.*
accollato *highnecked.*
accoltellare *to stab.*
accolto *received.*
accomiatarsi *to say good-bye.*
accomodabile, m. & f. adj. *adjustable.*
ACCOMODARE *to mend; to repair; to suit; to settle; to fix.*
Bisogna far accomodare questa lampada. *This lamp must be repaired.*
Questo non mi accomoda. *This doesn't suit me.*
Ti accomoderò io! *I'll fix you up!*
accomodarsi *to sit down; to make oneself comfortable.*
accompagnamento *accompaniment (musical).*
ACCOMPAGNARE *to accompany.*
Il pianista lo ha accompagnato

magnificamente. *The pianist accompanied him magnificently.*
Mi ha accompagnato a casa. *He saw me home.*
accompagnatore, m. *accompanist (musical).*
accomunare *to join; to write.*
acconciare *to put in order; to adorn.*
accondiscendere *to condescend.*
acconsentire *to allow; to consent; to agree.*
Chi tace acconsente. *Silence gives consent.*
accontentare *to content; to please.*
accontentarsi *to be content.*
Mi accontento facilmente. *I'm easily pleased.*
ACCONTO *account.*
Egli mi ha dato una somma in acconto. *He gave me some money on account.*
accoppiare *to couple.*
accoppiarsi *to couple.*
Sono bene accoppiati. *They make a fine couple.*
accorare *to grieve.*
accorciare *to shorten.*
accorciarsi *to become shorter.*
D'inverno le giornate si accorciano. *In winter the days become shorter.*
accorciatoia *short-cut.*
accordabile *allowable; tunable (music).*
ACCORDARE *to grant; to accord; to tune.*
Devo fare accordare il pianoforte. *I must have the piano tuned.*
Ti posso accordare solo dieci minuti di tempo. *I can give you only ten minutes' time.*
accordar(si) *to come to an agreement.*
Dopo lunga discussione si sono finalmente accordati. *After lengthy discussion they finally came to an agreement.*
ACCORDO *agreement, accord, harmony.*
D'accordo! *Agreed!*
Gianna e Maria sono venute ad un accordo. *Jean and Mary reached an agreement.*
In casa nostra regna un perfetto accordo. There is complete harmony in our home.
Siamo perfettamente d'accordo. *We are in complete agreement.*
Si è stabilito un accordo fra i due. *An agreement was reached between the two.*
accorgersi *to take notice; to become aware of.*
Mi sono accorto d'aver lasciato

l'ombrello nel treno. *I'd noticed I'd
left my umbrella in the train.*

accorrere *to run up; to run.*

accortezza *shrewdness, sagacity.*

accorto *careful, clever.*

accostore *to approach; to put beside.*

accreditare *to credit.*
La somma gli fu accreditata. *The
sum was credited to him.*

accreditato *reliable, accredited.*

accrescere *to increase.*

accrescimento *increase.*

ACCUDIRE *to attend; to take care of.*
Devo accudire alle mie faccende. *I
must attend to my duties.*

ACCUMULARE *to accumulate; to
amass.*
Egli ha accumulato una gran fortuna.
He amassed a fortune.

accuratamente *accurately, carefully.*

accuratezza *accuracy, care.*

accurato *accurate, careful.*

accusa *charge, accusation.*

ACCUSARE *to accuse; to charge.*
Egli fu accusato ingiustamente.
He was unjustly accused.

accusato, noun & adj. *accused;
defendant (legal).*
L'accusato fu rimesso in libertà.
The defendant was freed.

accusatore, m. *accuser.*

acerbamente *bitterly, sharply.*

acerbezza *sourness, unripeness.*

acerbo *unripe.*

àcero *maple.*

acetato *acetate.*

aceto *vinegar.*

acetone *acetone.*

acidità *sourness, acidity.*

acido *acid, sour.*

ACQUA *water.*
acqua di mare *sea water.*
acqua dolce *fresh water.*
acqua minerale *mineral water.*
acqua ossigenata *peroxide.*
un bicchier d'acqua *a glass of water.*

acquaforte, f. *etching.*

acquaio *sink.*

acquario *acquarium.*

acquavite, f. *brandy.*

acquazone, m. *shower (of rain).*

acquedotto *acqueduct.*

acquarello *water color.*

acquietare *to quiet; to appease.*

acquirente, m. *buyer.*

acquistare *to buy; to acquire.*

acquisto *purchase.*
Vado a fare degli acquisti in città. *I'm
going shopping in town.*

acre *acrid.*

acro *acre.*

acrobata, m. *acrobat.*

acutamente *acutely, shrewdly.*

acuto *acute, sharp, keen.*

ad *see A.*

adagiare *to lay; to place.*

adagio *slowly.*

adattarsi *to suit; to conform; to submit.*

ADATTO *qualified for; suitable; right.*
Non sono adatto per questo impiego.
I am not qualified for this position.
Quest' abito non è adatto per me.
This suit is not right for me.

addestare *to train.*

ADDIO *good-bye, farewell.*

addirittura *really, quite, completely.*

additare *to point at; to point out.*

addizionale *additional.*

ADDIZIONARE *to add; to sum up.*

addizione, f. *addition.*
A scuola i bambini imparano a fare
l'addizione. *In school children learn to
add.*

addobbare *to decorate; to furnish.*

addolcire *to sweeten; to soften.*

addolcirsi *to become sweet.*

ADDOLORARE *to grieve.*

addolorato *sorry, grieved.*

addome, m. *abdomen.*

addomesticare *to tame.*

addormentare *to put to sleep.*

ADDORMENTARSI *to fall asleep.*
Mi hanno addossato sul divano.
I fell asleep on the divan.

addossare *to lay on; to throw on.*
Mi sono addossato la colpa di
questo incidente. *They blamed me for
this incident.*

addossarsi *to take upon oneself;
to saddle oneself with.*
Mi sono addossato un sacco di
lavoro. *I saddled myself with a lot of
work.*

addosso *upon; on; on one's back.*
Buttati adosso un vestito e vieni.
Throw some clothes on and come.
Gli furono tutti addosso. *They all
fell on him.*

addotto *alleged.*

addurre *to allege.*

adeguatamente *adequately.*
Furono adeguatamente compensati.
They were adequately repaid.

ADEGUATO *adequate.*

adempiere *to accomplish.*

adempimento *accomplishment.*

aderire *to adhere to.*

adesione, f. *adherence, assent.*

adesivo *adhesive.*
ADESSO *now.*
Vogliamo uscire adesso? *Shall we go out now?*
adiacente *adjacent, adjoining.*
adirato *angry.*
adocchiare *to eye.*
ADOLESCENTE noun & adj. *adolescent.*
ADOPERARE *to use; to make use of.*
La farina si adopera per fare il pane. *Flour is used to make bread.*
adorare *to adore.*
adorazione, f. *adoration.*
adornamento *ornament.*
adornare *to adorn.*
ADOTTARE *to adopt; to pass.*
È stato adottato un nuovo sistema. *A new system was adopted.*
Hanno adottato un bambino dell' orfanatrofio. *They adopted one of the boys from the orphanage.*
Le nuove leggi furono adottate. *The new laws were passed.*
adottivo *adopted.*
adozione, f. *adoption.*
adulare *to flatter.*
adulatore, m. *flatterer.*
adulazione, f. *adulation, flattery.*
ADULTO *adult.*
adunanza *meeting.*
adunare *to assemble.*
AEREO, adj. *of the air; airy.*
ferrovia aerea *elevated railway.*
forze aeree *air force.*
linea aerea *air line.*
posta aerea *air mail.*
AEREO *aircraft, airplane.*
aerodromo *aerodrome.*
aeroplano *airplane.*
aeroporto *airport.*
afa *sultriness; sultry weather.*
affabile *affable, kind.*
affaccendato *busy.*
AFFACCIARSI *to present oneself; to appear.*
Si è affacciato al balcone. *He appeared at the balcony.*
Un pensiero mi si affaccia alla mente. *A thought is occurring to me (is presenting itself to my mind).*
affamare *to starve.*
affamato *starving, hungry.*
affannare *to pant; to make uneasy.*
affannarsi *to be anxious.*
affanno *difficulty of breathing (panting); uneasiness.*
Fu colto da un affanno improvviso. *He was struck by a sudden anxiety.*
AFFARE, m. *business, affair.*
Gli affari sono affari. *Business is business.*

Non sono affari tuoi. *It's none of your business.*
Si tratta d'un affare spiacevole. *It's an unpleasant affair.*
affascinante *charming, fascinating.*
affascinare *to charm; to enchant; to bewitch.*
affascinato *fascinated; charmed.*
affaticare *to weary; to fatigue.*
affaticato *fatigued, weary.*
AFFATTO *not at all.*
Affatto! *Not at all!*
Non sono affatto stanco. *I'm not at all tired.*
affermare *to affirm; to state; to say.*
affermativa *affirmative.*
affermativamente *affirmatively.*
affermativo, adj. *affirmative.*
affermazione, f. *affirmation, statement.*
afferrare *to seize; to catch.*
affettare *to cut into slices; to affect.*
AFFETTO *affection.*
AFFETTUOSAMENTE *affectionately.*
affettuoso *affectionate.*
affezionarsi *to become attached to.*
affezionato *affectionate, fond.*
affidamento *assurance.*
non dare affidamento *not to be dependable.*
non fare affidamento su di *not to rely on.*
affidare *to commit; to trust.*
affidare alla memoria *to learn by heart; to commit to memory.*
Mi affido a te. *I trust you. (I entrust myself to you.)*
affilare *to sharpen.*
affiliare *to affiliate.*
affinare *to refine.*
affinchè *in order that.*
affisso *bill, poster, placard.*
affittare *to let; to lease.*
stanza di affittare *room to let.*
affitto *rent, lease.*
affliggente *distressing.*
affliggere *to distress; to sadden.*
afflitto *afflicted.*
affogare *to suffocate; to drown.*
affollato *crowded.*
affondare *to sink.*
affrancare *to stamp.*
Questa lettera non è affrancata. *This letter is not stamped.*
affrancatura *postage.*
AFFRETTARE *to hasten; to hurry.*
affrettare il passo *to quicken the pace.*
affrettato *hurried, hasty.*
affrontare *to meet.*
agente, m. *agent.*
AGENZÌA *agency, branch.*

5

agenzia di navigazione *shipping agency.*
agenzia di vaggio *travel agency.*
agevolare *to aid; to help.*
agevolazione, f. *concession, facilitation.*
aggettivo *adjective.*
aggionare *to adjourn; to post up; to date.*
aggiungere *to add.*
aggiungersi a *to join.*
aggiunta *addition.*
aggiustare *to arrange; to fix.*
aggrapparsi *to cling to.*
aggravare *to aggravate.*
La situazione si è aggravata. *The situation grew more serious.*
aggredire *to assault.*
aggressivo *aggressive.*
agguato *ambush.*
agiatezza *comfort, wealth.*
agiato *wealthy.*
agio *leisure, opportunity.*
a tutto agio *at one's convenience.*
Non ho agio di farlo. *I have no time to do it.*
AGIRE *to act; to behave.*
Questo non è modo d'agire. *This is no way to behave.*
AGITARE *to shake; to wave.*
agitarsi *to get excited; to toss.*
Mi agito inutilmente. *I'm needlessly anxious.*
agitato *excited, agitated.*
mare agitato *rough sea.*
agitazione, f. *anxiety, restlessness.*
aglio *garlic.*
agnello *lamb.*
ago *needle.*
agonia *agony, torment.*
agonizzare *to agonize.*
agricolo *agricultural.*
agricoltore, m. *farmer.*
agricultura *farming, agriculture.*
agro *sour, bitter.*
agrodolce *bittersweet.*
agrumi *citrus fruits.*
aiutante, m. *assistant, helper, mate.*
AIUTARE *to help.*
aiuto *aid, assistance.*   Aiuto! *Help!*
ala *wing.*
alba *dawn.*
albeggiare *to dawn.*
alberare *to plant with trees.*
alberare una nave *to mast a vessel.*
alberatura *masting.*
albergare *to lodge; to be lodged.*
albergatore, m. *hotel-keeper.*
ALBERGO *hotel, inn.*
scendere ad un albergo *to put up at an hotel.*
albero *tree, mast (of a ship).*

albiocca *apricot.*
albore, m. *whiteness.*
primi albori *dawn.*
alcova *alcove.*
alcuno *some, none* (with negative sentences); *any* (with interrogative).
alcuni giornali *some newspapers.*
Avete alcuni amici? *Do you have any friends?*
Non ne ho alcuno. *I haven't any. I have none.*
alfabeto *alphabet.*
alfino *at last.*
alienare *to alienate.*
alimentare, adj. *alimentary.*
generi alimentari *foodstuffs, groceries.*
alimentare, verb *to feed.*
alimentarsi *to feed on; to nourish oneself.*
ALIMENTO *food.*
allacciare *to lace, to link.*
allagamento *inundation, flood.*
ALLARGARE *to widen; to enlarge; to broaden.*
allarmante *alarming.*
allarmare *to alarm.*
ALLARME, m. *warning, alarm.*
segnale d'allarme *warning signal.*
allato *on the side of; alongside.*
alleanza *alliance.*
fare alleanza con *to ally oneself to*
ALLEGGERIRE *to lighten; to relieve.*
alleggerire la pena *to relieve the suffering.*
allegramente *cheerfully, gaily.*
allegrezza *cheerfulness, joyfulness.*
ALLEGRÌA *gaiety.*
allegro *gay, cheerful.*
allenamento *training.*
allenare *to train.*
Si è allenato per l'incontro. *He trained himself for the match.*
allenatore, m. *trainer.*
allentare *to relax; to loosen.*
allentare la stretta *to relax the hold.*
terreno allentato *soft ground.*
allergico *allergic.*
allestire *to prepare.*
allevamento *breeding, rearing.*
allevare un bambino *to raise a child.*
allevatore, m. *breeder.*
alleviare *to alleviate; to mitigate.*
allievo, m. **allieva,** f. *pupil.*
allodola *lark, skylark.*
ALLOGGIARE *to lodge.*
alloggiare in un albergo *To lodge at an hotel.*
alloggiare truppe *to quarter soldiers.*
alloggio *lodging.*
prendere alloggio *to put up at.*

vitto e alloggio *room and board.*

ALLONTANARE *to remove.*

allontanarsi da *to go away from.*

allontanarsi dall'argomento *to digress; to stray from the subject.*

ALLORA *then.*

d'allora in poi *from that time on.*

fin d'allora *since then.*

allorchè *when, whenever.*

àlluce, m. *big toe.*

alludere *to allude (to); to hint.*

Non alludevo a lui. *I wasn't referring to him.*

alluminio *aluminum.*

ALLUNGARE *to lengthen.*

allungare il passo *to quicken one's pace.*

allungare il vino coll'acqua *to dilute wine with water.*

allungare la mano *to extend one's hand.*

allungato *lengthened, diluted.*

allusione, f. *allusion, hint.*

fare allusione a *to hint at.*

alluvione, f. *alluvion; flood deposit.*

alquanto *somewhat; a good deal.*

altamente *highly.*

altare, m. *altar.*

ALTERARE *to alter; to change.*

alterarsi *to get angry.*

alterazione, f. *change, alteration.*

alterigia *pride.*

ALTEZZA *height; width (of material).*

altipiano *plateau.*

altitudine, f. *altitude.*

ALTO *high; lofty; loud (voices).*

ad alta voce *in a loud voice.*

dall'alto della montagna *from the mountain top.*

in alto *on high.*

altoparlante, m. *loud-speaker.*

altresì *also, too.*

ALTRETTANTO *as much as; so much; equally.*

altrettanto lontano *as far as; equally far.*

Altrettanto a lei. *The same to you.*

Ne ho altrettanti. *I have as many.*

ALTRIMENTI *differently, otherwise, or, else.*

ALTRO *other.*

dell'altro *some more.*

l'un l'altro *each other.*

l'uno o l'altro *one or the other.*

ne l'uno, ne l'altro *neither one.*

qualche cos'altro *something else.*

quest'altra settimana *next week.*

senz'altro *immediately; at once.*

tutt'altro *not at all; anything but.*

un altro *another.*

ALTROVE *elsewhere.*

ALTRUI *another's; of others.*

la casa altrui *other people's homes.*

altura *height.*

alunno, m. **alunna**, f. *pupil.*

alveare, m. *beehive.*

ALZARE *to raise; to lift.*

alzarsi *to get up; to rise.*

alzarsi in piedi *to stand up.*

alzata *lifting up; raising.*

l'alzata del sole *the rising of the sun.*

alzato *up.*

È alzato? *Is he up?*

amabile *lovable, amiable.*

amaca *hammock.*

amante, m. & f. *lover, admirer.*

amaramente *bitterly.*

AMARE *to love.*

amareggiare *to embitter; to grieve.*

amareggiarsi *to fret.*

amarezza *bitterness.*

AMARO *bitter, harsh.*

amaro digestivo *bitters.*

ambasciata *embassy, message.*

fare un' ambasciata *to bring a message.*

ambasciatore, m. *ambassador;* **ambasciatrice**, f. *ambassadress.*

ambedue *both.*

ambire *to desire ardently.*

ambidestro *ambidextrous.*

ambizione, f. *ambition.*

ambizioso *ambitious.*

ambulante *ambulating, itinerant.*

ambulanza *ambulance.*

ameno *agreeable, pleasant, amusing.*

americano *American.*

amichevole *friendly.*

amichevolmente *in a friendly manner.*

amicizia *friendship.*

AMICO, m. **AMICA**, f. *friend.*

amido *starch.*

dar l'amido a *to starch.*

ammaestrare *to train.*

AMMALARE; AMMALARSI *to become ill.*

AMMALATO *ill.*

ammassare *to amass.*

ammasso *heap, mass.*

ammazzare *to kill.*

ammazzarsi *to kill oneself.*

ammesso *admitted.*

AMMETTERE *to acknowledge; to admit.*

Ammetto il mio errore. *I admit my mistake.*

AMMINISTRAREA *to manage; to administer.*

amministrare la giustizia *to*

administer justice.
amministrare un'azienda *to manage a business.*
amministrativo *administrative.*
amministratore, m. *administrator.*
amministrazione, f. *administration.*
consiglio d'amministrazione *board of directors.*
AMMIRARE *to admire.*
ammiratore, m.; **ammiratrice,** f. *admirer.*
ammirazione, f. *admiration.*
ammissibile *admissible, permitted.*
AMMISSIONE, f. *admission.*
esame d'ammissione *entrance examination.*
tassa d'ammissione *entrance fee.*
ammobiliare *to furnish (a home).*
AMMODO, adv. *nicely,* adj. *nice, good.*
una persona ammoda *a nice person.*
ammogliare *to marry.*
ammogliarsi *to get married; (man) to take a wife.*
ammogliato *married (man).*
ammonire m. *to warn.*
ammontare, m. *sum.*
ammontare *to reach (a figure); to amount.*
A quanto ammonta la somma? *What is the sum? How large is the sum?*
ammorbidire *to soften.*
ammorbidirsi *to become soft.*
amo *fishing hook.*
AMORE, m. *love, affection.*
amor proprio *self-esteem.*
fortunato in amore *lucky in love.*
per amor del cielo *for heaven's sake.*
per amore or per forza *by hook or by crook.*
È un amore *It's a darling. It's adorable.*
amoreggiare *to flirt.*
amoroso *loving.*
ampiamente *amply, sufficiently.*
ampiamente ricompensato *amply rewarded.*
ampio *ample, wide.*
ampolla *cruet.*
ampolliera *cruet stand.*
amputare *to amputate.*
anagrafe, f. *register of births, deaths and marriages.*
analfabeta *illiterate,* adj. & noun.
analfabetismo *illiteracy.*
analisi, f. *analysis.*
analisi del sangue *blood test.*
in ultima analisi *after all.*
analizzare *to analyze.*
ANCHE *also, too.*

anche se *even though; even if.*
quand'anche *even though.*
Anche questo finirà. *This too shall end.*
àncora *anchor.*
gettar l'àncora *to cast anchor.*
levar l'àncora *to weigh anchor.*
ANCORA *yet, still.*
Ancora qui? *Still here?*
Non sono andato ancora. *I haven't gone yet.*
ancorare *to anchor.*
ANDARE *to go.*
a lungo andare *in the long run.*
andare a cavallo *to go horseback riding.*
andare a piedi *to go on foot.*
andare di fretta *to be in a hurry.*
andare in auto *to go by car.*
Come va? *How are you?*
Come va questa faccenda? *How is this matter?*
Come vanno gli affari? *How is business?*
Come vanno le tue cose? *How is everything with you?*
Il mio orologio va avanti. *My watch is fast.*
Il tuo orologio va indietro. *Your watch is slow.*
Quest' orologio va male. *This watch is not right.*
ANDATA *departure, going.*
biglietto d'andata *one-way ticket.*
biglietto d'andata e ritorno *round-trip ticket.*
viaggio d'andata *outward journey.*
andatura *gait.*
androne, m. *lobby, corridor.*
ANELLO *ring (jewelry); link (chain).*
anello nuziale *wedding ring.*
l'anello più debole della catena *the weakest link in the chain.*
anfibio *amphibious (adj.); amphibian (noun).*
anfiteatro *amphitheater.*
angelico *angelic.*
angelo *angel.*
ANGOLO *angle, corner.*
l'angolo della strada *street corner.*
anguilla *eel.*
angusto *narrow.*
una camera angusta *a narrow room.*
ANIMA *soul, spirit.*
con tutta l'anima *with all one's heart.*
senz' anima *without spirit.*
Non c'è anima viva... *There's not a soul...*
animale, m. *animal.*
animale feroce *wild animal.*

animare *to animate.*

animarsi *to become animated; to get excited; to take courage.*

ANIMO *mind.*
  avere in animo di. . . *to intend to. . .*
  farsi animo *to take heart.*
  mettere l'animo in pace *to set one's mind at rest.*
  mettersi in animo di *to make up one's mind to.*
  Animo! *Come on! Take heart!*

anitra *duck.*

annebbiamento *dimming, clouding, obscuring.*

annebbiare *to fog; to dim.*

annebbiarsi *to become foggy; to grow dim.*
  La vista mi si sta annebbiando. *My eyesight is growing dim.*
  Si è annebbiato il tempo. *The weather has become foggy.*

annegare *to drown.*

annerire *to blacken; to darken.*
  annerito dal sole *sunburnt.*

annesso *annexed, attached.*
  annessi e connessi *appendages.*

annientare *to annihilate*

ANNIVERSARIO *anniversary.*
  anniversario di nascita *birthday.*
  anniversario di nozze *wedding anniversary.*

ANNO *year.*
  anni fà *years ago.*
  anno di nascita *year of birth.*
  capodanno *New Year's Day.*
  di anno in anno *from year to year.*
  essere avanti negli anni *to be on in years.*
  il primo dell'anno *New Year's Day.*
  per anni e anni *for years and years.*
  tanto all'anno *so much a year.*
  Buon Anno! *Happy New Year!*

annodare *to knot.*
  annodare relazioni *to form connections.*

ANNOIARE *to annoy; to weary.*
  annoiare la gente *to bore people.*

annoiato *bored, weary.*

annotare *to note; to annotate.*

annotazione, f. *note, annotation.*

annottare *to grow dark.*

annoverare *to count; to number.*
  Ti annovero fra i mei amici. *I number you among my friends.*

ANNUALE *yearly, annual.*

annualmente *annually.*

annullamento *annulment.*

annullare *to annul; to cancel.*

annunziare *to announce.*

annunziatore, m. **annunziatrice,** f. *announcer.*

annunzio *announcement, advertisement.*

annuvolato *cloudy.*

anonimo *anonymous.*
  società anonima *joint-stock company.*

anormale *abnormal.*

anormalità *abnormality.*

ansante *panting; out of breath.*

ansare *to pant.*

ansia *anxiety.*

ansiosamente *anxiously.*

ansioso *anxious, desirous.*
  Sono ansioso di vederti. *I'm anxious to see you.*

antenato *ancestor*

antenna *antenna (animal & radio).*

anteriore *previous, fore.*
  le ruote anteriori dell'automobile *the front wheels of the auto.*

antiaereo *anti-aircraft.*

antichità *antiquity, antique.*

ANTICIPO *anticipation, deposit, advance.*
  arrivare in anticipo *to arrive ahead of time.*
  Ho ricevuto un anticipo sullo stipendio. *I got an advance on my salary.*

ANTICO *ancient, old.*
  gli antichi *people of old.*
  in antico *in ancient times.*

antimeridiano *a.m.; before noon.*
  le undici antimeridiane *eleven a.m.*

ANTIPASTO *hors d'oeuvre.*

antipatia *dislike.*

antipatico *disagreeable, unpleasant.*

ANZI *on the contrary; rather.*

anzianità *seniority, age.*

ANZIANO *aged, old, senior.*

ANZICHÈ *rather than.*
  Preferisco pernottare all'albergo anzichéfare il vaggio notte. *I'd rather stay the night at the hotel than travel through the night.*

anzidetto *afore-mentioned; above mentioned.*

ANZITUTTO *first of all; above all.*
  La salute anzitutto. *Health above all.*

ape, f. *bee.*

aperitivo *aperitif.*

APERTAMENTE *openly, frankly.*
  Mi ha detto apertamente quello che pensava di me. *He told me frankly what he thought of me.*

APERTO *open.*

apertura *opening.*

apostrofo *apostrophe.*

appagare *to satisfy; to please.*
  appagarsi di poco *to be pleased with little.*

appannare *to dim; to obscure.*

apparecchiare *to prepare.*
  apparecchiare la tavola *to set the table.*
APPARENTE *apparent.*
apparentemento *seemingly.*
APPARENZA *appearance.*
  Non si può giudicare dall'apparenza. *One can't judge from appearances.*
APPARIRE *to appear; to seem.*
  apparire improvvisamente *to appear suddenly.*
  apparire stanco *to seem tired.*
apparizione, f. *apparition.*
APPARTAMENTO *flat, apartment.*
  Si affitta appartamento. *Apartment to let.*
appartarsi *to withdraw.*
appartenente *belonging to.*
APPARTENERE *to belong to; to be a member of.*
  Appartengo alla Società Figli d'Italia. *I belong to the Sons of Italy Club.*
  Questo libro mi appartiene. *This book is mine (belongs to me).*
appassionare *to interest; to impassion.*
  La lettura di questo libro mi appassiona. *This book interests me.*
appassionato *passionate; fond of; partial.*
  giudizio appassionato *a biased judgment.*
  appassionato della musica *fond of music.*
appasire *to wither; to fade.*
appassito *faded, withered.*
appello *call, appeal.*
APPENA *hardly; scarcely; as soon as.*
  Erano appena usciti. *They had just left.*
  Riesco appena a camminare. *I can hardly walk.*
  Siamo appena in tre. *We are only three (people).*
  Verrò appena posso. *I'll come as soon as I can.*
APPENDERE *to hang up.*
APPETITO *appetite, hunger.*
  avere appetito *to be hungry.*
appianare *to settle; to soothe; to level.*
applaudire *to applaud; to cheer.*
applauso *applause.*
applicabile, f. *applicable.*
APPLICARE *to apply; to enforce.*
  applicare il freno *to apply the brake.*
  applicare una legge *to enforce a law.*
  applicarsi *to apply oneself; to devote oneself.*
applicazione, f. *application.*
appoggiare *to lean; to lay; to rest; to back; to support.*

  appoggiare al muro *to rest against the wall.*
appoggiato *leaning.*
appoggiatoio *support, rest.*
appoggio *support, aid, rest.*
apporre *to affix.*
APPOSTA *on purpose; just for.*
  È stato fatto apposta. *It was done on purpose.*
  L'ho conservato apposta per te. *I saved it just for you.*
  L'ho fatto apposta per indispettirlo. *I did it just to spite him.*
APPRENDERE *to learn; to hear.*
  apprendere facilmente *to learn easily.*
  apprendere una notizia *to hear a piece of news.*
apprendista, m. *apprentice.*
apprensione, f. *apprehension, fear.*
  essere in apprensione *to be apprehensive.*
APPRESSO *near by; close to; then; after.*
  Che cosa viene appresso? *What comes next?*
  la casa appresso alla mia *the house next to mine.*
APPREZZARE *to appreciate.*
  Ho apprezzato molto la sua cortesia. *I appreciated his courtesy very much.*
apprezzato *esteemed.*
approdare *to land; to get ashore.*
approdo *landing, landing-place.*
APPROFITTARE *to profit (by); to take advantage of.*
  approfittare dell'occasione *to take the opportunity.*
  approfittare troppo *to abuse.*
appropriarsi *to appropriate.*
appropriato *appropriate, proper.*
appropriazione, f. *appropriation.*
  appropriazione indebita *embezzlement.*
APPROSSIMATIVAMENTE *approximately.*
approssimativo *approximate.*
APPROVARE *to approve.*
  approvare una legge *to pass a law.*
approvazione, f. *approval.*
APPUNTAMENTO *appointment.*
  Ho un'appuntamento alle tre. *I've an appointment at three.*
APPUNTARE *to sharpen; to pin; to note.*
appunto *note, remark.*
APPUNTO, PER L'APPUNTO *precisely; just so; just.*
  Per l'appunto! *Exactly!*
  Stavo appunto per partire. *I was just about to leave.*
aprile *April.*

pesce d'aprile *April fool's joke.*
APRIRE *to open.*
Apri la porta. *Open the door.*
La porta si è aperta. *The door opened.*
aquario *aquarium.*
aquila *eagle.*
aranceto *orange grove.*
arancia *orange.*
spremuta d'arancia *orange juice.*
succo d'arancia *orange juice.*
aranciata *orangeade.*
arare *to plough.*
arazzo *piece of tapestry.*
arazzi *tapestry.*
arbitro *arbiter, arbitrator.*
fare da arbitro *to referee.*
arcata *arcade.*
arcato *arched.*
architetto *architect.*
architettura *architecture.*
arcivescovo *archbishop.*
arco *bow, arch.*
strumento ad arco *string instrument.*
arcobaleno *rainbow.*
ardente *burning, ardent.*
amore ardente *ardent love.*
fiamma ardente *burning flame.*
ARDERE *to burn; to be on fire.*
Ardo dal desiderio. . . *I'm very desirous. . .*
ardimento *boldness, daring, impudence.*
ARDIRE *to dare, to have the courage to; to have the impudence.*
arditamente *boldly.*
arditezza *boldness.*
ardito *bold, fearless.*
area *area.*
area fabbricabile *building ground.*
arena *arena.*
argentare *to silver.*
argentato *silvered, silverplated.*
argenterìa *silver plate.*
ARGENTO *silver.*
ARGOMENTO *subject, topic.*
argomento in discussione *subject under discussion.*
entrare in argomento *to broach the subject.*
trattare l'argomento *to treat a subject.*
ARIA *air.*
all'aria aperta *in the open air.*
aver l'aria di *to look like.*
buttar per aria *to fling; to upset.*
darsi delle arie *to give oneself airs.*
in aria *in the air.*
per via aerea *by air.*
aridamente *aridly, dryly.*
aridità *aridity, aridness, dryness.*
arido *arid, dry.*

terreno arido *barren land.*
aristocratico *aristocratic.*
aristocrazia *aristocracy.*
aritmetica *arithmetic.*
ARMA *weapons.*
arma da fuoco *firearm.*
arma tagliente *sharp weapon.*
deporre le armi *to lay down arms;* (fig.) *to give up.*
armadio *wardrobe closet.*
armare *to arm.*
armarsi *to arm oneself.*
armato *armed.*
armato di coruggio *armed with courage.*
cemento armato *reinforced cement.*
armistizio *armistice.*
armonia *harmony.*
armoniosamente *harmoniously.*
armonioso *harmonious.*
AROMA, m. *flavor, fragrance.*
arrabbiarsi *to get angry.*
arrabbiarsi per un nonnulla *to get angry over nothing.*
arrabbiato *enraged.*
arredare *to furnish.*
arrendersi *to surrender; to surrender oneself.*
Mi arrendo al suo miglior giudizio. *I surrender to your better judgment.*
arrestare *to arrest; to stop.*
arrestarsi a metà frase *to stop in the middle of a sentence.*
Fu arrestato e condannato. *He was arrested and condemned.*
arretrato *behindhand; in arrears.*
essere arretrato *to be behind.*
Ho molto lavoro arretrato. *I am behind in my work.*
aricchire *to enrich; to make rich.*
aricchirsi *to become rich.*
aricchito *newly rich; profiteer.*
aricciare *to curl.*
arricciare il naso *to frown.*
arricciato *curled.*
ARRIVARE *to arrive.*
arrivare a destinazione *to reach one's destination.*
arrivare a tempo *to arrive on time.*
arrivare a ritardo *to arrive late.*
arrivare sano e salvo *to arrive safely.*
ARRIVO *arrival.*
all'arrivo *on the arrival.*
gli ultimi arrivi *the latest supplies.*
l'ora d'arrivo *the hour of arrival.*
arrogante *arrogant.*
arroganza *arrogance.*
arrossire *to blush; to turn red.*
arrostire *to roast.*
ARROSTO *roast.*

arruffare *to disorder; to upset.*
arrugginire *to rust; to make rusty.*
  arrugginirsi *to become rusty.*
arrugginito *rusty.*
ARTE, f. *art, cunning.*
  ad arte *on purpose.*
  belle arti *fine arts.*
articolo *article.*
  articolo di fondo *editorial.*
artista *artist,* m. & f.
artistico *artistic.*
ascendere *to ascend; to amount to.*
  La somma ascende a tre milioni. *The sum reaches three million.*
ASCENSORE, m. *elevator.*
ascesa *ascent.*
ascia *axe.*
asciugamano *towel.*
ASCIUGARE *to dry; to dry up; to wipe.*
  asciugare all'aria *to dry in the air.*
asciutto *dry.*
ASCOLTARE *to listen; to hear.*
  ascoltare la radio *to listen to the radio.*
  Ascoltami bene. *Listen to me carefully.*
ascoltatore, m.; **ascoltatrice,** f. *listener.*
ascolto *listening.*
  dare ascolto a *to heed; to listen to.*
  stare in ascolto *to be listening.*
ASILO *asylum, shelter, refuge.*
  asilo infantile *kindergarten; nursery school.*
  chiedere asilo *to seek shelter.*
asino *ass; donkey;* **asina** *she-donkey.*
asparago; asparagi, pl. *asparagus.*
ASPETTARE *to wait for.*
  aspettare con ansia *to look forward to.*
  non mi aspettavo di *I didn't expect.*
  Lo aspetto da un momento all'altro. *I expect him any minute.*
  Ti aspetterò alla stazione. *I'll wait for you at the station.*
  Vi aspetto alle tre. *I expect you at three.*
ASPETTO *look, aspect.*
  a primo aspetto *at first sight; at first.*
  aver l'aspetto di un signore *to look like a gentleman.*
  sotto tutti gli aspetti *from every point of view.*
  un aspetto serio *a serious mien.*
aspirapolvere, m. *vacuum cleaner.*
aspro *harsh, sharp.*
  con voce aspra *in a harsh voice.*
  vino aspro *sharp wine.*
assaggiare *to taste; to try; to test.*

assai *very much; enough.*
assalire *to assail; to assault; to attack.*
assassinare *to assassinate.*
assassino *assassin.*
asse, m. *board, plank, axis.*
assegnamento *reliance, allotment.*
  Non fare assegnamento su di me. *Don't count on me.*
assegnare *to assign; to allot.*
  Gli fu assegnato il primo premio. *He was given first prize.*
  Questo posto mi è stato assegnato. *This place was assigned to me.*
ASSEGNO *check, allowance.*
  in assegno *C.O.D.*
  pagare con un' assegno *to pay by check.*
  Ho ricevuto il mio assegno mensile. *I received my monthly allowance.*
assennato *wise, judicious.*
assentarsi *to absent oneself.*
  Mi son dovuto assentare per ragioni di malattia. *I had to absent myself on account of illness.*
assenso *assent.*
ASSENTE *absent.*
  assente da casa *away from home.*
  assente dal lavoro *away from work.*
  assente dalla scuola *absent from school.*
ASSENZA *absence, lack.*
  fare troppe assenze dalla scuola *to be absent from school too often.*
ASSERIRE *to assert; to declare; to affirm.*
  asserire il contrario *to say the opposite.*
asserzione, f. *assertion, declaration.*
assetato *thirsty.*
assettato *in order; tidy.*
ASSICURARE *to assure; to secure; to insure.*
  Ho assicurato la mia casa contro gli incendi. *I insured my home against fire.*
  Mi ha assicurato che sarebbe venuto. *He assured me he would come.*
ASSICURARSI *to make sure; to insure oneself.*
  Mi sono assicurato per cinquemila dollari *I took out a five thousand dollar policy.*
  Mi voglio assicurare che la porta sia chiusa. *I want to make sure the door is closed.*
assicurazione, f. *insurance.*
  polizza d'assicurazione *insurance policy.*
assistente *assistant,* noun & adj.
assistenza *assistance, aid, help.*

ASSISTERE *to assist; to aid; to nurse; to be present.*
I forti assistono i deboli. *The strong help the weak.*
La cerimonia fu assistita da molti. *Many were present at the ceremony.*
L'infermiera assiste l'ammalato. *The nurse is assisting the patient.*
asso *ace.*
associare *to associate; to take into partnership.*
associazione, f. *association.*
ASSOLUTAMENTE *absolutely, completely.*
ASSOLUTO *absolute, complete.*
autorità assoluta *complete authority.*
assolvere *to absolve; to forgive.*
ASSOMIGLIARE *to look like; to be like; to resmeble; to compare.*
Ha assomigliato la fanciulla ad una statua *He compared the girl to a statue.*
Si assomigliano come due gocce d'acqua. *They are as alike as two drops of water.*
assopirsi *to get drowsy.*
assorbente *absorbing.*
carta assorbente *blotting paper.*
assorbire *to absorb.*
ASSORTIMENTO *assortment.*
assortito *assorted.*
assorto *absorbed.*
assorto nello studio *absorbed in studying.*
ASSUMERE *to assume; to take on.*
Mi sono assunto questa incombenza. *I took on the task.*
assurdo *absurd.*
asta *lance, spear, pole.*
vendita all'asta *auction sale.*
ASTENERSI *to abstain.*
Mi astengo dal bere. *I abstain from drinking.*
astio *hatred.*
aver astio contro qualcuno *to bear someone a grudge.*
astratto *abstract.*
astuccio *box, case.*
astutamente *cunningly.*
astuto *cunning, astute.*
astuzia *astuteness, cunning, trick.*
atleta, m. *athlete.*
atletica *athletics.*
atletico *athletic.*
atmosfera *atmoshphere.*
atomico *atomic.*
bomba atomica *atomic bomb.*
atrio *lobby.*
ATTACCARE *to attack; to assail; to to attach; to stick; to paste.*

ATTACCO *attack, juncture, connection, touch.*
attacco electrico *electric connection (outlet).*
un'attacco d'influenza *a touch of influenza.*
atteggiamento *attitude, behavior.*
ATTENDERE *to wait; to await; to expect.*
Bisogna attendere. *We have to wait.*
attenersi *to conform.*
attento *attentive.*
attenzione, f. *attention.*
ATTESA *waiting, expectation.*
sala d'attesa *waiting room.*
attestare *to testify; to bear witness.*
attimo *instant, moment.*
ATTIRARE *to attract; to draw attention.*
attirarsi *to draw upon oneself.*
ATTITUDINE, f. *disposition, inclination.*
ATTIVITÀ *activity.*
essere in attività di servizio *to be on active duty.*
attivo *active.*
ATTO *act, deed, certificate.*
all'atto pratico *in practice.*
atto di nascita *birth certificate.*
nell'atto di *in the act of.*
prendere atto di *to take note of.*
primo atto *first act.*
attore, m. *actor;* **attrice,** f. *actress.*
ATTORNO *about, around, round.*
ATTRAENTE *attractive, charming.*
ATTRARRE *to attract.*
attrarre attenzione *to attract attention.*
attrarre folla *to attract a crowd.*
attratto *attracted.*
ATTRAVERSARE *to cross.*
attraversare la strada *to cross the street.*
attraversare un fiume a nuoto *to swim across a river.*
attraversare un paese in automobile *to drive across a country.*
ATTRAVERSO *across, through.*
Abbiamo trovato una barricata attraverso la strada. *We found a barricade across the road.*
Siamo passati attraverso lo stretto di Messina. *We passed through the Strait of Messina.*
attrazione, f. *attraction.*
numero d'attrazione *starring act (theatrical).*
attrezzo *implement, tool.*
ATTRIBUIRE *to attribute.*
attrito *friction.*

ATTUALE *actual, real, current, present*

attualità *reality; topic of the day.*

audace *bold, rash.*

audizione, f. *audition.*

AUGURARE *to wish; to bid.*
  augurare la buona notte *to bid goodnight.*
  Mi auguro di poterlo fare. *I hope to be able to do it.*

augurio *wish, omen.*
  essere di buon'augurio *to presage good luck.*
  Auguri di felice Natale. *Wishes for a happy Christmas.*
  Porga i miei auguri a sua moglie. *Extend my wishes to your wife.*

aula *hall, room.*
  aula scolastica *classroom.*

AUMENTARE *to increase, to augment; to raise.*
  aumentare di volume *to increase in volume.*
  aumentare le tasse *to increase the taxes.*
  aumentare lo stipendio *to raise the salary.*

AUMENTO *increase, raise, rise.*
  un aumento del due per cento *a two percent raise.*

aurora *sunrise, dawn.*
  aurora boreale *aurora borealis.*

austero *austere, strict.*

autentico *authentic, real.*

AUTISTA, m. *driver, chauffeur.*

AUTO *motor car.*

autobiografia *autobiography.*

AUTOBUS, m. *bus.*

autocarro *motor-lorry.*

autocarriera *motor-coach.*

automobile, f. *automobile.*

AUTORE, m. *author.*

autorimessa *garage.*

AUTORITÀ *authority.*

AUTORIZZARE *to authorize.*

autorizzato *authorized.*
  non essere autorizzato a *to be not entitled to; to be not authorized to.*

autorizzazione, f. *authorization.*

autunno *fall, autumn.*

AVANTI *ahead, before.*
  avanti a me *before me.*
  avanti Cristo *before Christ.*
  avantieri *the day before yesterday.*
  da ora in avanti *from this time forward; from now on.*
  essere molto avanti *to be ahead; to be far advanced.*
  il giorno avanti *the preceding day.*
  Avanti! *Forward! Come in! (in*

answer to a knock).
  Il mio orologio è avanti. *My watch is fast.*

avanzare *to advance; to be left over.*

avanzo *remnant, remainder.*
  Ne ho d'avanzo. *I've more than enough.*

avare, adj. *avaricious; (as noun) miser.*

avena *oats.*
  farina d'avena *oatmeal.*

AVERE *to have.*
  aver caldo *to be warm.*
  avercela con qualcuno *to bear a grudge against somebody.*
  aver dolore a *to feel a pain in.*
  aver fame *to be hungry.*
  aver freddo *to be cold.*
  aver paura *to be afraid.*
  aver ragione *to be right.*
  aver sete *to be thirsty.*
  aver sonno *to be sleepy.*
  aver torto *to be wrong.*
  aver trent' anni *to be thirty years old.*
  Che cosa avete? *What's the matter with you?*

avo *grandfather*
  i miei avi *my ancestors.*

avvelenare *to poison.*

avvelenamento *poisoning.*

avvenimento *event, incident.*

AVVENIRE, m. *future.*
  in avvenire *in the future.*

avvenire *to happen.*

avventura *adventure.*

avverbio *adverb.*

avversario *opponent.*

AVVERTIRE *to warn; to caution; to inform.*

avviarsi *to set out.*

AVVICINARE *to approach; to draw near.*

avvicinarsi *to draw nearer.*

avvilire *to humiliate.*

avvilito *discouraged, humiliated.*

AVVISO *notice, advice, opinion.*
  avviso pubblicitario *poster, advertisement.*
  essere d'avviso *to be of the opinion.*

avvocato *lawyer.*

AZIONE, f. *action; share (stock).*

azoto *azote.*

azzardo *hazard, risk.*
  giuocar d'azzardo *to gamble.*

azzurro *blue, azure.*

B

baccano *noise, hubbub.*

bacchetta *rod, baton.*
  bacchetta magica *magic wand.*
baciare *to kiss.*
bacile, m. *wash-basin.*
BACIO *kiss.*
baco *silkworm, worm, beetle.*
BADARE *to mind.*
  Bada a te! *Beware!*
  Io bado alle mie faccende. *I mind
   my own business.*
  Non ci badare. *Pay no attention.*
baffi, m. pl. *whiskers.*
BAGAGLIO *luggage, baggage.*
bagnare *to wet;* **bagnarsi** *to wet
  oneself; to get soaked.*
bagnino *bathing attendant.*
BAGNO *bath.*
  camera da bagno *bathroom.*
  costume da bagno *bathing suit.*
  farsi un bagno *bathe oneself.*
baia *bay.*
balbettare *to stutter; to lisp.*
  balbettare delle scuse *to stammer
   excuses.*
balcone, m. *balcony.*
balena *whale.*
baleno *lightning, flash.*
  È arrivato in un baleno. *He arrived
   in a flash.*
balia *nurse (children's)*
balla *bale.*
BALLARE *to dance.*
ballo *dance, dancing, ball.*
  lezione di ballo *dancing lesson.*
balocco *toy.*
balzare *to bound; to start.*
bambina *little girl; child.*
BAMBINO *little boy; child.*
bambagia *cotton (surgical).*
bambola *doll.*
banana *banana.*
banca *bank.*
  biglietto di banca *bank-note.*
bancarotta *bankruptcy.*
banchiere *banker.*
banco *bank, counter, bench.*
  banco di lavoro *workbench.*
  banco di scuola *school desk.*
banconota *bank-note.*
banda *band, gang.*
bandiera *flag, banner.*
  bandiera a mezz'asta *half-mast flag.*
bar *bar.*
baracca *hut.*
barattolo *pot, tin.*
barba *beard.*
  farsi la barba; radersi la barba *to
   shave.*
barbabietola *beet.*
barbieria *barbershop.*

barbiere, m. *barber.*
BARCA *boat.*
  barca a remi *rowboat.*
  barca a vela *sailboat.*
barile, m. *barrel.*
  averne a barili *to have a great
   quantity of (by the barrelful).*
barzelleta *joke.*
BASE, f. *base, basis.*
  base navale *naval base.*
  in base a *on the basis of.*
BASSO, adj. *low, short; (noun)
  base, bass.*
  a bassa voce *in a soft voice.*
  alti e bassi *ups and downs.*
  un' azione bassa *a base deed.*
BASTARE *to suffice; to be enough.*
  basti dire che *suffice it to say.*
  Basta! *Enough! That will do!*
bastone, m. *stick; cane; club.*
  il bastone della mia vecciaia *the
   staff of my old age.*
  l'asso di bastoni *the ace of clubs.*
battaglia *battle, fight.*
  campo di battaglia *battlefield.*
battello *boat.*
  battello a vapore *steamboat.*
battente, m. *leaf of a door; shutter.*
BATTERE *to beat; to strike; to knock.*
  battersi a duello *to duel.*
  battere alla porta *to knock at the
   door.*
  battere la grancassa (colloq.) *to
   advertise; to call attention to (to beat
   the drum).*
  senza battere ciglio *without batting
   an eyelash.*
battito *beat.*
battuto *beaten.*
  Mi ha battuto lealmente. *He beat me
   fairly.*
baule, m. *trunk.*
bavero *collar.*
bazar, m. *bazaar.*
beato *happy.*
belga *Belgian (also noun.)*
bellezza *beauty.*
  Che bellezza! *How wonderful! (What
   beauty!).*
BELLO *fine, beautiful, handsome.*
benchè *though, although.*
benda *bandage.*
BENE, m. *good, welfare.*
  beni mobili ed immobili *personal
   property and real estate.*
  per il bene di tutti *for the good of all.*
  voler bene a *to like; to love.*
BENE, adv. *well.*
  fare le cose per bene *to do
   things well.*

star bene di salute *to be in good health.*
stare abbastanza bene *to be fairly well off.*
benedetto *blessed.*
benedire *to bless.*
benedizione, f. *blessing, benediction.*
BENEFICIO *benefit, advantage, profit.*
benessere, m. *comfort, well-being.*
beni, m. pl. *property.*
benino *fairly well; rather well.*
BENISSIMO *very well; quite well.*
Benissimo! *Fine!*
bensì *but.*
BENVENUTO *welcome.*
Desidero darti il benvenuto. *I wish to welcome you.*
benzina *gasoline.*
BERE *to drink.*
Bevo alla tua salute! *I drink your health!*
berretto *cap.*
bersaglio *target.*
bestemmia *oath, curse.*
BESTIAME, m. *cattle.*
tanti capi di bestiame *so many head of cattle.*
bestia *beast.*
bevanda *drink.*
BIANCHERÌA *linen.*
biancheria da tavola *table linen.*
biancheria personale *lingerie.*
BIANCO *white,* noun & adj.
bianco d'uovo *white of the egg.*
lasciare in bianco *to leave blank.*
biasimare *to blame; to find fault with.*
bibita *drink.*
biblioteca *library.*
BICCHIERE, m. *glass.*
bicicletta *bicycle.*
andare in bicicletta *to ride a bicycle.*
bietola *beet.*
biglietterìa *ticket office.*
BIGLIETTO *ticket, note, card.*
biglietto d'ammissione *ticket (admission).*
biglietto di andata e ritorno *round-trip ticket.*
biglietto di banca *bank note.*
biglietto di visita *visiting card.*
bilancia *scales.*
bilanciare *to balance.*
BILANCIO *balance; balance sheet.*
bilancio consuntivo *final balance.*
bilancio dello stato *budget.*
bilancio preventivo *estimate.*
mettere in bilancio *to place in balance.*
binario *track, rail.*
biondo *blond, fair.*

BIRRA *beer.*
bisbigliare *to whisper.*
biscotte *biscuit, cooky.*
bisnome *great-grandfather.*
BISOGNARE *to be necessary; to have to.*
Bisogna affretarsi. *We must hurry.*
Bisogna che eglilo faccia. *He must do it.*
Bisognava saperlo prima. *We should have known sooner.*
Mi bisogna di un pò di zucchero. *I need a little sugar.*
BISOGNO *want, need, poverty.*
aver bisogno di *to need.*
bistecca *beefsteak.*
bistecca ai ferri *broiled steak.*
bisticciarsi *to quarrel.*
bivio *crossroad.*
bloccare *to block; to blockade.*
blocco *blockade.*
togliere il blocco *to remove the blockade.*
blu *blue.*
BOCCA *mouth.*
bocca da incendio *fire-plug.*
bocca del cannone *muzzle.*
boccone, m. *mouthful, morsel.*
bolla *bubble.*
bollire *to boil.*
bollito, adj. *boiled;* (as a noun) *boiled meat.*
bollo *stamp, seal.*
bollo dell'ufficio postale *postmark.*
bomba *bomb.*
a prova di bomba *bombproof.*
bonario *gentle, meek.*
BONTÀ *goodness, kindness.*
avere la bontà di *to have the kindness (of).*
bontà d'animo *kindheartedness.*
BORDO *board (naut.); border, margin.*
andare a bordo *to go aboard.*
borghese, m. *civilian.*
agente in borghese *plainclothes policeman.*
borgo *village.*
BORSA *purse, bag.*
borsa di studio *scholarship.*
borsa nera *black market.*
Borsa Valori *Stock Exchange.*
borsetta *handbag.*
bosco *woods.*
botte *barrel, cask.*
BOTTEGA *shop.*
bottegaio *shopkeeper.*
BOTTIGLIA *bottle.*
BOTTONE, m. *button.*
attaccare un bottone *to sew a button.*
attaccare un bottone a *to buttonhole*

(somebody).

bozzetto *sketch; rough model.*

braccialetto *bracelet.*

BRACCIO, m. **braccia,** pl. *arms (of the body).*

accogliere a braccia aperte *to greet with open arms.*

aver le braccia legate *to have one's hands tied.*

bracci *arms (of a stream).*

braccio di mare *strait.*

con le braccia incrociate *with folded arms; idle.*

offrire il braccio *to offer assistance.*

prendere in braccio to take in one's arms

bramare *to crave for.*

BRAVO *clever, skillful, honest, brave, good.*

Bravo! *Well done!*

BREVE *short, brief.*

fra breve *shortly; in a little while.*

in breve *in brief.*

in breve tempo *in a short time.*

brevetto *patent.*

ufficio brevetti *patent office.*

brillante *brilliant, glittering.*

brillare *to sparkle.*

brindare *to toast (drink to the health of).*

brindisi m. *a toast.*

brio *spirits, mettle.*

brodo *broth.*

Lascialo bollire nel suo brodo. *Let him stew in his own juice.*

bromuro *bromide.*

bronzatura *bronzing.*

bronzatura del sole *sun tan.*

BRUCIARE *to burn; to be on fire; to set fire to.*

bruciarsi *to burn oneself.*

bruciatura *burning, burn, scorch.*

bruno, adj. *dark, brown.*

brutto *ugly, bad.*

buca *hole.*

buca delle lettere *mailbox.*

bucare *to pierce; to puncture.*

bucato *washing, wash.*

fare il bucato *to do the washing.*

bucatura *puncture (of a tire).*

buccia *skin, peel.*

buco *hole.*

buo *ox.*

bistecca di bue *beefsteak.*

buffo *comic, funny.*

bugìa *falsehood, lie.*

dire una bugìa *to tell a lie.*

bugiardo; bugiarda, f. *liar.*

BUIO *dark,* adj. & noun.

al buio *in the dark.*

buio pesto *pitch dark.*

fare un salto nel buio *to leap into the dark.*

nel buio della notte *in the dark of night.*

buono, noun *bond, bill.*

buono del tesoro *treasury bond; treasury bill.*

buono di guerra *war bond.*

BUONO, adj. *good.*

colle buone *in a kind manner.*

levarsi di buon' ora *to rise early.*

un pranzo alla buona *a simple meal.*

Alla buon' ora. *At last.*

C' è voluto del buono e del bello per convincerlo. *It took a great deal to convince him.*

È un buon' a nulla. *He's a good-for-nothing.*

È un poco di buono. *He's not much good.*

burla *trick.*

fare una burla *to play a trick.*

per burla *in jest.*

BURRO *butter.*

BUSSARE *to knock.*

Hanno bussato alla porta. *Someone knocked on the door.*

busta *envelope.*

buttare *to throw.*

buttare tutto per aria *to upset; to mess.*

Buttalo via! *Throw it away!*

C

cabina *cabin, stateroom.*

cabina di bagno *dressing room (beach).*

cabina telefonica *telephone booth.*

cacào *cocoa.*

caccia *hunting, hunt.*

andare a caccia *to go hunting.*

cane da caccia *hunting dog.*

facile da caccia *hunting rifle.*

licenza da caccia *game license.*

cacciare *to go hunting.*

cacciatore, m. *hunter.*

cacciavite, m. *screw-driver.*

cacio *cheese.*

CADERE *to fall.*

cadere dalle nuvole *to be greatly surprised.*

cadere in ginocchio *to fall to one's knees.*

il cadere della notte *nightfall.*

il cadere del sole *sunset.*

caduta *fall, downfall.*

caduto *fallen.*

CAFFÈ m. *coffee, café.*

cagione, f. *cause, reason.*
calamaio *inkwell.*
calare *to lower; to let down.*
  calare l'àncora *to drop anchor.*
calcagno *heel.*
calcio *kick.*
  dare un calcio *to kick.*
  giuoco del calcio *football.*
caldaia *boiler.*
CALDO *heat, warmth; (as adj.) warm.*
  aver caldo *to be warm.*
  ondata di caldo *heat wave.*
callo *corn (on the toe).*
CALMA *calm, stillness, composure.*
calmare *to calm, to soothe.*
calore, m. *warmth, ardor.*
calunnia *slander.*
calvo *bald.*
CALZA *stocking.*
  fare la calza *to knit.*
calzatura *footwear.*
calzettina *sock.*
calzolaio *shoemaker.*
calzoleria *shoestore.*
CALZONI *trousers.*
cambiale, f. *bill of exchange; promissory note.*
cambiamento *change.*
cambiare *to change.*
  cambiare idea *to change one's mind.*
  cambiare in meglio *to change for the better.*
  cambiarsi *to change (one's clothes).*
cambiavalute, m. *money-changer.*
CAMBIO *change.*
  in cambio di *in exchange for.*
  leva di cambio *gear lever.*
  prima di cambio *first gear.*
CAMERA *chamber, room.*
  camera da bagno *bathroom.*
  camera da letto *bedroom.*
  Camera di Commercio *Chamber of Commerce.*
cameriera *maid.*
cameriere, m. *servant, valet.*
CAMICIA (camicetta) *shirt.*
  camicia da notte *nightgown.*
  in maniche di camicia *in shirtsleeves.*
  È nato colla camicia *He was born lucky.*
camino *chimney.*
CAMMINARE *to walk.*
  camminare in punta di piedi *to tip-toe.*
campagna *country, campaign.*
  casa di compagne *country home.*
  fare una campagna contraria a *to campaign against.*
campana *bell (church).*
campanello *bell.*
campanile, m. *church steeple.*

campeggiare *to camp.*
campidoglio *capitol.*
campione, m. *sample, champion.*
  campione dei pesi massimi *heavyweight champion.*
  Prendi questo come campione. *Take this as a sample.*
campo *field, ground.*
  campo di battaglia *battlefield.*
  campo di giuoco *playground.*
  ospedale da campo *field hospital.*
camposanto *cemetery.*
CANALE, m. *channel.*
  Canale di Suez *Suez Canal.*
CANCELLARE *to erase; to rub out.*
  cancellare dalla memoria *to forget.*
cancro *cancer.*
candela *candle.*
CANE, m. *dog;* **cagna**, f. *bitch.*
  lasciar stare i cani che dormono *to let sleeping dogs lie.*
cannone, m. *cannon.*
cantare *to sing.*
cantiere, m. *yard.*
  cantiere navale *shipyard.*
canto *song, corner.*
canzone, f. *song.*
capace *able, capable.*
capello *hair.*
  capelli biondi *blonde hair.*
  capelli scuri *dark hair.*
  farsi tagliare i capelli *to get a haircut.*
  fin sopra i capelli *up to his ears.*
capelluto *hairy.*
  cuoio capelluto *scalp.*
CAPIRE *to understand.*
  capire male *to misunderstand.*
  capirsi a vicenda *to understand each other.*
  Mi lasci capir bene. *Let me get things straight.*
capitale, f. *capitol.*
capitale, m. *capital (money).*
capitale, adj. *main.*
  pena capitale *capital punishment.*
capitano *captain.*
capitolo *chapter.*
capo *head, leader.*
capolavoro *masterpiece.*
capovolgere *to upset; to overturn.*
  capovolgersi *to capsize.*
cappella *chapel.*
CAPPELLO *hat.*
CAPPOTTO *overcoat.*
capra *goat.*
capriccio *whim, fancy, caprice.*
  fare i capricci *to get out of hand.*
capriccioso *capricious, freakish.*
caramente *dearly.*

CARATTERE, m. *character, disposition.*
  a caratteri grandi *in bold type.*
  Ha un carattere docile. *He has a mild disposition.*
caratteristica *characteristic, feature.*
caratteristico, adj. *characteristic, typical.*
CARBONE, m. *coal, carbon.*
  carbone fossile *pit coal.*
  miniera di carbone *coal mine.*
  carta carbone *carbon paper.*
carcere, m. *prison, jail.*
carezza *caress.*
carezzare *to caress.*
CARICARE *to load.*
  caricare l'orologio *to wind one's watch.*
  caricare un fucile *to load a gun.*
CARICO *burden, cargo, load, charge.*
  polizza di carico *bill of lading.*
  È arrivato un carico di arance. *A load of oranges has arrived.*
  Non ne faccia carico a me. *Don't accuse me of it.*
carino *nice, cute, pretty.*
carità *charity.*
caritatevole *charitable.*
carnagione, f. *complexion.*
CARNE, f. *meat, flesh.*
  in carne ed ossa *in flesh and blood.*
CARO *dear, expensive.*
  a caro prezzo *dearly.*
  mia cara amica *my dear friend.*
  Quest scarpe sono troppo care. *These shoes are too expensive.*
carriera *career.*
  andar di carriera *to walk swiftly.*
carro *truck, wagon, cart.*
  Non bisogna metterre il carro avanti ai buoi. *One shouldn't place the cart before the horse.*
CARTA *paper.*
  carta assorbente *blotter.*
  carte da giuoco *playing cards.*
  carta da lettere *stationery.*
  carta geografica *map.*
  carta velina *tissue paper.*
cartoleria *stationery store.*
cartolina *post card.*
CASA *house, home.*
  a casa mia *at my house.*
  andar di casa in casa *to go from door to door.*
  casa colonica *farmhouse.*
  casa di salute *nursing home.*
  donna di casa *housewife.*
  essere in casa *to be at home.*
casalingo *domestic, homely.*
coscare *to fall.*
  caschi il mondo *come what may.*

CASO *case.*
  in caso di disgrazia *in case of accident.*
  per puro caso *by mere chance.*
  se per caso *if by chance.*
CASSA *case, box.*
  cassa da morto *coffin.*
  cassa di risparmio *savings bank.*
cassaforte, f. *safe.*
caseggiato *block; row of houses.*
cassettone, m. *chest of drawers.*
cassetta *box, small box.*
  cassetta postale *mailbox.*
castagna *chestnut.*
CASTELLO *castle.*
  castello di poppa *quarterdeck.*
  castello di prua *forecastle.*
  fare castelli in aria *to build castles in Spain (in air).*
castigare *to chastise.*
catasta *stack.*
categoria *category.*
catena *chain, bondage.*
cattedra *desk, chair.*
cattivo *bad.*
cattolico *Catholic, noun & adj.*
cattura *capture.*
catturare *to capture; to seize.*
cucciù m. *raw rubber.*
CAUSA *cause, reason.*
  causa giudiziaria *lawsuit.*
  per causa mia *on account of me (because of me).*
  Sono arrivati in ritardo a causa del temporale. *They arrived late because of the storm.*
CAUSARE *to cause; to be the cause of.*
cauto *prudent, wary.*
cavalcare *to ride horseback.*
cavallo *horse;* **cavalla** *mare.*
  a cavallo *on horseback.*
  andare a cavallo *to ride horseback.*
  cento cavalli vapore *100 horsepower.*
  corse di cavalli *horse races.*
cavaturoccioli, m. *corkscrew.*
cavare *to excavate; to get.*
cavo *hollow, cable.*
cedere *to give up; to cede.*
  cedere il posto *to give up one's seat.*
  Cedo le armi! *I surrender!*
celebrare *to celebrate.*
celere *rapid, swift.*
celerità *rapidity, swiftness.*
celia *jest, joke.*
cemento *cement.*
  cemento armato *reinforced cement.*
celibe, m. *bachelor.*
CENA *supper.*
CENARE *to have supper.*
cenere, f. *ash, ashes.*

centesimo, adj. *hundreth.*
centesimo *the hundredth part of.*
  centesimo di dollaro *one cent.*
cento *hundred.*
  per cento *per cent.*
centrale *central.*
centro *center.*
cera *wax, look, aspect.*
  avere brutta cera *to look ill.*
cerca *search, quest.*
  andare in cerca di *to look for.*
CERCARE *to look for; to try.*
  Cercherò di farlo stasera. *I'll try to do it tonight.*
  Cerco mia sorella. *I'm looking for my sister.*
cerchia *circle, sphere.*
cerchio *hoop, circle.*
  formare un cerchio *to form a circle.*
cereale, m. *cereal.*
cerimonio *ceremony.*
CERTAMENTE *certainly.*
  Certamente! *Of course!*
certezza *certainty.*
certificato *certificate.*
CERTO *certain, sure.*
  una certa persona *a certain party.*
certuni *some; some people.*
cervello *brain.*
  senza cervello *brainless.*
CESSARE *to cease.*
cestino *small basket; wastebasket.*
CHE, rel. pron. *that, which, who, whom.*
  Non c'è di che. *Don't mention it.*
CHE, adj. *what, which.*
CHE, adv. *when.*
checchè *whatever.*
  checchè si dica. *whatever they say.*
CHI *who, whom.*
  A chi tutto, a chi niente... *Some have too much, some too little...*
  Chi è? *Who is it?*
  Di chi è questo cappello? *To whom does this hat belong?*
CHIAMARE *to call.*
  chiamare aiuto *to call for help.*
  chiamare al telefono *to telephone.*
  Chiamiamo pane il pane e vino il vino. *Let's call a spade a spade.*
  Come si chiama? *What's your name?*
  Lo mando a chiamare. *I'll send for him.*
  Mi chiamo Maria. *My name is Mary.*
chiamata *call.*
chiarire *to clarify; to explain.*
  chiarire un dubbio *to dispel a doubt.*
CHIARO, adj. *clear, light, evident.*
  colore chiaro *light color.*
  Una cosa è chiara. *One thing is evident.*
chiaro *light, brightness.*

  chiaro di luna *moonlight.*
  mettere le cose in chiaro *to explain things; to make things clear.*
chiasso *noise, uproar.*
chiave, f. *key.*
  chiudere a chiave *to lock.*
  chiave inglese *monkey-wrench.*
  tener sotto chiave *to keep under lock and key.*
chicchessia *anyone; whoever it may be.*
chiedere *to ask.*
  chiedere aiuto *to ask for help.*
  chiedere il permesso di *to request permission to.*
  chiedere in prestito *to borrow.*
  chiedere scusa *to beg pardon.*
chiesa *church.*
  Vado in chiesa. *I'm going to church.*
chimica *chemistry.*
chimico *chemist.*
chinare *to bend.*
chiodo *nail.*
chitarra *guitar.*
CHIUDERE *to close; to shut.*
  chiudere a catenaccio *to bolt.*
  chiudere la porta a chiave *to lock the door.*
  chiudersi a chiave *to lock oneself in.*
  chiudersi in casa *to shut oneself off (at home).*
chiunque *whoever, whomever, anyone, anybody.*
  chiunque venga *whoever should come.*
  di chiunque sia *whosoever it is.*
  Dall a chiunque ti piaccia. *Give it to whomever you like.*
chiuso *closed, shut.*
chiusura *closing.*
  chiusura lampo *zipper.*
CI adv. *here, there.*
CI pron. *us; to us; each other; one another; it; of it.*
  Ci comprendiamo. *We understand each other.*
  Ci dia la ricevuta. *Give the receipt to us.*
  Ci vede? *Do you see us?*
  Non ci penserei nemmeno. *I wouldn't even think of it.*
clascuno *each; each one.*
cibo *food.*
cicatrice, f. *scar.*
cicatrizzarsi *to heal up.*
  La ferita si sta cicatrizzando. *The wound is healing.*
cicogna *stork.*
cieco *blind.*
  vicolo cieco *blind alley.*

cielo *sky.*

cifra *sum; figure (number).*

ciglio (le ciglia, f. pl.**)** *eyelash.*
  senza batter ciglio *without blinking.*

ciliegia *cherry.*

cima *top, summit.*
  arrivare in cima alla montagna *to reach the top of the mountain*

cinema *movies.*

cinghia *strap, belt.*

cinquanta *fifty.*

cinquantesimo *fiftieth.*

cinque *five.*

cinquecento *five hundred.*

cintola *waist, belt.*

cintura *belt.*

CIÒ *this, that, it.*
  Ciò non importa. *It doesn't matter.*
  Tutto ciò mi preoccupa. *All this worries me.*

cioccolata (cioccolato) *chocolate.*

CIOÈ *that is; namely.*

cipolla *onion.*

cipria *face-powder.*

CIRCA *about; as to; concerning.*
  circa cento lire *about a hundred lire.*

circolare *to circulate.*

circolazione, f. *circulation, traffic.*
  Circolazione in Senso Unico. *One-way Traffic.*
  Circolazione Vietata. *No Through Traffic.*

circolo *circle.*

circondato *surrounded.*

circostanza *circumstance.*

circuito *circuit.*
  corto circuito *short circuit.*

citare *to quote; to sue.*

città *city.*

cittadino *citizen.*

CLASSE, f. *class.*

cliente, m. *customer.*

clima, m. *climate.*

clinica *hospital.*

cocchiere, m. *coachman; cab driver.*

cocomero *watermelon.*

coda *tail.*

COGLIERE *to catch; to seize; to gather.*
  cogliere l'occasione *to take the opportunity.*

cognata *sister-in-law.*

cognato *brother-in-law.*

cognome, m. *surname.*
  nome e cognome *first and second name.*

coincidenza *coincidence; train connection.*

COLAZIONE, f. *meal.*
  fare colazione *to eat breakfast.*

prima colazione *breakfast.*
  seconda colazione *lunch.*

colei *she; that woman.*

colla *glue.*

collana *necklace.*

collare, m. *collar.*

collega, m. *colleague.*

collegio *college.*

collera *anger, rage.*
  andare in collera *to become angry.*

colletto *collar.*

collo *neck*
  andare a rotta di collo *to go headlong.*
  Ha un braccio al collo. *His arm is in a sling.*

colloquio *conversation, interview.*
  avere un lungo colloquio con *to have a long conversation with.*

colmare *to fill up.*

colonia *colony.*

coloniale *colonial.*

colonizzazione, f. *colonization.*

colonna *column.*

colorare *to color.*

COLORE, m. *color.*
  perdere colore *to fade.*

coloro *they, those.*

colpa *fault.*
  Non dare la colpa a me. *Don't blame me.*
  Non è colpa tua. *It's not your fault.*

colpevole *guilty.*

colpire *to strike; to hit; to hurt.*

COLPO *blow, stroke, shot.*
  colpo di vento *a gust of wind.*
  sparare un colpo *to fire a shot.*
  un colpo alla testa *a blow on the head.*
  un colpo di sole *a sunstroke.*
  Sento dei colpi alla porta. *I hear a knocking at the door.*

coltello *knife.*

colto *educated, learned.*

colui *he; that one.*

comandante, m. *commander.*

comando *command, order.*

comare, f. *godmother.*

COME *as, like, how, as soon as.*
  bella come il sole *as beautiful as the sun.*
  un libro come il mio *a book like mine.*
  Come mi vide, mi venna incontro. *As soon as he saw me, he came towards me.*
  Com' è triste! *How sad it is!*
  Come va? *How goes it? How are you?*

cominciare *to begin.*

commedia *comedy.*

commerciale *commercial.*

COMMERCIO *commerce.*
Camera di Commercio *Chamber of Commerce.*
commessa, f; **commesso,** m. *clerk.*
commesso di negozio *salesclerk.*
COMMETTERE *to commit.*
commiato *leave.*
commissione, f. *commission, errand.*
commosso *moved, touched.*
commozione, f. *emotion.*
COMMUOVERE *to move; to touch.*
commuoversi *to be moved.*
COMODITÀ *comfort.*
le comodità della propria casa *the comforts of one's own home.*
comodo *comfortable.*
COMPAGNÌA *company.*
compagnia edilizia *construction company.*
fare compagnia a *to keep someone company.*
compagno, (compagna, f.) *companion, mate.*
compagno di scuola *schoolmate.*
compagno in affari *partner in business.*
compare, m. *crony, godfather.*
COMPERARE *to buy.*
compiacenza *obligingness.*
compiangere *to pity; to lament.*
COMPIERE *to accomplish; to fulfill; to perform.*
compiere il proprio dovere *to do one's duty.*
compito *task.*
compleanno *birthday.*
COMPLETAMENTE *completely.*
COMPLETARE *to complete; to finish.*
completare gli studi *to finish school.*
complicare *to complicate.*
non complichiamo le cose! *Let's not complicate matters!*
complimento *compliment.*
fare un complimento a *to compliment someone.*
COMPORRE *to compose; to compound; to consist.*
compositore, m. *(compositrice,* f.) *composer.*
composizione, f. *composition.*
COMPOSTO *compound, composed, settle.*
interesse composto *compound interest.*
Stai composto! *Behave!*
COMPRARE *to buy.*
COMPRENDERE *to understand; to comprise; to include.*
Non comprendo l'Italiano. *I don't understand Italian.*
Un pranzo comprende molte pietanze.

A meal consists of many dishes.
COMPRESO *understood, comprehended, included.*
tutto compreso *everything included.*
compromettere *to compromise.*
compromettersi *to compromise oneself.*
COMUNE *common, mutual.*
di comune accordo *mutually agreed.*
l'uomo comune *the common man.*
comune, m. *town, municipality.*
COMUNICARE *to communicate; to inform.*
Le comunicherò mia decisione. *I will inform you of my decision.*
COMUNICAZIONE, f. *communication, message.*
comunicazione telefonica *telephone call.*
mettere in comunicazione *to put a telephone call through.*
togliere la communicazione *to hang up.*
COMUNQUE *however; at any rate.*
CON *with; to; by; by means of.*
con piacere *with pleasure.*
Andiamo con l'automobile. *Let's go by car.*
Con mio grande dolore. . . *To my great sorrow. . .*
concedere *to concede; to grant; to allow.*
concedere il permesso *to grant permission.*
concepire *to conceive; to understand.*
CONCERNERE *to concern; to regard.*
È un affare che non mi concerne. *It's a matter that doesn't concern me.*
concerto *concert.*
concetta *concept.*
conclusione, f. *conclusion.*
in conclusione, *to conclude.*
concluso *concluded.*
concorrente, m. *competitor.*
concorso *competition.*
condannare *to condemn; to blame.*
condire *to season.*
condizione, f. *condition.*
in pessime condizioni *in very bad shape.*
condotta *behavior.*
condurre *to conduct; to lead; to take.*
condurre all'altare *to marry (to take to the altar).*
condursi *to behave.*
conferenza *lecture, conference.*
conferma *confirmation.*
confermare *to confirm.*
confessare *to confess; to*

acknowledge; to admit.
confezionare *to manufacture.*
confidente *confident; trusting.*
confidenza *confidence*
  essere in confidenza *to be on intimate terms with.*
confondere *to confuse.*
conforto *comfort.*
congedare *to dismiss.*
congedarsi *to take leave.*
congedo *leave; leave of absence; discharge (soldiers).*
congelato *frozen.*
congratularsi *to congratulate.*
congratulazione, f. *congratulation.*
  Congratulazioni! *Congratulations!*
coniglio *rabbit.*
connotato *feature.*
CONOSCENZA *knowledge, acquaintance.*
  essere a conoscenza di una cosa *to have knowledge of something.*
  fare la conoscenza di *to make the acquaintance of.*
  perdere la conoscenza *to lose consciousness.*
CONOSCERE *to know; to meet.*
  Lieto di averla conosciuto *Pleased to have met you.*
conosciuto *well-known.*
conquistare *to conquer.*
consapevole *aware (of).*
conscio *conscious, aware.*
consegna *delivery.*
consegnare *to deliver; to consign.*
consenso *consent.*
CONSENTIRE *to consent; to allow.*
conservativo *conservative.*
considerare *to consider.*
considerazione, f. *consideration.*
considerevole *considerable.*
consigliare *to advise.*
consigliabile *advisable.*
consiglio *advice, counsel.*
consistere *to consist; to be composed of.*
consolare *to console.*
consolato *consulate.*
consolazione, f. *consolation, solace.*
  trovar consolazione *to find consolation.*
console, m. *consul.*
consonante, f. *consonant.*
constare *to consist of; to be evident.*
consultare *to consult.*
  consultare un medico *to consult a doctor.*
consumare *to consume; to waste.*
consumo *consumption.*
  per mio uso e consumo *for my private use.*

contabile, m. *accountant, bookkeeper.*
contadino; contadina, f. *peasant.*
CONTANTE, adj. *ready, current; (as noun, masc.) current.*
  denaro contante *ready cash.*
  in contanti *cash.*
CONTARE *to count; to rely; to number; to intend.*
  Conti pure su di me. *You may count on me.*
  Quando conta di partire? *When do you intend leaving?*
  Non conta! *It doesn't matter.*
contatto *contact, touch.*
contenere *to contain; to hold.*
  contenersi *to contain oneself; to restrain oneself.*
contegno *behavior, conduct.*
CONTENTEZZA *happiness, joy.*
contento *glad, pleased.*
contenuto *contents.*
continente, m. *continent.*
continuare *to continue; to go on with; to keep on.*
  Continua a nevicare. *It is still snowing.*
continuatamente *continuously.*
continuo *continuous, uninterrupted.*
  una pioggia continua *a constant rain.*
CONTO *account, calculation, bill.*
  chiedere il conto al cameriere *to ask the waiter for the bill.*
  chiudere un conto *to close an account.*
  conto in banca *bank account.*
  in conto *on account.*
  pagare il conto *to pay the bill.*
  rendere conto di *to account for.*
  rendersi conto *to realize.*
  tener conto di *to take into account.*
CONTRADDIRE *to contradict.*
contraddizione, f. *contradiction.*
contrariamente *contrarily; on the contrary.*
contrarietà *contrariety, difficulty, disappointment.*
CONTRARIO *contrary.*
contrare *to contract.*
contratto *contract.*
contravenzione, f. *infraction, fine.*
contribuire *to contribute.*
contributo *contribution.*
CONTRO *against; in spite of.*
  contro voglia *unwillingly.*
  dire il pro ed il contro *to state the pro and con.*
controllare *to control.*
controllarsi *to control oneself.*
controllo *control.*
controversia *controversy.*

CONVENIENTE *convenient.*
convenienza *convenience.*
CONVENIRE *to assemble; to admit.*
  Bisogna convenire! *We must admit it!*
conversare *to converse.*
conversazione, f. *conversation.*
convertire *to convert.*
CONVINCERE *to convince.*
convinto *convinced.*
convinzione, f. *conviction.*
coperta *cover, coverlet.*
  coperta imbottita *quilt.*
  sotto coperta *below deck.*
coperto *covered, overcast;* (as noun)
  cover.
  al coperto *sheltered.*
  cielo coperto *cloudy sky.*
  mettere un' altro coperto a tavola *to*
   set another place at the table.
copia *copy.*
  brutta copia *rough copy.*
copiare *to copy; to imitate.*
COPPIA *couple, a pair.*
  coppia di sposini *a pair of newlyweds.*
coprire *to cover; to drown out.*
coraggio *courage.*
  prendere coraggio *to summon up*
   courage.
corda *rope, cord.*
  corda vocale *vocal cords.*
  strumento a corda *stringed instrument.*
coricarsi *to go to bed; to lie down.*
cornice, f. *frame.*
corno *horn.*
  corno dell'abbondanza *horn of plenty.*
coro *chorus.*
corona *crown.*
  corona di margherite *a wreath of*
   daisies.
  corona ducale *ducal coronet.*
coronare *to crown.*
  essere coronato del successo *to be*
   successful.
CORPO *body, corps.*
corporazione, f. *corporation.*
corredo *equipment, outfit.*
  corredo da sposa *trousseau.*
correggere *to correct.*
CORRENTE, f. *current, stream.*
  corrente d'aria *draft.*
  seguire la corrente *to swim with*
   the tide.
correntemente *currently, easily.*
  parlare correntemente *to speak*
   fluently.
CORRERE *to run.*
corretto *correct, proper.*
  agire in modo corretto *to behave*
   properly.
correzione, f. *correction.*

corriere, m. *messenger.*
corrispondente, m. *correspondent.*
  corrispondente di un giornale *news-*
   paper correspondent.
corrispondenza *correspondence.*
corrispondere *to correspond; to*
  reciprocate; to pay.
  la somma corrisposta *the amount*
   paid.
corrugare *to wrinkle; to corrugate.*
  corrugare la fronte *to frown.*
corsa *race; short trip.*
  fare una corsa *to rush; to dash over.*
corsìa *ward (hospital).*
CORSO *course.*
  l'anno in corso *the present year.*
  nel corso degli eventi *in the course*
   of events.
  prendere un brutto corso *to take a*
   turn for the worse.
corte, f. *court.*
cortèo *procession.*
cortese *polite, courteous.*
CORTESÌA *politeness, kindness.*
cortile, m. *courtyard, yard.*
CORTO *short, brief.*
  essere a corto di denuro *to be short*
   of money.
  Taglia corto! *Make it brief! Cut*
   it short!
COSA *thing.*
  coas da niente *trifle.*
  prima di ogni altra cosa *first of all.*
  Cos'è successo? *What happened?*
coscia *thigh.*
coscienza *conscience.*
  perdere coscienza *to lose*
   consciousness.
  riprendere coscienza *to come to*
   one's senses.
COSÌ *so, thus.*
  così ebbe fine. . . *and so ended. . .*
  Sono così contenta *I am so happy.*
cosicchè *so that.*
costa *coast.*
  sulla costa del Pacifico *on the*
   coast of the Pacific.
COSTARE *to cost.*
  qualunque cosa costi *whatever the*
   cost.
  Costa troppo! *It's too expensive!*
  Quanta costa? *How much is it?*
costata *chop.*
  costata di agnello *lamb chop.*
costituzione, f. *constitution,*
  foundation.
  essere di costituzione forte *to be*
   strong.
costo *cost, price.*
  a costo di *at the risk of.*

costo di spedizione *shipping cost.*
costoro *those people; they.*
costringere *to compel; to force.*
costruire *to build; to construct.*
costruzione, f. *construction.*
costui *this man.*
costume, m. *custom, habit.*
costume da bagno *bathing suit.*
di cattivi costumi *of bad habit.*
cotone, m. *cotton.*
COTTO *cooked.*
ben cotto *well done.*
poco cotto *rare.*
troppo cotto *overcooked.*
cravatta *necktie.*
creare *to create; to establish.*
credere *to believe.*
credere a *to believe in.*
Credo che sia vero. *I believe it's true.*
Non credo! *I don't think so.*
Non ti credo! *I don't believe you!*
credito *credit.*
comprare a credito *to buy on credit.*
creditore, m. **(creditrice**, f.) *creditor.*
crema *cream.*
crescere *to grow; to increase; to rear.*
un figlio cresciuto *a grown son.*
crimine, m. *crime.*
crisi, f. *crisis.*
crisi finanziaria *financial crisis.*
una crisi di nervi *a fit of hysterics.*
cristallo *crystal, glass.*
criticare *to criticize.*
critico *critic.*
critico, adj. *critical.*
un momento critico della sua vita *a difficult period in his (her) life.*
croccante *crisp.*
crocchio *circle, group.*
croce, f. *cross.*
a occhio e croce *roughly.*
farsi il segno della croce *to make the sign of the cross.*
crocevia, m. *crossroads.*
crociera *cruise.*
crollare *to collapse.*
crosta *crust.*
crudele *cruel.*
crudo *raw.*
cuccetta *berth.*
CUCCHIAÌNO *teaspoon.*
CUCCHIAIO *tablespoon.*
cucina *kitchen, cooking.*
occuparsi della cucina *to take care of the cooking.*
cucinare *to cook.*
cucire *to sew.*
macchina da cucire *sewing machine.*
CUI *whom; whose; to whom; which; of which; to which.*

culla *cradle.*
cultura *cultivation, culture, learning.*
un'uomo di cultura *a man of learning.*
CUOCERE *to cook.*
cuocere a fuoco lento *to simmer.*
cuoco, m. **(cuoca**, f.) *cook.*
CUORE, m. *heart;* **cuori**, m. pl. *hearts. (playing cards).*
con tutto il cuore *with all one's heart.*
prendere a cuore *to take to heart.*
senza cuore *heartless.*
CURA *care.*
essere sotto la cura di un medico *to be under a doctor's care.*
fare una cosa con cura *to do something carefully.*
prendersi la cura di *to take the trouble to.*
CURARE *to take care of; to nurse.*
non curarsene *not to mind; not to take heed of.*
curiosità *curiosity.*
per curiosità *out of curiosity.*
togliersi la curiosità *to satisfy one's curiosity.*
curioso *curious, odd.*
una folla di curiosi *a crowd of curious bystanders.*
un avvenimento molto curioso *a very odd occurrence.*
curva *curve, bend.*
cuscino *pillow.*
cute, f. *skin.*

D

da *from, by, at, to, since.*
dallo scorso mese *since last month.*
da lunedì in poi *from Monday on.*
da quando *since.*
da quando l'ho conosciuto *from the time I met him.*
fin dalla prima volta *from the very first time.*
venire da *to come from.*
Da dove vieni? *Where do you come from? Where are you coming from?*
Lo conosco da poco. *I have known him a short while.*
Vado da Maria. *I'm going to Mary's.*
daccapo *again; once again.*
Ho dovuto rifare tutto daccapo. *I had to do the whole thing over again.*
Incominciamo daccapo. *Let's start from the beginning.*
dacchè *since.*
daino *deer, suede.*
d'altronde *on the other side; moreover.*
DANARO (denaro) *money.*

DANNO *damage, injury, harm.*
  a mio danno *to my disadvantage.*
  recare danno a *to cause injury to.*
  risarcire i danni *to indemnify.*
dappertutto *everywhere.*
  cercare dappertutto *to search
  everywhere.*
DARE *to give.*
  dare cattivo esempio *to set a bad
  example.*
  dare il buongiorno *to say good
  morning.*
  dare luogo a *to give rise to.*
  dare nell'occhio *to attract attention.*
  darsi a *to devote oneself to.*
  Mi ha dato dell'imbecille. *He called
  me an imbecile.*
  Mi ha dato un gran da fare. *He
  caused me a great deal of work.*
  Può darsi! *Perhaps! That might
  be so!*
  Quanti anni mi date? *How old do
  you think I am?*
  Questa finestra da sul giardino. *This
  window opens onto the garden.*
DATA *date.*
  in data del 5 maggio *dated the 5th
  of May.*
dattilografare *to typewrite.*
dattilografo (dattilografa, f.) *typist.*
davanti *before; in front of.*
davanzo, d'avanzo *enough of;
  too much.*
DAVVERO *really, indeed, truly.*
DAZIO *excise duty.*
debito *due; (as a noun) debt.*
  in tempo debito *in due time.*
debole *weak, feeble.*
  avere un debole per *to have a
  weakness for.*
decedere *to die.*
decenza *decency.*
decidere *to decide.*
decimo *tenth.*
decisamente *decidedly.*
decisione, f. *decision.*
decisivo *decisive.*
  una svolta decisiva *a turning point.*
declinare *to decline.*
decrescere *to reduce.*
DEDICARE *to dedicate.*
  dedicarsi *to dedicate oneself.*
dedurre *to subtract; to deduct; to infer.*
definire *to define; to settle.*
  definire i termini d'un contratto *to
  settle the terms of a contract.*
  definire una parola *to give the
  meaning of; to define a word.*
definitivo *definitive, definite.*
DEGNARE *to deem worthy.*

  Non ti degno di sguardo. *I don't
  consider you worthy of notice.*
  degnarsi *to deign.*
degno *worthy of; deserving.*
  degno di fiducia *trustworthy.*
  degno di miglior fortuna *deserving
  of better luck.*
deliberare *to deliberate; to resolve
  upon.*
  deliberare a lungo *to deliberate
  at length.*
deliberatamente *deliberately.*
delicato *delicate.*
delitto *crime.*
deliziare *to delight.*
deliziarsi a *to delight in.*
delizioso *delightful, delicious.*
deludere *to disappoint; to delude.*
delusione, f. *disappointment.*
denaro *money.*
DENTE, m. *tooth.*
  dente del giudizio *wisdom tooth.*
  dente per dente *an eye for an eye.*
  mal di denti *toothache.*
dentista, m. *dentist.*
dentro *in, within.*
  da dentro *from within.*
  in dentro *inwards.*
denunciare *to denounce.*
deodorante, m. *deodorant.*
deperire *to decline.*
DEPORRE *to lay; to lay down.*
deposito *deposit.*
deridere *to ridicule.*
derivare *to derive.*
derisione, f. *derision, ridicule.*
descrivere *to describe.*
  descrivere l'accaduto *to describe
  what happened.*
descrizione, f. *description.*
desiderabile *desirable.*
desiderare *to wish; to desire.*
desiderio *desire; wish.*
  esprimere un desiderio *to express
  a desire.*
desinare *to dine.*
desolato *desolate, disconsolate.*
desolazione, f. *desolation.*
DESTARE *to wake; to awaken; to
  wake up.*
  destare sentimenti buoni *to awaken
  kind feelings.*
  destarsi presto al mattino *to wake
  early in the morning.*
destinato *destined, appointed.*
  destinato ad un glorioso avvenire
  destined to have a glorious future.
  l'ora destinata *the appointed hour.*
destinazione, f. *destination.*
  arrivare a destinazione *to reach*

one's destination.

destino destiny.

DESTO awake.

Sono desto dalle sette. I've been
awake since seven o'clock.

DESTRA right; right side.

voltare a destra to turn to the right.

DESTRO right, dextrous.

ambidestro ambidextrous.

la mano destra the right hand.

determinare to determine.

determinazione, f. determination.

detestare to hate.

detrarre to deduct; to subtract.

detrimento detriment.

dettaglio detail.

negoziante dettaglio retailer.

vendita al dettaglio retail.

DETTARE to dictate.

dettare leggi to lay down the law.

DETTO said; above mentioned.

Detto, fatto. No sooner said
than done.

Non è detto che sia vero! It is not
necessarily true!

devotissimo very truly.

DI of.

di cattivo umore in a bad humor.

di faccia facing.

di giorno in the daytime.

di male in peggio from bad to worse.

scuola di canto singing school.

diaccio icy, frozen.

un vento diaccio an icy wind.

dialetto dialect.

dialogo dialogue.

diamante, m. diamond.

diametro diameter.

diario diary, journal.

diavolo devil.

dicembre December.

DICHIARARE to declare.

dichiarare il falso to make a false
declaration.

dichiararsi to declare oneself.

DICHIARAZIONE, f. declaration.

diciannove nineteen.

diciannovesimo nineteenth.

diciassette seventeen.

diciosettesimo seventeenth.

diciottesimo eighteenth.

diciotto eighteen.

dieci ten.

dieta diet.

DIETRO behind.

da dietro from behind.

di dietro in back of.

DIFENDERE to defend.

difendere una causa to defend a case.

difendersi to defend oneself.

difesa defense.

legittima difesa self-defense.

difetto defect, flaw.

difettoso defective.

differente different.

differenza difference.

DIFFICILE difficult.

essere di difficile contentatura to
be hard to please.

difficoltà difficulty.

aver difficoltà a to have difficulty in.

diffidare to mistrust.

diffidenza distrust, mistrust.

diffondere to spread.

diga dam.

digerire to digest.

digestione, f. digestion.

digiuno fast.

essere digiuno di not to know;
to ignore.

stare a digiuno to fast.

DIGNITÀ dignity.

dignitoso dignified.

dilagare to overflow.

dileguarsi to disappear suddenly.

diletto delight.

diluvio flood.

un diluvio di pioggia a flood of rain.

un diluvio di posta a flood of mail.

dimagrire to grow thin.

dimensione, f. dimension, size.

DIMENTICARE to forget.

dimettere to dismiss; to remove.

dimettersi da una carica to resign
from office.

diminuire to diminish.

diminuzione, f. reduction.

diminuzione di stipendio reduction
in salary.

dimissione, f. resignation.

chiedere le dimissioni di to ask for
someone's resignation.

dare le dimissioni to resign.

dimora dwelling, residence.

DIMOSTRARE demonstrate; to show.

dimostrare buon senso to display
good sense.

dimostrarsi to prove oneself.

non dimostrare la propria età not to
show one's age.

dimostrazione, f. demonstration, display.

dimostrazione d'affetto a display of
affection.

DINANZI before; in front of.

dinanzi alla legge in the eyes of the law.

diniego denial, refusal.

DINTORNO around, round, about.

i dintorni the surrounding area.

nei ditorni di in the general
vicinity of.

dipanare to wind; to unravel.
dipartimento department.
dipendente, noun & adj. dependent.
DIPENDERE to depend.
Dipende da te. It depends on you.
dipingere to paint; to depict.
dipinto dal vero painted from life.
Lo ha dipinto come un' eroe. He
  depicted him as a hero.
diplomatico diplomat; (as adj.)
  diplomatic.
diplomazia diplomacy.
DIRE to say; to tell.
a dire di according to.
detto e fatto said and done.
dire il vero to speak the truth.
dire male di qualcuno to speak
  ill of someone.
per così dire so as to say.
sentire dire to hear it said; to
  hear about.
Come dice? What did you say? I beg
  your pardon?
Ho detto! I have spoken!
direttamente directly.
direttissimo express train.
diretto direct, straight.
essere diretto a to be headed
  towards; to be bound for.
treno diretto a fast train.
un appello diretto a direct appeal.
direttore, m; **direttrice,** f. director.
direzione, f. direction, management.
in direzione giusta in the right
  direction.
in direzione apposta in the opposite
  direction.
La direzione dell' impresa è stata
  affidata a me. The management of
  the enterprise was entrusted to me.
dirigere to direct; to manage.
dirigere un'azienda to manage
  a business.
Le sue parole erano dirette a me.
  His words were addressed (directed)
  to me.
dirigersi to go towards.
dirimpetto opposite; across from.
dirimpetto alla banca opposite
  the bank.
la casa dirimpetto alla mia the house
  across from mine.
Si sono sedute una dirimpetto all'altra.
  They sat face to face.
DIRITTO right.
diritto di nascita birthright.
non avere il diritto di not to have
  the right to.
diritto, adj. right, straight, honest.
a mano diritta (destra) on the right hand.

dirottamente without restraint.
piangere dirottamente to cry
  unrestrainedly.
piovere dirottamente to rain in
  torrents.
DISACCORDO disagreement, discord.
essere in disaccordo con to disagree
  with.
V'è disaccordo fra i due. There is
  discord between the two.
disagio discomfort.
sentirsi a disagio to feel
  uncomfortable.
vivere fra i disagi to live a life
  of privations.
disapprovare to disapprove.
disastro disaster, calamity.
disastroso disastrous.
discendente, adj. descendant,
  descending (also m. & f. noun).
DISCENDERE to descend; to descend
  from.
discendere da una famiglia italiana
  to descend from an Italian family.
Discendo subito. I'll come right down.
discesa descent, fall.
I prezzi sono in discesa. The prices
  are falling.
La strada è in discesa. The street
  slopes downward.
disciplina discipline.
disciplinato disciplined, obedient.
un attore disciplinato a disciplined
  actor.
un bambino disciplinato an obedient
  boy.
disco disc, recording.
disco sul ghiaccio ice hockey.
un disco di Caruso a recording by
  Caruso.
discordia discord, dissension.
discorso speech, talk.
entrare un discorso con to engage
  in conversation with.
fare un lungo discorso to make a
  long speech.
discosto distant, far.
poco discosto not far.
discreto discreet, moderate.
discrezione, f. discretion.
discussione, f. discussion, debate.
discutere to discuss; to debate.
disdegno disdain; contempt.
disdire to annul; to retract.
disdire un appuntamento to cancel
  an appointment.
disdirsi to recant; to retract one's
  statements.
DISEGNARE to draw; to design.
disegno drawing, design.

disfare *to undo.*
  disfare il letto *to open (turn down) a bed.*
  disfare una cucitura *to rip a seam.*
  disfare una valigia *to unpack a valise.*
disfarsi *to get rid of.*
disgelare *to thaw.*
disgelo *thaw.*
disguingere *to disunite; to divide.*
disgiungersi *to separate.*
DISGRAZIA *misfortune, accident.*
disgustare *to disgust; to shock.*
  disgustarsi *to take a dislike to.*
disgusto *disgust, loathing.*
disgustoso *disgusting, loathsome, disagreeable.*
disillusione, f. *disillusion, disenchantment.*
disimpegnare *to disengage; to free.*
  disimpegnare la marcia *to release the clutch.*
  disimpegnarsi *to free oneself; to disengage oneself.*
disinteressatamente *disinterestedly, altruistically.*
DISINTERESSE *disinterestedness, unselfishness.*
disinvolto *easy, free, self-possessed.*
disobbedienza *disobedience.*
disobbedire *to disobey.*
disoccupato *unemployed.*
DISONESTO *dishonest.*
disonare, m. *dishonor, disgrace.*
  portare disonore alla propria famiglia *to bring disgrace upon one's family.*
DISOPRA *on, upon, over, above.*
  al disopra di ogni altra cosa *above all else.*
  il piano disopra *the upper floor; the floor above.*
  Vado disopra. *I'm going upstairs.*
disordine, m. *disorder, confusion.*
disotto *under, below.*
dispari *odd, uneven.*
  numeri dispari *odd numbers.*
disparte *apart.*
  chiamare in disparte *to call aside.*
  tenersi in disparte *to stand aside.*
disperare *to despair.*
  fare disperare *to drive to despair.*
disperato *desperate, hopeless.*
  un misura disperata *a desperate measure.*
  un caso disperato *a hopeless case.*
disperazione, f. *despair.*
disperso *dispersed, scattered.*
  andare disperso *to get lost, to get scattered.*
dispetto *vexation, spite.*
  fare una cosa per dispetto *to do*

  something for spite.
  fare un dispetto a *to vex someone.*
dispettoso *spiteful.*
displacere, m. *sorrow, regret.*
  con molto dispiacere *with great sorrow.*
  dare un dispiacere a *to cause sorrow to.*
dispiacere *to displease.*
  Mi dispiace doverti dire. *I'm sorry to have to tell you.*
  Il suo modo d'agire dispiace a tutti. *His behavior displeases everyone.*
  Non mi dispiace. *I don't dislike it.*
disponible *available, vacant.*
DISPORRE *to place; to arrange; to dispose of.*
  Disponili in fila. *Place them in a row.*
  Ne puoi disporre come vuoi. *You may dispose of them as you wish.*
DISPOSIZIONE, f. *arrangement, disposition.*
  la disposizione dei fiori *the flower arrangement.*
  Sono a vostra disposizione *I'm at your disposal.*
DISPOSTO *disposed, inclined, willing.*
  disposto in ordine alfabetico *arranged in alphabetical order.*
  Non è disposto agli studi. *He is not inclined to study.*
  Non sono disposto a farlo. *I am not willing to do it.*
disprezzare *to despise; to hold in contempt.*
disprezzo *contempt.*
disputa *dispute, quarrel.*
dissenso *difference of opinion.*
dissolvere *to dissolve; to melt.*
distaccare *to detach.*
  distaccarsi *to detach oneself; to come off.*
  Il francobollo si è distaccato dalla busta. *The stamp came off the envelope.*
distacco *detachment, separation.*
  Il distacco fra madre e figlia fu doloroso. *The separation between mother and daughter was painful.*
distanza *distance.*
  a grande distanza da *at a great distance from.*
  tenere una persona a distanza *to keep a person at arm's length.*
  Qual'è la distanza fra Roma e Napoli? *What is the distance between Rome and Naples?*
distesa *extent, expanse.*
distinguere *to distinguish.*

distinguersi *to distinguish oneself.*
distinzione, f. *distinction.*
  fare distinzione fra una cosa e l'altra *to distinguish between one thing and the other.*
  senza distinzione alcuna *without any discrimination.*
distrarre *to distract.*
  distrarre dagli studi *to distract from one's studies.*
  Voglio distrarmi un pò. *I want to relax a little.*
DISTRETTO *district.*
DISTRIBUIRE *to distribute.*
  distribuire la posta *to deliver the mail.*
distribuzione, f. *distribution.*
  distribuzioni *mail deliveries.*
disturbare *to trouble; to disturb.*
disturbo *trouble, annoyance.*
DISUGUALE *unequal.*
DITO (le dita, f. pl.) *finger.*
  dito del piede *toe.*
DITTA *concern, firm.*
divano *divan, couch, sofa.*
DIVENIRE (diventare) *to become; to grow.*
  diventare pallido *to become pale.*
  diventare pazzo *to go insane.*
  diventare vecchio *to grow old.*
  Siamo diventati amici. *We became friends.*
DIVERSO *different, some, several.*
  da diverso tempo *for some time now.*
  diverse volte *several times.*
  Egli è molto diverso da me. *He is very unlike me.*
divertente *amusing, entertaining.*
divertimento *amusement, recreation.*
diventire *to amuse; to entertain.*
  divertirsi *to amuse oneself; to enjoy oneself.*
dividere *to divide; to part; to separate.*
  dividere a metà *to divide in half.*
  Si è diviso da sua moglie. *He separated from his wife.*
divieto *prohibition.*
  Divieto d'Affissione *No Posting.*
  Divieto di Sosta *No Parking.*
divino *divine, splendid.*
divisa *uniform, dress.*
divisione, f. *division.*
divorare *to eat up; to devour.*
divorziare *to divorce.*
divorzio *divorce.*
dizionario *dictionary.*
doccia *shower.*
  farsi un doccia *to take a shower.*
docile *docile, submissive.*
documento *document.*
dodicesimo *twelfth.*

dodici *twelve.*
dogana *customs.*
doganiere, m. *custom-house officer.*
DOLCE *sweet.*
  acqua dolce *fresh water.*
  dolci *sweets.*
dolcezza *sweetness.*
DOLENTE *sorry, grieved.*
  Sono dolente di dovervi informare. . . *I am sorry to have to inform you. . .*
DOLERE *to ache; to be grieved; to regret.*
  Gli duole averti fatto male. *He regrets having hurt you.*
  Mi duole la schiena. *My back hurts.*
  Mi duole vederti infelice. *It grieves me to know that you are unhappy.*
DOLORE, m. *pain, ache, sorrow.*
  con molto dolore *with great sorrow.*
  dolor di testa *headache.*
  Ho un dolore alla spalla. *I have a pain in the shoulder.*
dolorosamente *painfully, sorrowfully.*
domanda *question.*
  fare domanda *to apply.*
DOMANDARE *to ask; to request.*
  domandare scusa *to beg one's pardon.*
  domandare un piacere *to ask a favor.*
  Mi domando perchè *I wonder why.*
domani *tomorrow.*
DOMATTINA *tomorrow morning.*
domenica *Sunday.*
domestica *servant (female); domestico (male).*
domestico *domestic, tame.*
  un animale domestico *a tame animal.*
  un prodotto domestico *a domestic product.*
domicilio *domicile, residence.*
dominare *to dominate.*
  dominarsi *to control oneself.*
DONARE *to give; to present; to become; to donate.*
  Ha donato il suo patrimonio a istituti di beneficenza. *He donated his patrimony to charitable institutions.*
  Quest' abito non mi dona. *This outfit is not becoming to me.*
donato *given, presented.*
  caval donato *gift horse.*
dondolare *to rock; to sway.*
DONNA *woman.*
  donna di casa *housewife.*
  donna di quadri *queen of diamonds.*
  donna di servizio *woman-servant.*
  prima donna *prima donna (first woman).*
DONO *gift.*

fare dono di *to make a present of.*
DOPO *after.*
  dopodomani *the day after tomorrow.*
  dopo pranzo *afternoon.*
  il giorno dopo *the following day.*
  poco dopo *a little later.*
doppiamente *doubly.*
DOPPIO *double.*
  a doppio giro di chiave *double lock.*
  a doppio petto *double-breasted.*
  pagare il doppio *to pay twice as much.*
  un arma a doppio taglio *a double-edged blade.*
DORMIRE *to sleep.*
  domire come un ghiro *to sleep like a log (a top).*
DORSO *back.*
dose, f. *dose.*
  una buona dose di giudizio *a great deal of common sense.*
  una piccola dose *a small dose.*
dote, f. *dowry.*
dotto *learned.*
DOTTORE *doctor.*
dottoressa *lady doctor.*
dottrina *doctrine.*
DOVE *where.*
  Dove'è? *Where is it? Where is he? Where is she?*
  Dove siamo *Where are we?*
DOVERE *to be obliged to; to have to; to owe.*
  Deve essere tard. *It must be late.*
  Devo andar via. *I must go.*
  Dobbiamo partire al più presto. *We must leave at the earliest possible.*
  Dovrebbe arrivare da un momento all' altro. *It should arrive any moment.*
DOVERE, m. *duty.*
  credersi in dovere di *to feel obliged to.*
  fare il proprio dovere *to do one's duty.*
  È mio piacevole dovere… *It is my pleasant duty…*
DOVUNQUE *wherever, anywhere.*
  dovunque volgo lo sguardo *wherever I look.*
  seguire dovunque *to follow anywhere.*
DOZZINA *dozen.*
  a dozzine *by the dozen.*
  mezza dozzina *half-dozen.*
dramma, m. *drama.*
drizzare *to straighten.*
drizzarsi *to straighten oneself.*
  Drizzati! *Stand straight!*
droga *drug.*
dubbio *doubt.*
  senza dubbio *doubtless.*

duce, m. *chief.*
DUE *two.*
  a due a due *two by two.*
  due per volta *two at a time.*
  due volte tanto *twice as much.*
  tagliare in due *to cut in two.*
duecento *two hundred.*
dunque *then, consequently.*
DURANTE *during.*
DURARE *to last; to continue.*
  La tempesta dura da parecchio. *The storm has lasted for quite a while.*
  Non può durare molto. *It can't last long.*
  Tutto dura finchè può. *Everything comes to an end.*
durata *duration.*
  di breve durata *of short duration.*
durezza *hardness, harshness.*
DURO *hard.*
  dal cuore duro *hard-hearted.*

E

E, ED *and.*
ebbene *well!*
ebreo *Jew.*
eccellente *excellent.*
eccellenza *excellence.*
eccèllere *to excel.*
eccessivamente *excessively.*
eccessivo *excessive.*
ECCETTO *except.*
eccettuare *to except.*
eccezionale *exceptional, unusual.*
  un caldo eccezionale *unusual heat.*
eccezionalmente *exceptionally.*
eccezione, f. *exception.*
  eccezione fatta per *except for.*
  fare eccezione per *to make an exception for.*
  in via di eccezione *as an exception.*
eccitare *to excite.*
eccitazione, f. *excitement.*
ECCO *here, there, that's.*
  ecco fatto *all done.*
  Ecco! *Here!*
  Eccomi! *Here I am!*
eco, f. *echo.*
economia *economy.*
  fare economìa *to economize.*
economico *economic, thrifty.*
economizzare *to economize.*
edera *ivy.*
edicola *newsstand.*
edificio *building.*
edilizia *building industry.*
èdito *published.*
editore, m. *editor.*
  casa editrice *publishing house.*

edizione, f. *edition.*
educare *to educate.*
educazione, f. *education.*
effettivo *effective, actual.*
effetto *effect, consequence, impression.*
  effetti personali *personal effects.*
  fare effetto su *to have an effect on.*
  senza effetto *of no effect.*
effettuare *to effect; to put into effect.*
efficace *effective.*
efficienza *efficiency.*
EGLI *he.*
egoismo *selfishness.*
egoista, m. *selfish; (as noun)*
  selfish person.
egregio *exceptional, remarkable.*
eguale *equal.*
  dare eguale importanza *to give the*
  same importance:
egualità *equality.*
elastico *elastic,* noun & adj.
elefante, m. *elephant.*
elegante *elegant.*
eleganza *elegance.*
eleggere *to elect; to appoint.*
elementare *elementary.*
elemento *element.*
elemosina *alms.*
elencare *to make a list of.*
elenco *list.*
  elenco telefonico *phone book.*
elettore, m. *elector.*
elettricità *electricity.*
elettrico *electric.*
  luce elettrica *electric light.*
  treni elletrica *electric train.*
elevare *to elevate; to raise.*
elezione, f. *election.*
elica *propeller.*
eliminare *to eliminate.*
elogiare *to praise.*
elogio *praise.*
  fare l'elogio di una persona *to sing*
  someone's praises.
  senza tanti elogi *without much*
  ceremony.
eludere *to elude; to evade.*
  eludere la sorveglianza *to escape*
  surveillance.
emergente *emergent.*
EMERGENZA *emergency.*
emergere *to emerge.*
emesso *given out; put forth.*
emettere *to emit; to send forth.*
emicrania *headache.*
emigrante, m. & f. *emigrant.*
emigrare *to emigrate.*
eminente *eminent.*
emozionante *moving.*
emozione, f. *emotion.*

emporio *market.*
energia *energy.*
  energia atomica *atomic energy.*
energico *energetic, vigorous.*
enfasi, f. *emphasis.*
enigma, m. *enigma, riddle.*
enorme *enormous.*
enormemente *enormously.*
entrambi *both.*
ENTRARE *to enter; to come in.*
  entrare dalla porta *to come in through*
  the door.
  entrare in carica *to take office.*
  entrare in vigore *to go into effect.*
  Che costa c'entra? *What has that*
  to do with it?
  Entrate pure. *Come right in.*
entrata *entrance.*
ENTRO *within, in.*
  entro ventiquattr'ore *within twenty-*
  four hours.
entusiasmo *enthusiasm.*
entusiastico *enthusiastic.*
enumerare *to enumerate.*
epidermide, f. *skin.*
episodio *episode.*
  un episodio triste della sua vita *a*
  sad episode in her life.
  un romanzo a episodi *a serial.*
època *era, period.*
EPPURE *yet; and yet; nevertheless.*
  Eppure si muove! *And yet it turns!*
  (Galileo.)
equilibrio *balance.*
  perdere l'equilibrio *to lose one's*
  balance.
equipaggiamento *equipment.*
equipaggiare *to equip.*
equipaggio *crew.*
equo *equitable, fair.*
ERBA *grass, herb.*
  erbaccia *weed.*
  in erba *in embryo.*
erbivendolo *greengrocer.*
erode, m. & f. *heir.*
eredità *inheritance.*
  lasciare in eredità *to bequeath.*
ereditare *to inherit.*
erigere *to erect; to build.*
  erigere un monumento *to erect*
  a monument.
  erigersi *to set oneself up as.*
eròe *hero;* **eroina** *heroine.*
eroico *heroic.*
errato *wrong, incorrect.*
  È errato dire. . . *It is incorrect*
  to say. . .
errore, m. *error, mistake.*
  errore di stampa *misprint.*
  essere in errore *to be mistaken.*

per errore *by mistake.*
esagerare *to exaggerate.*
esagerazione, f. *exaggeration.*
esame, m. *examination, inspection.*
  esame di ammissione *entrance exam.*
  superare un esame *to pass an exam.*
ESAMINARE *to examine; to inspect.*
esatto *exact.*
esaudire *to grant; to fulfull.*
  esaudire una richiesta *to grant*
  a request.
esaurimento *exhaustion.*
  esaurimento nervoso *nervous*
  breakdown.
esaurire *to exhaust.*
  esaurirsi *to exhaust oneself; to be*
  sold out (theater).
esausto *exhausted.*
esca *bait.*
esclamare *to exclaim.*
esclamazione, f. *exclamation.*
escludere *to exclude.*
esclusione, f. *exclusion.*
esclusivo *exclusive.*
  rappresentante esclusivo *sole*
  representative.
escluso *left out.*
esecuzione, f. *execution, performance.*
  mettere un piano un esecuzione *to put*
  a plan into action.
  un esecuzione al pianoforte *the*
  performance of a piece of music on
  the piano.
eseguire *to execute; to accomplish.*
ESEMPIO *example, instance.*
  dare un cattivo esempio *to set a*
  bad example.
  per esempio *for instance*
esentare *to exempt; to exonerate.*
esequie, f. pl. *funeral.*
esercitare *to exercise; to practice;*
to exert.
  esercitare influenza *to exert*
  influence.
  esercitare una professione *to practice*
  in a given profession.
  esercitarsi *to train oneself;*
  to exercise.
esercito *army.*
esercizio *exercise.*
  essere fuori esercizio *to be out*
  of practice.
  fare degli esercizi *to do some*
  exercises.
esibire *to exhibit; to show.*
  esibirsi in pubblico *to show oneself in*
  public.
esibizione, f. *exhibition, show.*
  esibizione di quadri *a painting exhibition.*
esiliare *to exile.*

esilio *exile.*
esimere *to exempt.*
  esimersi da un impegno *to free*
  oneself of an engagement.
esistente *existent, existing.*
  tutte le creature esistenti sull terra
  all creatures living on earth.
esistenza *existence.*
  un' esistenza monotona *a monotonous*
  existence.
esitare *to hesitate.*
esitazione, f. *hesitation.*
  senza esitazione *unhesitatingly.*
èsito *result.*
  L'èsito fu buono. *The result was good.*
  Quale fu l'èsito? *What was the result?*
espandere *to expand.*
espansione, f. *expansion.*
espansivo *expansive.*
espatriare *to banish.*
espellere *to expel.*
esperienza *experience.*
esperimento *experiment.*
  fare un esperimento *to make an*
  experiment.
esperto *expert, skilled.*
esplodere *to explode.*
esplorare *to explore.*
  esplorare ogni possibilità *to explore*
  all possibilities.
esplosione, f. *explosion.*
ESPORRE *to expose; to exhibit.*
  esporre al ridicolo *to expose to*
  ridicule.
ESPORTARE *to export.*
esportazione, f. *exportation.*
esposizion, f. *exhibition.*
espressione, f. *expression.*
espressivo *expressive.*
ESPRESSO *express.*
  treno espresso *express train.*
  un caffé espresso *a cup of coffee*
  (Italian style).
esprimere *to express.*
  esprimere i propri sentimenti *to*
  express one's sentiments.
  esprimersi *to express oneself.*
espulsione, f. *expulsion.*
ESSA *she, it.*
ESSE, f. *they.*
essenziale *essential.*
ESSERE *to be.*
  essere disposto a *to be willing to.*
  essere in cattiva salute *to be in*
  poor health.
  essere in grado di *to be able to.*
  essere per; essere sul punto di *to be*
  on the point of; about to.
  essere pronto a *to be ready to.*
  se non fosse per te *if it were not*

for you.
Che cos' è? *What is it?*
Di chi è questo libro? *Whose book is this?*
Non c' è di che? *What is it?*
Può essere. *That may be.*
Quant' è? *How much is it?*
Sia lodato Iddio! *May the Lord be praised!*
ESSERE, m. *being, creature.*
un' essere spregievole *a base creature.*
un' essere amano *a human being.*
ESSI, m. *they.*
essiccare *to dry; to dry up.*
ESSO *he, it.*
EST *east.*
ad est *to the east.*
èstasi, f. *ecstasy.*
ESTATE, f. *summer.*
una notte d'estate *a summer's night.*
estendere *to extend.*
estensione, f. *extension, surface.*
esteriore *exterior, outward.*
esterno *external, outside.*
ESTERO *foreign.*
all' estero *abroad.*
Ministero degli Esteri *State Department.*
Ministro degli Esteri *Secretary of State.*
esteso *extensive.*
estinguere *to extinguish.*
estinto *extinguished, extinct.*
una specie estinta *an extinct species.*
estivo *summery.*
abiti estivi *summer clothes.*
giornata estiva *summer day.*
vacanza estiva *summer vacation.*
ESTRANEO *stranger.*
estrarre *to extract; to draw out.*
estratto *extract; certificate.*
estratto di nascita *birth certificate.*
estrazione, f. *extraction, drawing.*
estremamente *extremely.*
estremo *extreme, adj. & noun.*
L'Estremo Oriente *The Far East.*
esuberante *exuberant, over-flowery.*
ETÀ *age.*
avere la stessa età *to be the same age.*
dimostrare la propria età *to show one's age.*
essere di età maggiore *to be of age.*
mezza età *middle age.*
ètere, m. *ether.*
eternità *eternity.*
Ho atteso un' eternità. *I waited for ages.*
eterno *eternal, everlasting.*
etichetta *label.*

evadere *to evade; to escape.*
Evangelo *Gospel.*
evasione, f. *evasion, escape.*
evasione dal carcere *escape from prison.*
EVENTO *event.*
lieto evento *blessed event.*
evidente *evident, apparent.*
evidenza *evidence.*
evitare *to avoid.*
evo *age.*
Medio Evo *Middle Ages.*
evocare *to evoke.*
evocare tristi memorie *to evoke sad memories.*
evolvere *to evolve.*
una persona molto evoluta *a very modern person.*
EVVIVA *Hurray!*
ex- *ex-.*
ex-combattente *ex-service man.*
ex-moglie *ex-wife.*

F

fa *ago.*
molto tempo fa *a long while ago.*
poco tempo fa *a short while ago.*
fabbrica *factory.*
marca di fabbrica *trademark.*
fabbricare *to build; to manufacture.*
fabbricato *building.*
tassa sui fabbricati *real estate tax.*
fabbricazione, f. *manufacture.*
faccenda *business matter.*
FACCHINO *porter.*
FACCIA *face.*
avere una faccia tosta *to be impudent; to be bold.*
aver la faccia lunga *to have a long face.*
di faccia *facing.*
faccia a faccia *face to face.*
facciata *facade, front, page.*
la facciata del palazzo *the front of the building.*
la facciata di un libro *the flyleaf of a book.*
FACILE *easy*
di facile contentatura *easily pleased.*
di facili costumi *of easy virtue.*
facile alla collera *easily angered.*
fare le cose troppo facili *to make things too easy.*
FACILITÀ *facility, ease, easiness.*
facilità di parola *fluency of speech.*
facilitare *to facilitate.*
facilmente *easily.*
facoltà *faculty, authority.*
aver facoltà di scelta *to be able to*

choose.
nelle sue piene facoltà mentali *completely sane.*

fagiolino *string bean.*
fagiolo *bean.*
fagotto *bundle.*
far fagotto e andare *to pack up and go.*
falciare *to mow; cut down.*
falco *hawk.*
falegname, m. *carpenter.*
fallimento *failure, bankruptcy.*
dichiarare fallimento *to declare bankruptcy.*
fallire *to fail; to go bankrupt.*
fallo *fault, defect.*
falsare *to alter; to falsify; to distort.*
falso, noun *falsehood.*
testimoniare il falso *to bear false witness.*
falso, adj. *false.*
moneta falsa *counterfeit.*
un falso amico *a false friend*
fama *fame, reputation.*
goder fama di *to have the reputation of.*
FAME, f. *hunger.*
aver fame *to be hungry.*
morir di fame *to die of hunger.*
FAMIGLIA *family.*
rimanere in famiglia *to remain in the family.*
familiare *familiar.*
famoso *famous.*
fanale, m. *headlight.*
fanale di coda *tail-light.*
fanatico, adj. & noun *fanatic, fanatical.*
fanciulla *girl, maid.*
fanciulezza *childhood.*
fanciullo *boy.*
fango *mud.*
fannullone, m. *idler; lazy person.*
fantasia *fantasy, imagination.*
fantastico *fantastic.*
fantino *jockey.*
FARE *to do; to make.*
far bene *to do well (good).*
far cadere *to let drop; to drop.*
far conoscenza *to make the acquaintance.*
fare attenzione *to pay attention.*
fare finta *to make believe.*
fare il sordo *to pretend to be deaf.*
fare l'avvocato *to be a lawyer.*
fare lo stupido *to be stupid.*
fare presto *to hurry.*
fare una doccia *to take a shower.*
fare una passeggiata *to take a walk.*
far impazzire *to drive someone crazy.*
far l'amore con *to make love to.*
far paura a *to frighten.*

far piangere *to make somebody cry.*
farsi fare (una cosa) *to have (something) made.*
far vedere una cosa *to show something.*
Che cosa fai? *What are you doing?*
Fa caldo! *It's warm!*
Fa male! *It hurts!*
Mio fratello si fa tagliare i capelli. *My brother has his hair cut.*
Non fa niente. *It doesn't matter.*
Non sappiamo cosa farci. *We cannot help it.*
Si sta facendo scuro. *It's getting dark.*
farfàlla *butterfly.*
farina *flour.*
farmaceutico *pharmaceutical.*
farmacia *drugstore.*
farmacista *druggist.*
faro *beacon, lighthouse.*
farsa *farce.*
fascia *girdle.*
fasciare *to bandage; to swathe.*
fascicolo *issue (of a magazine); file.*
fascino *charm.*
fascio *bundle.*
fastidio *trouble, annoyance.*
Mi da fatidio. *It bothers me.*
fastidioso *troublesome, annoying.*
fata *fairy.*
fatale *fatal.*
fatica *labor, weariness.*
faticare *to labor.*
faticosamente *laboriously; with difficulty.*
fato *fate.*
fattezze, f.pl. *features.*
FATTO *fact, deed, event.*
È successo un fatto straordinario. *An extraordinary event took place.*
Non sono fatti vostri. *It's none of your affair.*
FATTO, adj. *done, made.*
ben fatto *well made; well done.*
detto fatto *no sooner said than done.*
fatto su misura *made to order.*
notte fatta *nighttime.*
Tutto fatto! *All done!*
fattoria *farm.*
fattorino *messenger.*
fattorino telegrafico *telegraph messenger.*
fattura *invoice, bill.*
favella *speech.*
perdere la favella *to lose one's speech.*
sciogliere la favella *to loosen one's tongue.*
favola *tale, fable.*
favore, m. *favor.*
a favore di *in favor of.*

fare un favore *to do a favor.*
Per favore. *Please.*
favorire *to favor; to give.*
Favorisca! *Enter!*
Mi favorisca il burro per piacere.
  Please hand me the butter.
favorito *favorite.*
FAZZOLETTO *handkerchief.*
fazzoletto da collo *scarf.*
febbraio *February.*
febbre, f. *fever.*
aver la febbre *to have a fever.*
febbre alta *high fever.*
febbre del fieno *hay fever.*
fecondo *fertile, fruitful.*
FEDE, f. *faith, belief.*
aver fede in *to have faith in.*
fede di nascita *birth certificate.*
giurare fede a *to swear allegiance to.*
in buona fede *in good faith.*
portare la fede al dito *to wear a
  wedding ring.*
fedele *faithful, true.*
fedeltà *faithfulness.*
federa *pillowcase.*
federale *Federal.*
fegato *liver*
over fegato *to have courage.*
felice *happy.*
felicemente *happily.*
felicità *happiness.*
FEMMINA *female.*
femminile *feminine, womanly.*
genere femminile *feminine gender.*
fendere *to cleave; to split.*
fenomeno *phenomenon.*
feriale *of work.*
giorno feriale *weekday, workday.*
FERIRE *to wound.*
ferirsi *to be wounded.*
ferita *wound.*
una ferita aperta *an open wound.*
fermaglio *clasp.*
FERMARE *to stop; to fasten.*
fermare un bottone *to fasten a button.*
fermarsi in aria *to stop in mid-air.*
fermata *stop.*
FERMO *firm, still.*
con mano ferma *with a firm hand.*
ferma in posta *general delivery.*
punto fermo *period.*
stare fermo *to stand still.*
feroce *ferocious, savage.*
ferro *iron, tool.*
ferro da stiro *iron (for pressing).*
i ferri del mestiere *the tools of the trade.*
FERROVÌA *railway, railroad.*
ferrovia sotterranea *subway.*
fertile *fertile.*
fertilizzante *fertilizer.*

fervido *fervent, ardent.*
fervore, m. *ardor, fervor.*
festa *feast.*
festa da ballo *dance.*
far festa *to make merry.*
festeggiare *to celebrate.*
festival, m. *festival.*
fetta *slice.*
tagliare a fette *to slice.*
fiaba *fable.*
fiacco *weary, dull.*
fiàccola *torch.*
fiamma *flame.*
FIAMMIFERO *match.*
fianco *side.*
fiasco *flask, failure.*
fare fiasco *to fail.*
un fiasco di vino *a flask of wine.*
fiatore *to breathe.*
FIATO *breath.*
bere tutto d'un fiato *to gulp down.*
Lasciami prendere fiato. *Let me
  catch my breath.*
fibbia *buckle.*
ficcare *to drive in; to set in.*
fico *fig.*
fidanzamento *engagement, betrothal.*
fidanzare *to betroth.*
fidanzarsi *to become engaged.*
fidanzata *fiancée.*
fidanzato *fiancé.*
fidare *to trust.*
Mi fido di te. *I trust you. I have
  faith in you.*
fidato *trustworthy, faithful.*
fiducia *confidence, trust.*
un posto di fiducia *a position of trust.*
fiducioso *confident, hopeful.*
fieno *hay.*
fiera *fair; wild beast.*
fiero *bold, proud.*
figlia *daughter.*
FIGLIO *son.*
essere figlio a *to be the son of.*
figliuolo *son.*
figura *figure, appearance.*
fare bella figura *to cut a fine figure.*
Non fa figura. *It doesn't look well.*
fila *line, row.*
fare la fila *to make the line.*
in fila *in line.*
film, m. *film.*
filo *thread, blade.*
dare del filo da torcere *to cause
  great trouble.*
fil di ferro *wire.*
filo del discorso *thread of discourse.*
per filo e per segno *in every detail.*
un filo d'erba *a blade of grass.*
filobus, m. *trolley-bus.*

filosofia *philosophy.*
filosofo *philosopher.*
finale *final.*
finanza *finance.*
finanziario *financial.*
FINCHÈ *till; until; as long as.*
  Bisogna aspettare finchè arrivi.
   We must wait until he arrives.
  finchè vivo *as long as I live.*
FINE, f. *end.*
  lieto fine *happy ending.*
  porre fine a *to put an end to.*
  sino alla fine *to the very end.*
fine, m. *purpose.*
  A che fine? *To what purpose?*
fine, adj. *fine, thin.*
FINESTRA *window.*
fingere *to pretend.*
FINIRE *to finish; to end.*
FINO A *until; as far as.*
  andare fino a *to go as far as.*
  fino a ieri *up until yesterday.*
  fino a stasera *until tonight.*
finora *till now; to the present moment.*
  Finora non è arrivato nessuno.
   Nobody has arrived yet (until now).
finto *false, pretended.*
FIORE, m. *flower.*
  fiore artificiale *artificial flower.*
  nel fiore degli anni *in the prime of life.*
  Gli alberi sono in fiore. *The trees*
   are blossoming.
fiori, f. *clubs (playing cards).*
fiorire *to blossom; to bloom; to flourish.*
firma *signature.*
FIRMARE *to sign.*
fischiare *to hiss; to whistle.*
  Mi fischiano gli orecchi. *My ears are*
   buzzing.
fischio *whistle, hissing.*
fisico *physical.*
fissare *to fix; to fasten; to reserve.*
  fissare con una spilla *to pin; to*
   fasten with a pin.
  fissare la data *to set the date.*
  fissare qualcuno collo sguardo *to*
   stare at someone.
  fissare un posto *to reserve a place.*
  Si è fissato che non gli voglio bene.
   He is convinced that I don't care
   for him.
fisso *fixed, permanent, steady.*
  a prezzi fissi *at fixed prices.*
  impiego fisso *permanent employment.*
FIUME, m. *river.*
fiuto *scent, smell.*
fluido *fluid,* adj. & noun.
flotta *fleet.*
focolare, m. *hearth, fireside.*
fodera *lining.*

foderare *to line.*
foderato *lined.*
  foderato di pelle *lined in leather.*
foggia *fashion, manner, way.*
FOGLIA *leaf.*
foglio *sheet (of paper).*
fogna *sewer.*
folla *crowd.*
folle *mad, insane.*
follia *insanity.*
folto *thick.*
  capelli folti *thick hair.*
fondamentale *fundamental.*
fondamento (fondamenta, pl. f.)
  foundation.
  senza fondamento *unfounded,*
   groundless.
fondare *to found.*
fondatore, m. *founder.*
FONDO *bottom, fund.*
  articolo di fondo *leading article*
   (newspaper).
  da cima a fondo *from top to bottom.*
  fondo cassa *cash fund.*
  in fondo a *at the bottom of.*
  in fondo alla strada *at the end of*
   the street.
  senza fondi *without funds.*
fonografo *phonograph.*
fontana *fountain.*
fonte, f. *fountain, source.*
  una fonte d'acqua fresca *a spring of*
   fresh water.
  una fonte di guadagno *a source of*
   income.
forbici, f. pl. *scissors.*
forcella *hairpin.*
FORCHETTA *fork.*
foresta *forest.*
forfora *dandruff.*
forma *form, shape.*
  a forma di *shaped like.*
formica *ant.*
formaggio *cheese.*
formale *formal.*
FORMARE *to form; to mold.*
formazione, f. *formation.*
formula *formula.*
fornace, f. *furnace.*
fornire *to supply; to furnish.*
  fornirsi di tutto *to supply oneself*
   with everything.
forno *oven.*
  mettere al forno *to put in the oven.*
FORSE *perhaps, maybe.*
FORTE *strong.*
  correre forte *to run fast.*
  essere forte *to be strong.*
  parlare forte *to speak loudly.*
fortezza *fortress.*

fortuna *fortune, luck.*
  aver fortuna *to be lucky.*
  far fortuna *to make a fortune.*
  per fortuna *fortunately.*
  senza fortuna *without luck.*
fortunato *fortunate, lucky.*
FORZA *strength, force.*
  a forza di *by dint of.*
  farsi forza *to muster one's courage.*
  mettersi in forza *to build up one's strength.*
  per amore o per forza *willing or unwilling.*
  per forza *by force.*
forzare *to force; to break open.*
  Ha forzato la porta. *He broke down the door.*
  Non mi forzare a farlo. *Don't force me to do it.*
  Qualcuno ha forzato la serratura. *Someone picked the lock.*
fossa *hole, pit, grave.*
fosso *ditch.*
  fare un fosso *to dig a ditch.*
fotografare *to photograph.*
fotografia *photograph, photography.*
  fare una fotografia *to take a photograph.*
  M'interesso di fotografia. *I'm interested in photography.*
FRA *among, between.*
  fra le nuvole *in the clouds.*
  fra moglie e marito *between husband and wife.*
  fra non molto *in a short while.*
  fra una cosa e l'altra *between one thing and the other.*
  trovarsi fra amici *to be among friends.*
fracasso *uproar; noisy quarrel.*
fragile *fragile, frail.*
fragola *strawberry.*
fragrante *fragrant.*
frammento *fragment.*
francese *French; noun & adj.*
franco *frank, open.*
  franco a bordo *free on board.*
  Mi ha parlato franco. *He spoke frankly to me.*
francobollo *stamp, postage.*
frangia *fringe.*
frantumare *to shatter.*
  Questo bicchiere si è frantumato. *This glass is shattered.*
frase, f. *sentence, phrase.*
  frase musicale *a musical phrase.*
FRATELLO *brother.*
frattanto *meanwhile.*
freddamente *coldly.*
freddezza *coolness, indifference.*
FREDDO *cold.*

  aver freddo *to be cold.*
  essere freddo con qualcuno *to be cold towards someone.*
  prendere freddo *to catch cold.*
  Fa freddo. *It's cold.*
fregare *to rub.*
frenare *to brake; to restrain; to repress.*
  frenare un impulso *to repress an impulse.*
  Ho fatto appena a tempo a frenare. *I applied the brakes just in time.*
  Mi sono frenato a stento. *I was barely able to restrain myself.*
freno *brake.*
  applicare il freno *to apply the brakes.*
  mettere freno a *to restrain.*
  senza freno *unrestrained.*
frequentare *to attend; to frequent.*
  frequentare la scuola *to attend school.*
frequente *frequent.*
freschezza *freshness, coolness.*
fresco, noun *coolness.*
  mettere al fresco *to put in a cool spot.*
  stare al fresco *to stay in a cool place.*
FRESCO, adj. *fresh, cool.*
  acqua fresca *fresh water.*
  pesce fresco *fresh fish.*
FRETTA *haste.*
  andar di fretta *to be in a hurry.*
  in fretta *hastily.*
friggere *to fry.*
frigorifero *refrigerator.*
frittata *omelette.*
fritto *fried.*
frittura *fry.*
  frittura di pesce *fish-fry.*
frivolo *frivolous.*
frode, f. *fraud.*
FRONTE, f. *forehead.*
  a fronte alta *with head held high.*
fronte, m. *front.*
  di fronte a *facing, opposite.*
  fare fronte alle spese *to pay one's expenses.*
  fronte di battaglia *battlefront.*
frugare *to search; to poke.*
frusta *whip.*
frustare *to whip.*
frutta *fruit.*
frutteto *orchard.*
fucile, m. *gun.*
fuga *flight, escape.*
  darsi alla fuga *to take flight.*
fuggire *to run away; to escape.*
fuliggine, f. *soot.*
fulmine, m. *thunderbolt.*
  un colpo di fulmine *love at first sight (a thunderbolt).*

un fulmine a ciel sereno *a bolt out of the blue.*
fumare *to smoke.*
Vietato fumare! *No smoking!*
fumo *smoke.*
fune, f. *rope.*
funerale, m. *funeral.*
fungo *mushroom.*
ai funghi *with mushrooms.*
funzionare *to work; to function.*
funzione, f. *function.*
fuoco *fire.*
accendere il fuoco *to light the fire.*
fuochi artificiali *fireworks.*
FUORCHÈ *except.*
tutti fuorchè lui *all except him.*
FUORI *out, outside.*
andar fuori *to go out.*
essere fuori di se *to be beside oneself.*
essere fuori pratica *to be out of practice.*
fuoribordo *outboard.*
fuori mano *out of the way.*
fuori pericolo *out of danger.*
fuori uso *out of use.*
furbo *sly, crafty.*
furia *fury, rage.*
È andato su tutte le furie. *He fell into a rage.*
Ho furia. *I'm in a hurry.*
furibondo *raging, furious.*
furto *theft.*
furto a mano armata *armed robbery.*
futuro *future, noun & adj.*
in futuro *in the future.*

G

gabbia *cage.*
gabinetto *cabinet; small closet; toilet.*
gagliardo *vigorous.*
gaiezza *gaiety.*
gaio *gay.*
gala *gala.*
galla *afloat.*
galleria *gallery.*
gallina *hen.*
gallo *cock.*
gamba *leg.*
gambero *crab.*
gambo *stalk, stem.*
gancio *hook.*
garanzìa *guarantee, security.*
gara *competition.*
garbare *to please; to be to one's liking.*
garofano *carnation.*
gas, m. *gas.*
gassosa *carbonated drink.*

gatto *cat.*
gelare *to freeze.*
gelo *frost.*
gelosia *jealousy.*
gemello *twin, cuff-link.*
gemito *groan.*
gemma *gem.*
generale, m. *general;* (also adj.).
generalmente *generally; in general.*
generazione, f. *generation.*
GENERE, m. *gender, kind.*
di genere maschile *of masculine gender.*
di ogni genere *of all kinds.*
generi alimentari *foodstuffs.*
genero *son-in-law.*
generoso *generous.*
genio *genius, taste.*
Non va a mi genio. *It's not to my liking.*
genitori, m.pl. *parents.*
gennaio *January.*
gente, f. *people.*
genti, f.pl. *peoples.*
gentile *kind.*
gentilezza *kindness.*
genuino *genuine.*
geografia *geography.*
geografico *geographical.*
carta geografica *map.*
gerente, m. *manager.*
germe, m. *germ, shoot.*
germogliare *to bud; to flower; to sprout.*
gesso *chalk.*
gesta, f.pl. *deeds.*
gestione, f. *management.*
gestire *to manage.*
gesto *gesture.*
GETTARE *to throw; to fling.*
gettare via *to throw away.*
gettarsi *to fling oneself.*
gettone, m. *token.*
ghermire *to clutch.*
ghiaccio *ice.*
ghiaia *gravel.*
ghiotto *gluttonous, greedy.*
ghirlanda *garland.*
GIÀ *already.*
già fatto *already done.*
giacca *jacket.*
giacchè *as, since.*
giacere *to lie (to recline).*
giallo *yellow, noun & adj.*
giallo d'uovo *egg yolk.*
giammai *never.*
giardiniere, m. *gardener.*
giardino *garden.*
gigante, m. *giant.*
giglio *lily.*

ginnasio *high school.*

ginocchio *knee.*
in ginocchio *on one's knees.*

giocare *to play.*
giocare a carte *to play cards.*

giocattolo *toy.*

giogo *yoke.*

gioia *joy.*

gioiello *jewel.*

GIORNALE, m. *newspaper.*
giornale quotidiano *daily newspaper.*

giornaliero, adj. *daily.*

giornalista, m. *journalist, newspaperman.*

giornalmente, adv. *daily*

giornata *day.*
giornata di festa *holiday.*
giornata lavorativa *workday.*

GIORNO *day.*
di giorno *in the daytime.*
giorno per giorno *day by day.*
il giorno seguente *the following day.*
un giorno dopo l'altro *day after day.*

giovane, m. *a young man, a young woman;* (as adj.) *young.*

giovanile *youthful.*

giovanòtto *young man.*

giovedì *Thursday.*

gioventù, f. *youth.*

giovanezza *youth.*

giramento *turning, revolving.*
giramento di testa *dizzy spell.*

girare *to turn; to travel.*
fare girare la testa *to turn one's head.*
girare intorno a se *to rotate.*

giro *turn, spin.*
fare il giro del mondo *to go round the world.*
fare un giro intorno al parco *to take a walk around the park.*
in giro *in circulation.*
un giro d'ispezione *an inspection tour.*

gita *trip, outing.*

GIÙ *down.*
andare giù per le scale *to go down the stairs.*
camminare in su ed in giù *to pace; to walk up and down.*
su per giù *more or less.*

giudicare *to judge.*

giudice, m. *judge.*

giudizio *judgment, sense.*
dente del giudizio *wisdom tooth.*
mettere giudizio *to get wise; to become wiser.*
secondo il giudizio di *according to the judgment of.*

giungere *to arrive.*
giungere in fondo *to reach the end.*
Siamo appena giunti. *We have just arrived.*

giuoco *game.*

giuramento *oath.*
prestar giuramento *to take an oath.*
venir meno ad un giuramento *to break an oath.*

giurare *to swear.*

giustamente *justly.*

giustificare *to justify.*

giustificazione, f. *justification.*

giustizia *justice.*
la mano della giustizia *the arm of justice.*

giusto *right, just.*

GLI 1. *the,* definite article, (masc. pl.).
2. *to him.*
Gli sono grato. *I am grateful to him.*

globo *globe.*

gloria *glory.*

glorioso *glorious.*

gobbo *hunchback.*

goccia *drop.*

gocciolare *to drip.*

GODERE *to enjoy.*
godere buona salute *to enjoy good health.*
Godo nel vederti. *I am pleased to see you.*

godimento *enjoyment.*

goffo *awkward.*

GOLA *throat.*
aver la gola arsa *to be thirsty.*
aver mal di gola *to have a sore throat.*
Mi fa gola. *It tempts me.*

gomito *elbow.*

gomma *gum, rubber, tire.*
una gomma forata *a flat tire.*

gondola *gondola.*

gonfiare *to inflate.*
gonfiarsi *to swell.*

gonfio *swollen, inflated.*
avere il cuore gonfio *to be heavy-hearted.*

gonna *gown, skirt.*

governante, f. *governess.*

governante, m. *ruler.*

governare *to govern.*

governo *government.*

gradevole *agreeable, pleasant.*
un gusto gradevole *a pleasant taste.*

gradino *step.*

GRADIRE *to accept; to find agreeable.*
Gradisca i miei più cordiali saluti. *Accept my most cordial greeting.*

grado *degree, extent.*
cinque gradi sotto zero *five degrees below zero.*
essero in grado di *to be in a position to.*

fino a questo grado to this extent.
graffiare to scratch.
GRANDE great, big.
  a grandi passi with long steps;
  swiftly.
  a gran velocità at great speed.
  farsi grande to get big; to grow tall.
  in grande on a large scale.
grandezza greatness.
grandine, f. hail.
grandioso grand.
grano grain, corn.
  con un grano di sale with a grain
  of salt.
  un grano di sabbia a grain of sand.
  un grano d'uva a grape.
granturco corn.
grappolo bunch.
grasso fat, grease; (as adj.)greasy.
grato grateful.
grattare to scratch.
grave grave, heavy.
gratuito free.
gravemente gravely, seriously.
  Egli è gravemente ammalato. He is
  seriously ill.
grazia grace, favor.
  colpo di grazia final stroke; coup
  de grace.
  fare una grazia to grant a favor.
  grazie a thanks to.
GRAZIE Thank you.
grazioso graceful, pretty.
gridare to cry out; to shout.
  Non c'è bisogno di gridare. There's
  no need to shout.
grido cry, shout.
grigio gray.
grillo cricket.
grosso big, bulky.
gruccia crutch.
gruppo group.
GUADAGNARE to earn; to gain.
  guadagnare terreno to gain ground.
  guadagnarsi da vivera to earn a
  livelihood.
  guadagnarsi la stima di qualcuno to
  earn someone's respect.
  guadagnar tempo to gain time.
guadagno profit, gain.
guaio misfortune, difficulty.
guancia cheek.
  voltare l'altra guancia to turn the
  other cheek.
guanciale, m. pillow.
guanto glove.
  calzare come un guanto to fit like a
  glove.
  un paio di guanti a pair of gloves.
GUARDARE to look.

guardarsi dal to guard against; to
  refrain from.
  guardarsi negli occhi to stare into
  each other's eyes.
  senza guardare nessuno in faccia
  without looking.
  Me ne guarderei bene! I wouldn't
  dare!
guardaroba, m. wardrobe, cloakroom.
guardia guard.
guardiano watchman, keeper, guard.
  guardiano notturno night watchman.
guarire to recuperate; to get well;
  to cure.
guarnire to trim.
guarnito trimmed.
guarnizione, f. trimming.
guastare to spoil.
guerra war.
GUIDARE to guide; to drive.
  guidare un' automobile to drive a car.
  Si lasci guidare da me. Allow me to
  guide you.
guida guide, guidebook.
guscio shell (egg).
GUSTO taste.
  di buon gusto in good taste.
  gusto amaro bitter taste.
  provare gusto a to take pleasure in.
  una persona di gusto a person of
  good taste.
  Non è di suo gusto. It's not to his
  liking.

H

hotel, m. hotel.

I

i the, (m.pl.).
  i ragazzi the boys.
idea idea.
  cambiare idea to change one's mind.
ideale, m. ideal (also adj.).
idealismo idealism.
idealista, m. idealist;
  (as adj.) idealistic.
identico identical.
idiota, m. idiot, (as adj.) idiotic.
identificare to identify.
idoneo fit, suitable.
IERI, m. yesterday.
  ieri l'altro the day before yesterday.
  ieri mattina yesterday morning.
  ieri sera last night.
igiene, f. hygiene.

ignobile *ignoble.*
ignorante *ignorant.*
ignoranza *ignorance.*
ignorare *to ignore.*
ignoto *unknown.*
  di autore ignoto *by an unknown author.*
  Milite Ignoto *Unknown Soldier.*
il *the,* (m. sing.).
illegale *illegal.*
illeso *uninjured, safe.*
illusione, f. *illusion.*
illuminare *to light up.*
illustrare *to illustrate.*
illustrazione, f. *illustration.*
imballare *to pack; to wrap.*
imbarazzante *embarrassing.*
  una situazione imbarazzante *an embarrassing situation.*
imbarazzo *embarrassment, difficulty.*
  imbarazzo finanziario *financial difficulties.*
  mettere in imbarazzo *to embarrass.*
imbarcare *to ship.*
  imbarcarsi *to embark.*
imbattersi *to meet with.*
imboccare *to feed.*
imbottire *to stuff; to pad.*
imbrattato *dirty.*
imbrogliare *to cheat.*
imbroglio *complication, tangle, trick.*
imbronciato *sullen.*
imitare *to imitate.*
imbucare *to mail a letter.*
imitazione, f. *imitation.*
IMMAGINARE *to imagine.*
  Non riesco ad immaginare. *I can't imagine.*
  Si immagini! *Just imagine!*
immaginario *imaginary.*
immaginazione, f. *imagination.*
immagine, f. *image.*
immedesimarsi *to identify oneself with.*
immediatamente *immediately.*
immediato *immediate.*
immenso *huge.*
imminente *imminent.*
immigrare *to immigrate.*
immigrante, m. & f. *immigrant.*
immobilità *immobility.*
immortale *immortal.*
immortalità *immortality.*
impaccare *to pack.*
impacciare *to impede; to embarrass.*
impacciato *constrained, uneasy.*
impallidire *to turn pale.*
imparare *to learn.*
  imparare a memoria *to learn by heart.*
  imparare una lingua *to learn to speak a language.*

imparentato *related.*
imparziale *impartial.*
impasto *mixture.*
IMPAZIENTE *impatient.*
impazienza *impatience.*
  attendere con impazienza *to look forward to; to await anxiously.*
impedimento *prevention.*
impedire *to hinder; to obstruct.*
impazzire *to go crazy.*
IMPEGNARE *to engage; to pawn.*
  impegnare un anello *to pawn a ring.*
  impegnarsi a fare qualcosa *to pledge oneself to do something.*
  Sono già impegnato per quella sera. *I am already engaged for that evening.*
impegno *engagement, obligation.*
impensato *unexpected.*
imperfetto *imperfect.*
impero *empire.*
IMPERMEABILE, m. *raincoat;* (as adj.) *waterproof.*
impertinente *insolent, impertinent.*
impeto *vehemence.*
impertinenza *impertinence.*
impetuosamente *impetuously.*
impetuoso *impetuous.*
  carattere impetuoso *a violent character.*
impianto *installation, establishment.*
impiccare *to hang.*
impiegare *to employ.*
impiegato *employee;* (as adj.) *employed.*
impiego *employment.*
  cercare impiego *to look for a job.*
implicare *to involve.*
impolverato *dusty.*
imporre *to impose.*
importante *important.*
importanza *importance.*
  dare importanza a *to attach importance to.*
  Non ti dare tanta importanza. *Don't give yourself so many airs.*
importare *to matter; to be of consequence.*
impossibile *impossible.*
imposta *duty, tax.*
IMPRESA *enterprise, undertaking.*
impressionare *to impress.*
  Non ti impressionare. *Don't be alarmed.*
impressione, f. *impression.*
  fare una brutta impressione *to impress unfavorably.*
  Non mi ha fatto impressione alcuna. *It made no impression on me.*

imprevisto (impreveduto) *unforeseen;* (also noun).
 se tutto procede senza imprevisti *if things proceed without complications.*
imprigionare *to imprison.*
imprimere *to impress; to stamp.*
impronta *impression, print.*
improvisamente *suddenly.*
imprudente *imprudent.*
imprudenza *imprudence.*
impulso *impulse.*
 seguire il proprio impulso *to follow one's instinct.*
impurità *impurity.*
imputare *to impute; to accuse.*
IN *in, into.*
 in casa *at home; in the home.*
 In che modo? *In what way?*
inabile *unable.*
inadatto *unsuitable.*
inamidare *to starch.*
inappuntabile *irreproachable.*
inaspettatamente *unexpectedly.*
inaspettato *unexpected.*
inavertenza *inadvertence.*
inaudito *unheard of.*
inaugurare *to inaugurate; to open.*
incantevole *charming.*
incapacità *inability, incapacity.*
incendiare *to set fire to.*
INCENDIO *fire.*
 pompa d'incendio *fire pump.*
 segnale d'incendio *fire alarm.*
incertezza *uncertainty.*
incerto *uncertain.*
inchiesta *inquiry.*
inchiostro *ink.*
incidente, m. *incident, accident.*
incitare *to incite.*
INCLUDERE *to include.*
incluso *included.*
 tutto incluso *everything included.*
incolto *uneducated, uncultivated.*
INCOMINCIARE *to begin; to start.*
 incominciando da questo momento *starting from this moment; from this moment on.*
incomodo *uncomfortable.*
 dare incomodo *to inconvenience; to disturb.*
incomparabile *incomparable.*
incompatibile *incompatible.*
incompatibilità *incompatibility.*
incompetente, m. *incompetent;* (also adj.).
incompleto *incomplete.*
inconscio *unconscious.*
inconsolabilmente *unconsolably.*

incontentabile *unsatisfiable, exacting.*
INCONTRARE *to meet.*
INCONTRO *meeting, encounter, match.*
 un incontro sportivo *a sports match.*
incontro a, adv. *towards, against.*
 Andiamogli incontro. *Let's go to meet him.*
 Mi venne incontro. *He came towards me.*
inconveniente, m. *inconvenience;* (as adj.) *inconvenient.*
inconvenienza *inconvenience.*
INCORAGGIARE *to encourage.*
 incoraggiarsi *to take courage.*
incorrere *to incur.*
INCREDIBILE *incredible.*
incrociare *to cross; to cruise; to meet.*
incrocio *crossroads.*
incubo *nightmare.*
indebitato *indebted.*
indebolire *to weaken.*
 La malattia lo ha indebolito molto. *His illness has made him very weak.*
indecisione, f. *indecision.*
indeciso *undecided.*
indegno *unworthy.*
INDICARE *to indicate; to point out.*
 indicare la strada *to show the way.*
indicativo *indicative.*
INDICE, m. *index finger; index.*
INDIETRO *back.*
 tornare indietro *to go back.*
 volgere lo sguardo indietro *to look back; to look over one's shoulder.*
 Quest' orologio va indietro. *This clock is slow.*
indifferente *indifferent.*
 Mi è del tutto indifferente. *I am completely indifferent to it.*
indifferenza *indifference, unconcern.*
indigeno *domestic, indigenous;* (as noun) *native.*
indignato *indignant.*
indignazione, f. *indignation.*
indimenticabile *unforgettable.*
indipendente *independent.*
indipendentemente *independently.*
indipendenza *independence.*
indirettamente *indirectly.*
indiretto *indirect.*
INDIRIZZARE *to address; to direct.*
 Le sue parole erano indirizzate a tutti. *His words were directed to everyone.*
 Questa lettera non è indirizzata a me. *This letter is not addressed to me.*
indirizzo *address.*
indiscreto *indiscreet.*
indiscrezione, f. *indiscretion.*
individuo *individual* (also adj.).

indivisibile *indivisible.*

indizio *symptom.*

indolente *indolent.*

indossare *to put on; to wear.*

INDOVINARE *to guess; to imagine.*
Indovini un po'. *Just guess.*
Non riesco ad indovinare. *I can't imagine.*

indovinello *enigma, ridicule.*

indubbiamente *undoubtedly.*

indugio *delay.*
Bisogna farlo senza indugio. *It must be done without delay.*

indulgenza *indulgence.*

INDUSTRIA *industry.*

industriale, m. *industrialist; (as adj.) industrial.*

industrioso *industrious.*

inesauribile *inexhaustible.*

inesplicabile *inexplicable.*

inevitabile *unavoidable.*

inezia *trifle.*

infallibile *infallible, unfailing.*

infame *infamous.*

infanzia *infancy.*

INFATTI *in fact; in reality.*

infedele *unfaithful.*

infedeltà *infidelity.*

infelice *unhappy.*

infelicità *unhappiness.*

inferiore *inferior.*

inferiorità *inferiority.*
complesso d'inferiorità *inferiority complex.*

infermiera *nurse.*

infilare *to thread.*

INFINE *at last; after all.*

infinito *infinity; (as adj.) infinite.*

infliggere *to inflict.*

influenzare *to influence.*

influire *to exert influence over.*
Ha influito sulla mia decisione. *It influenced my decision.*

infondato *unfounded, groundless.*
una paura infondata *a groundless fear.*

informare *to inform.*
Mi ha informato dell'accaduto. *He told me what happened.*

informazione, f. *information.*

infrangere *to shatter; to break.*

INFUORI *out; outwards; outside of.*
all'infuori di *except for.*

ingannare *to deceive.*
Inganno il tempo leggendo. *I kill time reading.*
Mi sono ingannato. *I was mistaken.*

inganno *deceit.*
Mi ha tratto in inganno. *He deceived me.*

ingegnere, m. *engineer.*

ingegno *talent, intelligence.*
una persona d'ingegno *a talented person.*

inghiottire *to swallow.*

inginocchiarsi *to kneel.*

INGIÙ *downwards, down.*
guardare ingiù *to look down.*

ingiustizia *injustice.*

ingiusto *unjust, unfair.*

inglese *English, (also noun).*

ingranaggio *gear.*

ingrassare *to become fat; to grease.*

ingratitudine, f. *ingratitude.*

INGRESSO *entrance, admittance.*
porta d'ingresso *entrance door.*
Ingresso Libero. *No charge for admittance.*
Vietato l'Ingresso! *No Admittance!*

INGROSSO *wholesale.*
vendere all'ingrosso *to sell wholesale.*

INIZIALE, m. *initial (also adj.).*
spesa iniziale *initial outlay.*

iniziare *to start; to initiate.*

iniziativa *initiative.*

inizio *beginning.*
dare inizio allo spettacolo *to begin the performance.*
sin dall'inizio *from the beginning.*

innalzare *to raise.*

innamorare *to charm.*
fare innamorare *to cause to fall in love.*
innamorarsi *to fall in love.*

INNANZI *before.*
innanzi tutto *first of all.*

inno *hymn.*

innocente *innocent.*

innocenza *innocence.*

inoltre *besides.*

inosservato *unobserved.*

inquieto *agitated, restless.*

inquietudine, f. *agitation, restlessness.*

insalata *salad.*
insalata condita *salad with dressing.*

insanguinato *bloody.*

insaponare *to soap; to lather.*

INSEGNA *signboard, flag.*
insegna luminosa *neon sign.*

insegnante *teacher,* m. & f.

insegnare *to teach.*

inseguire *to chase.*

insensato *senseless.*

insensibile *insensible.*

inseparabile *inseparable.*

insidia *snare, trap.*

INSIEME *together.*
mettere tutto insieme *to gather; to put everything together.*
nell'insieme *on the whole.*

uscire insieme *to go out together.*
insignificante *insignificant.*
INSINUARE *to insinuate.*
insinuarsi *to insinuate oneself.*
insistenza *insistence.*
INSISTERE *to insist.*
insolubile *insoluble.*
INSOMMA *in conclusion; in
short; well.*
Ma insomma, che cosa facciamo ora?
Well, what are we going to do now?
insormontabile *unsurmountable.*
insonne *sleepless.*
insperato *unhoped for.*
una gioia insperata *an unhoped
for joy.*
installare *to install.*
Si è installato in casa mia. *He
installed himself in my home.*
instancabile *untiring.*
INSÙ *up, upwards.*
andare insù ed ingiù *to go up
and down.*
insudiciarsi *to become dirty.*
insufficiente *insufficient.*
insufficienza *insufficiency.*
per insufficienza di tempo *for lack
of time.*
insulso *insipid.*
insuperabile *insuperable.*
intagliare *to carve.*
legno intagliato *carved wood.*
INTANTO *in the meanwhile;
meanwhile.*
intatto *intact.*
integrale *integral.*
intelletto *intellect.*
di scarso intelletto *of poor intellect.*
una persona di grande intelletto *a
person of great intellect.*
intellettuale, m. & f. *intellectual;*
(also adj.).
intelligente *intelligent.*
intelligenza *intelligence.*
INTENDERE *to intend; to hear; to
understand.*
Cerchiamo di intenderci. *Let's try to
understand one another.*
Che cosa intende dire? *What do
you mean?*
Non ho inteso bene. *I did not hear well.*
Non intendo partire. *I do not intend
to leave.*
intenerirsi *to become tender; to be
moved to tears.*
intenso *intense.*
intenzione, f. *intention.*
senza intenzione *unintentionally.*
Non ne ho la minima intenzione. *I
don't have the slightest intention.*

interamente *entirely.*
Non sono interamente convinto. *I am
not entirely convinced.*
interdire *to prohibit.*
interessante *interesting.*
interessare *to interest.*
interesse *interest.*
Non è nel mio interesse farlo. *It is
not to my advantage to do it.*
interiore, m. *interior;* (also adj.).
interiori di pollo *chicken giblets.*
intermedio *intermediate.*
internazionale *international.*
interno *interior, inside, internal.*
INTERO *entire, whole.*
il mondo intero *the whole world.*
per intero *wholly, entirely.*
interporre *to interpose.*
interpretare *to interpret.*
interpretare male *to misinterpret.*
interpretazione, f. *interpretation.*
interprete, m. *interpreter.*
interrogare *to question; to ask.*
interruzione, f. *interruption.*
interrompere *to interrupt.*
intervallo *interval.*
l'intervallo fra un'atto e l'altro
between acts; intermission.
intervista *interview.*
fare un intervista a *to interview
someone.*
intervistare *to interview.*
intesa *agreement, understanding.*
secondo la nostra intesa *according
to our agreement.*
INTIERO *whole, entire.*
intimazíone, f. *order, injunction.*
intimidire *to intimidate; to frighten.*
intimità *intimacy.*
nell'intimità della propria famiglia
in the intimacy of one's own family.
intimo *intimate.*
un'amico intimo *an intimate friend.*
intitolare *to entitle.*
intollerabile *intolerable.*
intollerante *intolerant.*
intolleranza *intolerance.*
intonazione, f. *intonation.*
intorno *around.*
intraprendere *to undertake.*
intraprendere un viaggio *to embark
on a voyage.*
intrattenere *to entertain; to maintain.*
intrigo *plot.*
INTRODURRE *to get in; to put in; to
show someone in.*
introdurre la chiave nella serratura
to put the key in the lock.
Si è introdotto in casa mia con una
scusa. *He got into my home with*

    an excuse.

intromettere *to interpose; to interfere with.*

intùito *intuition.*

inumidire *to dampen.*

inutile *useless, unnecessary.*

invadere *to invade.*

invaghirsi *to fall in love.*

invariabile *invariable.*

invariabilmente *invariably.*

invasione, f. *invasion.*

invecchiare *to grow old; to age.*

invece *instead.*

inventare *to invent.*

    inventare una scusa *to invent an excuse.*

inventore, m. *inventor.*

invenzione, f. *invention.*

inverno *winter.*

inverso *inverted, inverse.*

invertire *to invert.*

investigare *to investigate; to inquire.*

investimento *investment.*

investire *to invest; to collide with; to run down.*

    investire di una carica *to appoint.*

    Fui investito da un'automobile. *I was run down by a car.*

inviare *to send.*

invidiare *to envy.*

INVÌO *shipment, mailing.*

    invio di merci *shipment of merchandise.*

    l'invio di posta *the forwarding of mail.*

invisibile *invisible.*

invitare *to invite; to ask.*

INVITO *invitation.*

invocare *to invoke.*

    invocare aiuto *to seek help.*

involontario *involuntary.*

involto *parcel, package.*

inzuppare *to soak.*

IO *I.*

iodio *iodine.*

    tintura di iodio *tincture of iodine.*

ipoteca *mortgage.*

IRA *anger, rage.*

    con grande ira *with great anger.*

    Non posso sfogare la mia ira con nessuno. *I can't give vent to my anger with anyone.*

ironia *irony.*

    l'ironia del fato *the irony of fate.*

irragionevole *unreasonable.*

irregolare *irregular.*

irreparabile *irreparable.*

irresistibile *irresistible.*

irrigidire *to stiffen.*

irritare *to irritate.*

    irritarsi per nulla *to get angry over nothing.*

irritazione, f. *irritation.*

ISOLA *island.*

isolare *to isolate.*

ispettore, m. *inspector.*

ispezionare *to inspect.*

ispezione, f. *inspection.*

ispirazione, f. *inspiration.*

ISTANTANEA *snapshot.*

istantaneo *instantaneous.*

istante, m. *instant.*

istigare *to instigate.*

istintivo *instinctive.*

istinto *instinct.*

    per istinto *instinctively.*

istituto *institute, institution.*

istituzione, f. *institution, establishment.*

istruire *to instruct; to teach.*

istruito *educated, learned.*

istruttore, m. *instructor.*

istruzione, f. *education.*

italiano *Italian,* noun & adj.

L

LA 1. *the* (f. sing.).

    2. *her, it, you,* personal pronoun obj. (f. sing., and polite form, sing.).

    Io la vedo spesso. *I see her often.*

    Vediamo la ragazza? Sì, la vediamo. *Do we see the girl? Yes, we see her.*

LÀ *there* (adv.).

LABBRO (labbra, f. pl.) *lip.*

    labbro inferiore *lower lip.*

    labbro superior *upper lip.*

    Io pendo dalle sue labbra. *I hang on her words.*

laboratorio *laboratory.*

laborioso *laborous.*

laccio *string, knot.*

lacerare *to tear; to rend.*

lacrima *tear.*

    scoppiare in lacrime *to burst out into tears.*

ladro *thief.*

LAGGIÙ *down there; there below.*

LAGO *lake.*

lama (lametta) *blade.*

    lama di rasoio *razor blade.*

lamentare *to lament; to regret.*

LAMPADA *lamp.*

lampadina *small lamp.*

    lampadina elettrica *electric bulb:*

    lampadina tascabile *flashlight.*

lampeggiare *to lament; to regret.*

lampo *lightning flash.*

in un lampo *in a flash.*
LANA *wool.*
vestito di lana *woolen suit.*
lanciare *to hurl.*
languire *to languish.*
languore, m. *languor.*
lanterna *lantern.*
lanterna magica *magic lantern.*
lapis, m. *pencil.*
larghezza *width, breadth.*
di questa larghezza *this wide.*
LARGO *wide, broad, large.*
cercare in lungo ed in largo *to seek far and wide.*
su larga scale *on a big scale.*
Fate largo! *Make room!*
LASCIARE *to leave; to quit; to let.*
Ho lasciato detto che sarei tornato alle tre. *I left a message saying I would be back at three.*
Lasciami stare! *Leave me alone!*
Mi ha lasciato una fortuna. *He left me a fortune.*
Ti lascio per sempre. *I'm leaving you forever.*
LASSÙ *up; up there.*
lassù in cima alla montagna *up there at the top of the mountain.*
Guarda lassù. *Look up there.*
lato *side.*
latta *tin.*
lattaio *milkman.*
LATTE, m. *milk.*
latteria *dairy.*
lattuga *lettuce.*
lavagna *slate, blackboard.*
LAVARE *to wash.*
lavarsi *to wash oneself.*
lavorare *to work.*
lavoratore, m. *workman, worker.*
lavoratrice, f. *workwoman.*
lavoro *work.*
camera del lavoro *trade union.*
lavori forzati *hard labor.*
lavoro drammatico *play.*
lavoro eccessivo *overwork.*
LE 1. *the,* (f. pl.).
    2. *them; you* (pl. polite); *to you* (sing. polite); *her, to her.*
leale *loyal.*
lealtà *loyalty.*
leccare *to lick.*
lecito *lawful.*
legale *legal, lawful.*
legare *to tie; to bind.*
un libro legato in pelle *a leather-bound book.*
legatura *binding.*
LEGGE, f. *law.*
approvare una legge *to pass a law.*

fuori legge *outlaw.*
invocare una legge *to invoke a law.*
leggenda *legend.*
La leggenda vuole... *The legend is...*
leggere *to read.*
LEGGERO *light.*
fare un lavoro leggero *to do light work.*
un peso leggero *a lightweight (boxer).*
Egli prende le cose alla leggera. *He takes matters lightly.*
legislazione, f. *legislation.*
legittimo *legitimate.*
legittima difesa *self-defense.*
legno *wood.*
fatto di legno *made of wood.*
legume, m. *vegetable.*
LEI 1. *you* (sing. pol.).
    2. *her; to her.*
Noi diamo il libro a lei. *We give her the book.*
lentamente *slowly.*
LENTO *slow.*
lenzuolo, (lenzuola, f. pl.) *sheet.*
cambiare le lenzuola ai letti. *to change the bed sheets.*
leone, m. *lion.*
la parte del leone *the lion's share.*
lepre, m. & f. *hare.*
lesto *nimble, quick.*
lesso *boiled meat.*
LETTERA *letter.*
alla lettera *to the letter.*
lettera di presentazione *letter of introduction.*
lettera maiuscola *capital letter.*
lettera minuscola *small letter.*
lettera per espresso *special-delivery letter.*
lettera raccomandata *registered letter.*
letterario *literary.*
letteratura *literature.*
LETTO *bed.*
letto a doppia piazza *double bed.*
stanza da letto *bedroom.*
lettura *reading.*
LEVARE *to remove; to take off.*
farsi levare un dente *to have a tooth pulled.*
levare l'incomodo *to take one's leave.*
levarsi al mattino *to rise in the morning.*
lezione, f. *lesson.*
dare lezioni di pianoforte *to give piano lessons.*
dare una lezione a *to give a lesson to.*
LÌ adv. *there.*

Li per li non ho saputo cosa
rispondere. *At that very moment I
didn't know what to answer.*
Metti tutto li. *Put everything there.*
Stavo li li per farlo. *I was just
about to do it.*

LI *them.*
Li vedo benissimo. *I see them clearly.*

libbra *pound.*

liberale *liberal.*

liberare *to free; to liberate.*
liberarsi *to free oneself.*
Mi sono liberata di un incomodo. *I
got rid of a nuisance.*

libero *free.*

libertà *freedom, liberty.*

libraio *bookseller.*

libreria *bookshop.*

libro *book.*

licenza *license.*
essere in licenza *to be on leave.*

licenziare *to dismiss; to fire (from a
job).*
Mi sono licenziato. *I resigned. I quit
my job.*

lido *seashore, beach.*

lieto *happy.*
Molto lieto di conoscervi. *Pleased to
meet you.*

lievito *yeast.*

lima *file.*

limitare *to limit.*
Se è limitato a un sol bicchiere
di vino. *He limited himself to one
glass of wine.*

limite, m. *limit, bound.*
giungere al limite delle proprie forze *to
reach the end of one's rope.*
È arrivato al limite della sua pazienza.
*He has reached the end of his
patience.*
Non c'è limite alla sua insolenza.
There is no limit to his insolence.

limone, m. *lemon.*
succo di limone *lemon juice.*

linea *line.*
in linea diretta *in direct line.*
mettersi in linea *to get in line.*
Linea Aerea *Airline.*
Linea Ferroviaria *Railway Line.*

LINGUA *tongue, language.*
essere sulla lingua di tutti *to be a
topic for gossip.*
lingua madre *native tongue.*
parlare bene una lingua *to speak a
language well.*
Il suo nome è sulla punta della mia
lingua. *His name is on the tip of
my tongue.*

lino *linen.*

una tovaglia di lino *a linen towel.*

liquido *liquid.*
aver denaro liquido *to have ready
cash.*

liquore, m. *liquor.*

lista *menu, list.*

LO 1. *the,* (m. sing.).
2. *him, it,* direct obj. pronoun
(m. sing.).
lo lo chiamo. *I call him.*
lo lo leggo. *I read it.*

locale *local.*

locomotiva *locomotive.*

lodare *to praise.*
Sia lodato il cielo! *Heaven be
praised!*

logica *logic.*

logico *logical.*
la soluzione logica *the logical
solution.*

lontano *distant, far.*

LORO 1. *they; you* (pl. polite),
personal pronoun subj.
2. *them; to them; you; to you,*
personal pronoun obj.
lo parlo loro francamente.
*I am speaking to you
frankly.*
3. *their, theirs; your, yours*
(pl. polite) possessive
(undeclinable).
Also, *il loro; la loro; i loro;
le loro.*
la loro penna *their pen.*

LOTTARE *to struggle; to fight.*
lottare contro le avversità *to
struggle against adversity.*

lucidare *to shine; to sparkle.*

LUCE, f. *light.*
accendere la luce *to turn on the
light.*
alla luce del sole *in the sunlight.*
luce elettrica *electric light.*
spegnere la luce *to turn off the
light.*
venire alla luce *to come to light.*

luglio *July.*

lume, m. *light, lamp.*

luminoso *luminous.*

luna *moon.*

lunedì *Monday.*

lunghezza *length.*

LUNGO *long, along.*
a lungo *for a long time.*
a lungo andare *in the long run.*
girare in lungo ed in largo *to wander
far and wide.*
lungo la riva del fiume *along the
riverbank.*
lungo un piede *one foot long.*

La cosa va per le lunghe. *This matter is taking a long time.*

luogo *place.*

luogotenente *lieutenant.*

lupo *wolf.*

lusinga *enticement, flattery.*

lusso *luxury.*
  di lusso *luxurious, deluxe.*
  Non mi posso permettere i lusso di comprarlo. *I can't permit myself the luxury of buying it.*

lussuoso *luxurious.*

lustrare *to polish.*
  farsi lustrare le scarpe *get one's shoes shined.*

lutto *mourning.*

M

MA *but, still, however.*

macchia *spot, stain.*

macchiare *to spot; to stain*

MACCHINA *machine, engine.*
  macchina da cucire *sewing machine.*
  macchina lavapiatti *dishwashing machine.*
  macchina per il bucato *washing machine.*

macellaio *butcher.*

macelleria *butchershop.*

macello *slaughter.*

macinare *to grind.*

MADRE, f. *mother.*

maestà *majesty.*

maestro *teacher.*

magazzino *warehouse.*

maggio *May.*

maggioranza *majority.*

MAGGIORE *greater, larger, major.*
  di maggior importanza *of greater importance.*
  fratello maggiore *older brother.*
  la maggior parte *the major part.*
  maggiore d'età *older.*
  stato maggiore *general staff.*
  un caso di forza maggiore *a case of absolute necessity.*

maggiorenne, m. & f. *of full age.*

magistrato *magistrate.*

maglia *stitch, underwear.*
  lavoro a maglia *knitting.*

magnificenza *magnificence.*

magnifico *magnificent.*

MAGRO *thin, lean.*

MAI *never.*
  caso mai *in case.*
  mai e poi mai *never never.*
  mai più *never again.*
  quando mai *not at all.*

Come mai? *How come?*

Meglio tardi che mai. *Better late than never.*

maiale, m. *pig, pork.*

maiuscola *capital.*
  lettera maiuscola *capital letter.*

malamente *badly.*

MALATO *ill.*

MALATTÌA *illness.*
  essere colto da malattia improvvisa *to become suddenly ill.*

malcontento *dissatisfied, discontent.*

MALE m. *evil, harm.*
  andare a male *to spoil.*
  di male in peggio *from bad to worse.*
  far male *to harm; to hurt.*
  il minore di due mali *the lesser of two evils.*
  mal d'orecchio *earache.*
  non c'è male *not too bad.*
  Che male fa? *What harm does it do? What harm is there?*

MALE adv. *badly.*
  capir male *to misunderstand.*
  meno male *so much the better.*
  parlar male di *to speak ill of.*
  star male di salute *to be in poor health.*
  trattar male *to mistreat.*
  È rimasto male. *He was disappointed.*
  Gli affari vanno male. *Business is poor.*

maledetto *cursed, abominable.*

maleducato *ill-bred.*

MALGRADO *in spite of; notwithstanding.*
  mio malgrado *against my will.*
  Malgrado la pioggia siamo usciti. *We went out, the rain notwithstanding.*
  Si è alzato malgrado il divieto del dottore. *He got up in spite of the doctor's wishes.*

malia *charm, enchantment.*

malinteso *misunderstanding.*

malizia *malice, cunning.*

malizioso *malicious, cunning.*

malsano *unhealthy.*

MALTEMPO *bad weather.*

maltrattare *to ill-treat.*

malvagio *wicked.*

malumore *ill-humor.*

mamma *mother.*

MANCANZA *want, lack.*
  in mancanza di meglio *for lack of something better.*
  sentire la mancanza *to miss.*
  una grave mancanza *a serious fault.*

MANCARE *to want; to lack; to be absent.*

Egli manca da casa. *He is away from home.*

Essi hanno mancato *They did wrong.*

Manca del denaro dalla cassaforte. *Some money is missing from the safe.*

Mancano cinque minuti alle nove. *It is five minutes to nine.*

Mancano di tutto. *They lack everything.*

mancia *tip.*

mancino *left-handed.*

mandorla *almond.*

mandra *herd.*

MANGIARE *to eat.*

mangiare con gusto *to eat heartily.*

mangiarsi il cuore *to eat one's heart out.*

MANICA *sleeve.*

in maniche di camicia *in shirt sleeves.*

essere di manica larga *to be generous.*

manico *handle.*

aver il coltello dalla parte del manico *to hold the knife by the handle.*

maniera *manner, way.*

in questa maniera *this way.*

in una maniera o nell'altra *in one way or the other.*

manifattura *manufacture.*

manifatturiero *manufacturer.*

manifestare *to manifest.*

maniglia *handle.*

maniglia della porta *door handle.*

MANO, f. *hand.*

a portata di mano *handy.*

cambiar di mano *to change hands.*

dare una mano *to lend a hand.*

fatto a mano *handmade.*

fuori mano *out of the way.*

lavarsi le mani *to wash one's hands.*

star con le mani in mano *to idle.*

stretta di mano *handshake.*

venire alle mani *to come to blows.*

voltare a mano sinistra *to turn to the left.*

mantello *coat, robe.*

MANTENERE *to keep; to maintain.*

mantenere la parola *to keep one's word.*

mantenere una famiglia *to support a family.*

mantenersi calmo *to keep calm.*

mantenersi in contatto con *to keep in contact with.*

mantenersi in vita *to stay alive.*

manzo *steer.*

bollito di manzo *boiled beef.*

marcia *march.*

marciare *to march.*

marcire *to rot; to decay.*

MARE, m. *sea.*

in alto mare *on the high seas.*

mal di mare *seasickness.*

marèa *tide.*

alta marèa *high tide.*

bassa marèa *low tide.*

margherita *daisy.*

margine, m. *margin.*

marina *navy.*

marinaio *sailor.*

marino *marine.*

marito *husband.*

marmellata *marmalade, jam.*

marmo *marble.*

marrone *brown, chestnut.*

martedì *Tuesday.*

martedì prossimo *next Tuesday.*

martedì passato *last Tuesday.*

martello *hammer.*

marzo *March.*

maschera *mask.*

mascherare *to mask.*

mascherarsi *to disguise oneself.*

maschile *masculine, male.*

di genere maschile *of masculine gender.*

di sesso maschile *of male sex.*

maschio, noun *male, boy.*

MASCHIO *manly, virile.*

massa *mass, heap.*

massaia *housewife.*

MASSIMO *greatest.*

al massimo *at best.*

arrivare al massimo della gioia *to reach a peak of happiness.*

peso massimo *heavyweight (boxer).*

masticare *to chew.*

masticare le parole *to mumble.*

matematica *mathematics.*

materasso *mattress.*

materia *matter, substance.*

materiale, m. *material; (also adj.).*

materno *maternal.*

matita *pencil.*

MATRIMONIO *marriage.*

MATTINA *morning.*

matto *mad, crazy.*

È diventato matto. *He went mad.*

Questo bambino mi fa diventare matta. *This child drives me crazy.*

Vado matto per la musica. *I'm crazy about music.*

mattone, m. *brick.*

mattonella *tile.*

maturo *mature, ripe.*

una mela matura *a ripe apple.*

un'uomo di matura età *an aged man.*

ME *me.*

meccanico *mechanic:*
  (as adj.) *mechanical.*
medaglia *medal.*
  il rovescio della medaglia *the reverse of the medal.*
medesimo *same, alike.*
  Portiamo la medesima misura. *We wear the same size.*
media *average.*
  una media di *an average of.*
mediante *by means of.*
medicare *to medicate.*
medicina *medicine.*
MEDICO *physician.*
  medico chirurgo *surgeon.*
MEDIO *middle, medium.*
  di media età *middle-aged.*
  dito medio *middle finger.*
  Appartiene alla classe media. *He belongs to the middle class.*
  Medio Evo *Middle Ages.*
mediocre *mediocre.*
meditare *to meditate.*
meditazione, f. *meditation.*
MEGLIO *better.*
  di bene in meglio *better and better.*
  quanto c'è di meglio *the best there is.*
  sentirsi meglio *to feel better.*
  Ci ho pensato meglio. *I thought it over.*
  Sarebbe meglio partire ora. *It would be better to leave now.*
MELA *apple.*
melodia *melody.*
membro *limb, member;* **membra,** f. pl. *limbs.*
  aver le membra stanche *to be tired.*
  membro onorario *honorary member.*
membri, m. pl. *members.*
memorabile *memorable.*
memoria *memory.*
  imparare a memoria *to memorize.*
  Ho buona memoria. *I have a good memory.*
menare *to lead.*
MENO *less.*
  a meno che *unless.*
  fare a meno di *to do without.*
  meno gente *fewer people.*
  più o meno *more or less.*
  venir meno ad una promessa *to break a promise.*
  Cinque meno tre fanno due. *Five minus three makes two.*
  In meno che non si dica, egli è tornato. *He came back in no time at all.*
  Sono le sette meno dieci. *It's ten minutes to seven.*
  Sono meno stanca di te. *I am less tired than you.*

mensile, m. *monthly wage;*
  (as adj.) *monthly.*
mensilmente *once a month.*
menta *mint, peppermint.*
mentale *mental.*
  alienazione mentale *insanity.*
MENTE, f. *mind.*
  aver in mente di *to intend.*
  malato di mente *mentally ill.*
  mente sana in corpo sano *sound mind in sound body.*
  tenere a mente *to remember.*
  Ho un progetto in mente. *I have a project in mind.*
  Un pensiero mi è venuto in mente. *A thought occurred to me.*
mentire *to lie.*
mento *chin.*
MENTRE *while, instead.*
  Mi ha detto che sarebbe venuto qui, mentre invece è andato da Maria. *He said he was coming here, but instead he went to Mary's.*
  Non m'interrompere mentre sto parlando. *Don't interrupt while I'm speaking.*
menzionare *to mention.*
menzione, f. *mention.*
  Non ne far menzione. *Make no mention of it.*
menzogna *falsehood, untruth, lie.*
meraviglia *wonder, amazement.*
mercante, m. *merchant.*
  fare orecchio da mercante *to turn deaf ears.*
mercato *market.*
merce, f. *goods, merchandise.*
mercoledì *Wednesday.*
meritare *to deserve.*
merito *merit, worth.*
  rendere merito a *to give credit to.*
  una persona di grandi meriti *a person of great merit.*
merletto *lace.*
mescolare *to mix.*
MESE *month.*
  il mese in corso *the current month.*
  il mese passato *last month.*
  il mese scorso *last month.*
  il mese che viene *next month.*
  il mese entrante *next month.*
  il mese prossimo *next month.*
messa *mass.*
  messa solenne *solemn mass.*
messaggero *messenger.*
mestiere, m. *trade.*
  ognuno al proprio mestiere *each to his own trade.*
  Non faccio questo mestiere. *This is*

not my trade.

Qual'è il suo mestiere? *What is your trade?*

meta *goal.*

METÀ *half.*

a metà paga *at half pay.*

a metà prezzo *at half price.*

a metà strada *half way.*

dividere a metà *to divide in half.*

fare metà per uno *to give each half.*

metodicamente *methodically.*

mètodo *method.*

metropolitana *subway.*

METTERE *to put; to place.*

mettere fine a *to put an end to.*

mettere le cose a posto *to put things in order.*

mettere in libertà *to set free.*

mettere in moto *to set in motion.*

mettere in ordine *to tidy.*

mettersi a *to put oneself to; to begin.*

mezzo, noun *means.*

con mezzi limitati *with limited means.*

per mezzo di *by means of.*

MEZZO *half.*

in mezzo a *in the midst of.*

mezz'ora *half an hour.*

un' ora e mezza *one hour and a half.*

mezzogiorno *noon.*

MI *me; to me.*

Mi dai quel libro per piacere? *Will you please give me that book?*

Mi scrivono. *They write to me.*

Mi senti? *Do you hear me?*

mica *not at all.*

microbe *microbe.*

micròfono *microphone.*

miele, m. *honey.*

migliàio *thousand.*

migliàia di persone *thousands of people.*

miglio *mile.*

migliorare *to better; to improve.*

migliore *better.*

milionaria *millionaire.*

milione, m. *million.*

militare, m. *soldier.*

MILLE *thousand.*

duemila *two thousand.*

minacciare *to threaten.*

minaccioso *menacing, threatening.*

miniera *mime.*

minimo *minimum.*

il minimo che si possa fare *the least that can be done.*

paga minima *lowest pay.*

ridurre ai minimi termini *to reduce to the lowest terms.*

un minimo di *a minimum of.*

ministro *minister.*

minoranza *minority.*

minore *less, lesser, minor.*

minore d'età *younger.*

sorella minore *younger sister.*

minorenne, m. & f. *minor; (as adj.) underage.*

minuto *minute.*

Attenda un minuto. *Wait a minute.*

Sono le cinque e dieci minuti. *It's ten minutes past five.*

MIO, mia; miei (m. pl.); **mie** (f. pl.); **il mio; la mia; i miei; le mie** *my, mine.*

Questo è il mio libro. *This is my book.*

Mia zia è arrivata. *My aunt has arrived.*

mira *sight.*

prendere di mira *to aim at.*

miracolo *miracle.*

mirare *to stare at; to aim at.*

miscuglio *mixture.*

miserabile *miserable.*

miserabilmente *miserably.*

misèria *misery, poverty.*

misericordia *mercy.*

mistero *mystery.*

mistura *mixture.*

misura *measure.*

misura a nastro *tape-measure.*

prendere delle misure *to take measures.*

prendere le misure *to take measurements.*

misurare *to measure.*

mite *mild.*

clima mite *temperate climate.*

un carattere mite *a mild character.*

mitragliatrice, f. *machine gun.*

mobilia *furniture.*

mobilità *mobility.*

mobilitazione, f. *mobilization.*

moda *fashion.*

essere di moda *to be in fashion.*

modella *model.*

modello *pattern, model.*

essere un modello di virtù *to be a model of virtue.*

moderare *to moderate.*

moderare i termini *to keep a civil tongue.*

moderarsi *to moderate oneself.*

moderazione, f. *moderation.*

moderno *modern.*

modèstia *modesty.*

modesto *modest.*

MODO *way, manner.*

a mio modo di vedere *according to my way of thinking.*

a modo proprio *in one's own way.*

in qualche modo *somehow.*

in questo modo *this way; in this manner.*

Non è modo d'agire. *That's no way to act.*

modulo *form, blank.*

riempire un modulo *to fill out a form.*

MOGLIE *wife.*

chiedere in moglie *to ask in marriage.*

prendere moglie *to marry.*

mole, f. *bulk.*

molle *soft.*

mollete, f. pl. *tongs.*

mollica *crumb.*

una mollica di pane *a crumb of bread.*

moltiplicare *to multiply.*

MOLTO *much;* **molti** *many.*

molte persone *many people.*

molti amici *many friends.*

molto, adv. *very.*

Ho molto lavoro da fare. *I have much work to do.*

Molto bene! *Very good!*

Sono molto stanco. *I am very tired.*

momento *moment.*

da un momento all'altro *any minute.*

in questo momento *right now.*

qualche momento fa *a moment ago.*

monaca *nun.*

monarca, m. *monarch.*

mondano *worldly.*

MONDO *world.*

andare all'altro mondo *to die.*

caschi il mondo *come what may.*

mettere al mondo *to give birth to.*

venire al mondo *to be born.*

moneta *coin.*

moneta d'argento *silver coin.*

moneta d'oro *gold coin.*

L'ho pagato colla stessa moneta. *I paid him in his own coin.*

Non ha moneta. *She (he) has no change.*

monotonia *monotony.*

monotono *monotonous.*

montagna *mountain.*

montare *to go up; to ascend.*

monte, m. *mount, mountain.*

Il matrimonio è andato a monte. *The wedding was called off.*

monte di pietà *pawnbroker.*

morale *moral.*

morale, m. *morale.*

Sono un po' giù di morale. *I'm low in spirits.*

morale, f *moral, morals.*

morbido *soft.*

mordere *to bite.*

morente *dying.*

morire *to die.*

mormorare *to murmur.*

mormorio *murmur, murmuring.*

morsicare *to bite.*

morso *bite.*

mortalità *mortality.*

mortalmente *mortally.*

ferito mortalmente *mortally wounded.*

morte, f. *death.*

morto *dead.*

mosca *fly.*

mossa *movement, gesture.*

MOSTRARE *to show; to display.*

mostrare coraggio *to display courage.*

mostrare i denti *to bare one's teeth.*

Cerca di mostrarti più alegra. *Try to appear more cheerful.*

Mi devi mostrare come si fa. *You must show me how it's done.*

motivare *to motivate.*

motivo *motive, reason, tune.*

Mi piace il motivo ma non le parole di questa canzone. *I like the tune, but not the words of this song.*

Non c'è motivo di farlo. *There is no reason to do it.*

moto *motion, impulse.*

di moto proprio *of one's own volition.*

essere sempre in moto *to be constantly on the move.*

mettere in moto l'automobile *to start the car.*

motore, m. *motor, engine.*

movimento *movement.*

mucca *cow.*

mucchio *heap, pile.*

Ho un mucchio di corrispondenza da sbrigare. *I've a heap of correspondence to attend to.*

muffa *mold, mustiness.*

mugniàio *miller.*

mulino *mill.*

mulo *mule.*

multa *fine (penalty).*

municipale *muncipal.*

municipalità *municipality.*

municipio *municipality.*

palazzo del municipio *town hall.*

munizione, f. *munition, ammunition.*

muovere *to move.*

mura, f. pl. *walls.*

musèo *museum.*

muratore *mason, bricklayer.*

muro *wall.*

musica *music.*

musicale *musical.*

musicista *musician.*

mutande, f. pl. *shorts (men's).*

mutandine, f. pl. *panties.*

mutare *to change.*
muto *mute.*
  sordo-muto *deaf-mute.*
mutuo *mutual.*

N

napoletano *Neapolitan; (also noun).*
narice, f. *nostril.*
narrare *to narrate; to tell.*
NASCERE *to be born; to originate.*
  far nascere dei sospetti *to give rise
  to suspicion.*
  nascere colla camicia *to be born
  with a silver spoon in one's mouth.*
  nascere morto *to be stillborn.*
  Non so come sia nato questo
  malinteso. *I don't know how this
  misunderstanding originated.*
nàscita *birth.*
  anniversario della mia nàscita
  my birthday.
  certificato di nàscita *birth
  certificate.*
NASCONDERE *to hide; to conceal.*
  nascondere la verità *to conceal the
  truth.*
  nascondersi *to hide oneself.*
  Il gattino si è nascosto sotto il letto.
  The pussy-cat hid under the bed.
nascosto *hidden.*
NASO *nose.*
  arricciare il naso *to turn one's nose
  up at.*
  soffiarsi il naso *to blow one's nose.*
nastro *ribbon.*
  nastro adesivo *adhesive tape.*
natale *native.*
  città natale *native city.*
NATALE *Christmas.*
  la vigilia di Natale *Christmas Eve.*
  Buon Natale! *Merry Christmas.*
nativo *native, noun & adj.*
nato *child.*
  primo nato *firstborn.*
natura *nature.*
naturale *natural.*
naturalezza *naturalness.*
  con naturalezza *without affectation.*
naturalmente *naturally; of course.*
  Naturalmente! *Naturally!*
navale *naval.*
navata *aisle, nave.*
NAVE, f. *ship.*
  a mezzo nave *by ship.*
  nave a vapore *steamship.*
  nave da carico *cargo ship.*
  nave da guerra *warship.*
  nave mercantile *merchant ship.*
navigare *to navigate.*

navigazione, f. *navigation.*
nazionale *national.*
nazionalità *nationality.*
nazionalizzare *to nationalize.*
nazione, f. *nation.*
  Nazioni Unite. *United Nations.*
NE 1. *of him; about him; of her; about
  her; of it; about it; of them; about
  them.*
  2. *from there.*
  Noi ne parliamo spesso. *We often
  speak of him (of her, of them, of it).*
  Ne siamo felici. *We are glad of it.*
  Ne sono appena tornato. *I've just
  returned from there.*
NE, conj. *neither, nor.*
  Non desidero ne l'uno ne l'altro. *I
  wish neither one nor the other.*
NEANCHE *not even; not either.*
  Non l'ho neanche visto. *I didn't
  even see him.*
  Se tu non esci, non esco neanch'io.
  *If you don't go out, I won't go out
  either.*
nebbia *fog.*
necessariamente *necessarily.*
necessario *necessary.*
negare *to deny.*
negativa *negative (snapshot).*
negativo *negative.*
negazione, f. *negation.*
negligenza *negligence.*
negoziare *to negotiate; to transact
  business.*
negoziazione, f. *negotiation.*
negozio *shop.*
negro *Negro.*
nemico *enemy.*
neonato *infant, newborn.*
NEPPURE *see neanche.*
nero *black.*
  Mar Nero *Black Sea.*
  d'umore nero *in a dark humor.*
nervo *nerve.*
nervoso *nervous.*
  sistema nervoso *nervous system.*
NESSUNO *nobody; no one; no;
  anyone.*
  in nessun modo *in no way.*
  È venuto nessuno? *Did anyone
  come?*
  Non c'è nessuno. *There is no one here.*
neutrale *neutral.*
neve, f. *snow.*
nevicare *to snow.*
  Nevica. *It's snowing.*
nido *nest.*
NIENTE *nothing.*
  Non c'è niente da fare. *Nothing can
  be done about it.*

Non fa niente. *It doesn't matter.*

nipote, m. *nephew, grandson.*

nipote, f. *niece, granddaughter.*

nitidezza *clearness.*

nitido *neat, clear.*

NO *no.*

rispondere di no *to answer no.*

nobile *noble.*

nobiltà *nobility.*

nocciola *hazelnut.*

nòcciolo *stone, pit.*

il nòcciolo della questione *the very point in question.*

noce, f. *walnut.*

nodo *knot.*

avere un nodo alla gola *to have a lump in one's throat.*

fare un nodo *to make a knot.*

NOI *we.*

noi stessi *ourselves.*

noia *weariness, boredom.*

noiosamente *tediously.*

noioso *tedious, boring.*

noleggiare *to hire.*

NOME, m. *name, noun.*

chiamare per nome *to call by name.*

nome commune *common noun.*

nome di famiglia *family name.*

nomina *appointment.*

nominare *to mention; to appoint.*

Fu nominato ambasciatore. *He was appointed ambassador.*

Ti nominiamo spesso. *We mention you often.*

NON *not.*

Non ne voglio. *I don't want any.*

Non ti sento. *I don't hear you.*

nonna *grandmother.*

nonno *grandfather.*

nono *ninth.*

nonostante *nevertheless.*

NORD, m. *north.*

nord-est *northeast.*

nord-ovest *northwest.*

viaggiare verso nord *to travel north.*

America del Nord *North America.*

normale *normal.*

normalmente *normally.*

NOSTRO, -a, -i, -e; (il nostro; la nostra; i nostri; le nostre) *our, ours.*

il nostro amico *our friend.*

la nostra casa *our home.*

i nostri genitori *our parents.*

le nostre camere *our rooms.*

nota *note.*

degno di nota *noteworthy.*

prendere nota di *to take note of.*

NOTARE *to note; to notice.*

farsi notare *to make onself conspicuous.*

Hai notato come Maria si è invecchiata? *Did you notice how Mary has aged?*

notevole *remarkable, considerable.*

notificare *to notify.*

NOTIZIA *news.*

le ultime notizie *the latest news.*

Fammi avere tue notizie. *Let me have news of you.*

Non ho notizie di te da molto tempo. *I haven't heard from you in some time.*

noto *known; well known.*

Il suo nome è noto a tutti. *Everyone knows his name.*

Egli è una figura nota nel mondo politico. *He is a well known figure in political circles.*

NOTTE, f. *night.*

a notte alta *in the middle of the night.*

camicia da notte *nightgown.*

di notte *at night.*

mezzanotte *midnight.*

novanta *ninety.*

novantesimo *ninetieth.*

nove *nine.*

nove volte su dieci *nine times out of ten.*

novecento *nine hundred.*

novembre *November.*

novità *novelty; latest news.*

una novità assoluta *an absolute novelty.*

Avete sentito la novità? *Have you heard the latest?*

nozione, f. *notion.*

nozze, f. pl. *wedding.*

nube, f. *cloud.*

nubile *unmarried; single (of a woman).*

nudo *naked, bare.*

a piedi nudi *barefooted.*

grande abbastanza da vedersi a occhio nudo *large enough to see with the naked eye.*

nulla *see niente.*

nullo *null, void.*

numerare *to number.*

numero dispari *odd number.*

numero pari *even number.*

numeroso *numerous.*

nuocere *to harm.*

nuora *daughter-in-law.*

nuotare *to swim.*

nuotare nell'abbondanza *to be well off.*

nuoto *swimming.*

nuovo *new.*

di nuovo *again.*

nutrimento *nourishment.*

nutrire *to nourish.*

nutrire rancore to bear a grudge.
Non nutro fiducia in questa impresa.
  I have no faith in this enterprise.
Si dovrebbe nutrire meglio. *He
  should have better nourishment.*
nutrizione, f. *nutrition, nourishment.*
nuvola *cloud.*
una nuvola di fumo *a cloud of smoke.*
È sempre fra le nuvole. *He's always
  in the clouds.*
nuvoloso *cloudy.*
nuziale *nuptial.*
marcia nuziale *wedding march.*
velo nuziale *bridal veil.*

O

o, od *or.*
o uno o l'altro *either one or the
  other.*
Mi sei amico o nemico? *Are you
  friend or foe?*
Scegli questo o quello. *Choose one
  or the other.*
obbediente *obedient.*
obbedienza *obedience.*
obbedire *to obey.*
obbiettivo *aim, purpose, goal.*
obbligare *to obligate; to compel.*
Nessuno ti obbliga a pagare. *No one
  compels you to pay.*
Sono obbligato a licenziarti. *I am
  compelled to fire you.*
obbligato *obliged, indebted.*
Le sonno molto obbligato. *I am much
  obliged to you.*
obbligazione, f. *obligation.*
obbligo *obligation.*
Non voglio assumere obblighi.
  I don't wish to assume obligations.
obiettare *to object.*
obiettivo *objective.*
obiezione, f. *objection.*
oblìo *forgetfulness.*
oca *goose.*
occasionale *occasional.*
occasionalmente *occasionally; by
  chance.*
occasione, f. *occasion, opportunity.*
cogliere l'occasione *to take the
  opportunity.*
occhiali, m. pl. *eyeglasses.*
occhiata *glance.*
dare un'occhiata a *to give a
  glance to.*
occhiello *buttonhole.*
OCCHIO *eye.*
agli occhi del mondo *in the eyes of
  the world.*

a perdita d'occhio *as far as the eye
  can see.*
dare nell'occhio *to attract attention.*
guardare con occhio benigno *to look
  kindly on.*
tener d'occhio *to keep one's eye on.*
occidentale *western; (as noun)
  westerner.*
occidente, m. *west.*
occorrenza *occurrence.*
occorrere *to happen; to be necessary;
  to occur.*
occupare *to occupy.*
Il mio tempo è occupato in altre cose.
  My time is taken up by other things.
Lei ha occupato il mio posto.
  You have occupied my seat.
Me ne occupo io. *I'll take care of it.*
occupato *engaged, occupied, busy.*
Sono molto occupato questa sera.
  I'm very busy this evening.
occupazione, f. *occupation,
  employment.*
ocèano *ocean.*
odiare *to hate.*
odierno *of today.*
odio *hatred.*
odioso *hateful.*
odorare *to smell.*
odore, m. *smell.*
offendere *to offend.*
offensivo *offensive.*
offensore, m. *offender.*
offerta *offer, offering.*
Ha respinto la mia offerta di denaro.
  He refused my offer of money.
offesa *offense.*
recare offesa a *to give offense to.*
officina *workshop.*
offrire *to offer.*
oggettivo *objective.*
oggettivamente *objectively.*
oggetto *object.*
OGGI *today.*
da oggi in poi *from today on.*
in data d'oggi *bearing today's date.*
oggi a otto *a week from today.*
oggi a quindici *two weeks
  from today.*
rimandare dall'oggi al domani *to put
  off from day to day.*
OGNI *every, each.*
ogni settimana *every week.*
Danne uno ad agni persona presente.
  Give one to each person present.
OGNUNO *everyone, each one.*
Ognuno di noi è libero di fare cio che
  vuole. *Each of us is free to do as he
  wishes.*
olio *oil.*

olio d'oliva *olive oil.*
olio di fegato di merluzzo *cod-liver oil.*
oliva *olive.*
oltraggio *outrage.*
oltraggiosamente *outrageously.*
OLTRE *beside, beyond.*
   andare oltre i limiti *to go beyond the limits.*
   oltre mare *overseas.*
   Gli ho dato dieci dollari, oltre i cinque che gli avevo già dato. *I gave him ten dollars, besides the five I had already given him.*
omaggio *homage, presentation.*
OMBRA *shadow, shade.*
   all'ombra di un' albero *in the shade of a tree.*
   senza neppure l'ombra di un dubbio *without a shadow of a doubt.*
omicidio *murder.*
ombrello *umbrella.*
omettere *to omit.*
   Il mio nome è stato omesso dalla lista degli invitati. *My name was omitted from the guest list.*
oncia *ounce.*
onda *wave.*
ondata *a wave, surge.*
   un'ondata di freddo *a cold spell.*
ondulare *to wave.*
   farsi ondulare i capelli *to have one's hair waved.*
ondulazione, f. *waving, undulation.*
onesto *honest.*
onorabilità *honorability.*
onorabilmente *honorably.*
onorare *to honor.*
onorario *honorary;*
   (as noun, pl.) *wages, fee.*
onorato *honored.*
onore, m. *honor.*
   aver l'onore di chiedere *to have the honor to request.*
   fare onore ai propri impegni *to meet one's obligations.*
   in onore di *in honor of.*
   parola d'onore *word of honor.*
onorevole *honorable.*
opera *opera, work.*
   fare un'opera buona *to do a kind deed.*
   mano d'opera *labor.*
   teatro d'opera *opera house.*
   un'opera d'arte *a work of art.*
operàio *laborer.*
operare *to work.*
   farsi operare *to undergo surgery.*
   Egli opera per il bene di tutti. *He is working for the good of all.*
operazione, f. *operation.*

opinione, f. *opinion.*
   cambiare opinione *to change one's mind.*
   opinione pubblica *public opinion.*
opponente, m. *opponent;* (as adj.) *opposing.*
opporre *to oppose.*
   opporre resistenza *to resist.*
   opporre un rifiuto. *to refuse.*
   opporsi ad un'idea *to oppose an idea; to declare oneself against an idea.*
opportunità *opportunity, opportuneness.*
   Non mi diede l'opportunità di vederlo. *He didn't give me the opportunity of seeing him.*
   Non ne vedo l'opportunità *I can't see that it is opportune.*
opportuno *opportune.*
opposizione, f. *opposition.*
opposto *opposite, facing.*
oppressione, f. *oppression.*
opprimere *to oppress.*
OPPURE *or else.*
opuscolo *pamphlet.*
ORA *hour.*
   fra un'ora *in an hour.*
   le ore lavorative *working hours.*
   ogni ora del giorno *every hour of the day.*
   Che ora è? *What time is it?*
   È ora d'andare a casa. *It's time to go home.*
ORA *now.*
   da ora in poi *from now on.*
   fino ad ora *up until now.*
   ora e per sempre *once and for all.*
   per ora *for the moment.*
orale *oral.*
orario *timetable.*
   arrivare in orario *to arrive on time.*
orario, adj. *per hour.*
   una velocità oraria di trenta chilometri *a speed of thirty kilometers per hour.*
oratore, m. *orator.*
orchestra *orchestra.*
   direttore d'orchestra *conductor.*
ordinare *to order.*
   Ha altro da ordinare? *Have you any further orders?*
   Mi ha ordinato di fare questo lavoro. *He ordered me to do this work.*
   Vuole ordinare la colazione? *Do you wish to order breakfast?*
ordinario *ordinary.*
ordine, m. *order.*
   di prim'ordine *first-rate.*
   fino a nuovo ordine *till a change in orders occurs.*

mettere in ordine alfabetico *to put in alphabetical order.*

mettere in ordine una camera *to set a room to rights.*

ordini e contr'ordini *orders and counter-orders.*

per ordine cronologico *in chronological order.*

orecchino *earring.*

ORECCHIO *ear.*

entrare da un orecchio e uscire dall'altro *to go in one ear and out the other.*

essere tutto orecchi *to be all ears.*

fare orecchio da mercante *to make believe one doesn't hear.*

mal all'orecchio *earache.*

prestare orecchio *to lend an ear.*

Non ha orecchio per la musica. *He has no ear for music.*

organo *organ.*

orgoglio *pride.*

orgoglioso *proud.*

orientale *Eastern, Oriental.*

oriente, m. *orient, east.*

l'estremo Oriente *the Far East.*

orientar(si) *to orient oneself.*

originale *original.*

originalità *originality.*

origine, f. *origin.*

dare origine a *to give rise to.*

di comuni origini *of common origin.*

di origine italiana *of Italian descent.*

di umile origine *of humble origin.*

Come ebbe origine il dissidio? *How did the dissension originate?*

orizzonte, m. *horizon.*

orlo *border, edge, hem.*

orma *footprint, footmark.*

Egli segue le orme di suo padre. *He is following in his father's footsteps.*

ORMAI *now; by now; by this time.*

Ormai tutto è a posto. *Now everything is in order.*

Sara già partito ormai. *He has probably already left by this time.*

ornamento *ornament.*

ORO *gold.*

oro a diciotto *eighteen-carat gold.*

oro zecchino *pure gold.*

riccioli d'oro *golden ringlets.*

Essa vale tant'oro quanto pesa. *She is worth her weight in gold.*

Non è tutt' oro quel che luce. *All that glitters is not gold.*

orologiàio *watchmaker.*

orologio *watch.*

caricare l'orologio *to wind the watch.*

Che ora fa il tuo orologio? *What time is it by your watch?*

Il mio orologio fa le quattro e dieci. *According to my watch, it is ten minutes past four.*

Quest' orologio va avanti venti minuti al giorno. *This watch gains twenty minutes a day.*

orribile *horrible.*

orribilmente *horribly.*

orrore, m. *horror.*

Mi fa orrore. *It horrifies me.*

orso *bear.*

orto *vegetable garden.*

ortografia *spelling.*

OSARE *to dare.*

Come osa fare una cosa simile? *How dare you do such a thing?*

Non oso chiederlo. *I don't dare ask.*

Sarebbe osare troppo. *That would be going too far.*

OSCURARE *to darken' to obscure.*

Il cielo si è improvvisamente oscurato. *The sky darkened suddenly.*

Mi si sta oscurando la vista. *My sight is growing dim.*

oscurità *darkness, obscurity.*

l'oscurità di una notte senza stelle *the darkness of a starless night.*

ospedale, m. *hospital.*

ospitale *hospitable.*

ospitalità *hospitality.*

ospite, m. & f. *guest, host, hostess.*

È stata mia ospite per le vacanze estive. *She was my guest during the summer holidays.*

È un'ospite gradito. *He is a welcome guest.*

I miei ospiti mi hanno gentilmente invitato a tornare a casa loro la settimana prossima. *My hosts have very kindly invited me to return to their home next week.*

osservare *to observe; to notice.*

osservazione, f. *observation, remark.*

Egli ha fatto un'osservazione fuori posto. *He made an uncalled-for remark.*

ossigeno *oxygen.*

OSSO (ossa f. pl.**)** *bone.*

in carne e ossa *in the flesh.*

Ho freddo fino alle ossa. *I'm frozen to the bone.*

Mi sento tutte le ossa rotte. *I'm all aches and pains.*

Si è rotto l'osso del collo. *He broke his neck.*

ostacolare *to hinder.*

ostacolare il cammino di qualcuno *to hinder someone's progress.*

ostacolo *obstacle.*

un ostacolo insormontabile *an*

insurmountable obstacle.

oste, m. host, tavern-keeper.

ostile hostile.

forze ostili hostile forces.

ostilità hostility.

ostinato obstinate.

ostinazione, f. obstinacy.

ostrica oyster.

ostruzione, f. obstruction.

ottanta eighty.

ottantesimo eightieth.

ottavo eighth.

ottenere to obtain.

ottenere il permesso to obtain permission.

ottimismo optimism; (as adj.) optimistic.

ottimista, m. optimist.

ottimo excellent.

otto eight.

oggi a otto a week from today.

ottobre October.

ottocento eight hundred.

nell'ottocento in the nineteenth century.

ottone, m. brass.

ottoni brass instruments.

ovale, m oval; (also adj.).

ovatta wadding.

ovazione, f. ovation.

OVEST, m. west.

ad ovest to the west.

OVUNQUE anywhere, everywhere.

Stiamo cercando ovunque. We are looking everywhere.

Ti seguirò ovunque. I'll follow you anywhere.

ovviamente obviously.

ovvia obvious.

ozio idleness.

Verrò a trovarti durante le mie ore d'ozio. I'll come to see you during my leisure hours.

ozioso idle, lazy.

P

PACCO package, parcel.

spedire come pacco postale to send by parcel post.

PACE, f. peace.

fare la pace col nemico to make peace with the enemy.

giudice di pace justice of the peace.

lasciare in pace to leave alone.

mettere il cuore in pace to set one's mind at rest.

trattato di pace peace treaty.

Voglio stare in pace. I want to live in peace.

pacificare to pacify; to appease.

pacifico peaceful, pacific.

Pacifico Pacific.

padella frying pan.

cadere dalla padella nella brace to fall out of the frying pan into the fire.

PADRE father.

il Santo Padre the Holy Father.

padrona owner, mistress.

padrona di casa landlady.

PADRONE, m. landlord, owner.

essere padrone dalla situazione to have the situation well in hand.

essere padrone di se to have self-control.

Sono padrone di fare quello che mi pare e piace. I am free to do as I chose.

paesaggio landscape.

PAESE, m. country; land; small town.

gente di paese countryfolk.

il paese dell' abbondanza the land of plenty.

paese di montagna mountain village.

paese natio native land; native town.

Mi ha mandato a quel paese. He sent me to the devil.

Paese che vai, usanza che trovi. To each country its own customs.

Siamo del medesimo paese. We are from the same country.

paga pay.

riscuotere la paga to collect one's pay.

pagamento payment.

pagameto a rate payment in installments.

pagamento in contanti cash payment.

PAGARE to pay.

de pagarsi alla consegna C.O.D.

Quanto mi fa pagare? How much will you charge me?

pagato paid.

PAGINA page.

a piè di pagina at the foot of the page.

paglia straw.

PAIO (PAIA, f. pl.) pair.

tre paia di guanti three pairs of gloves.

un paio di scarpe a pair of shoes.

palato palate.

palazzo palace.

palazzo municipale City Hall.

palco scaffold, platform, box (theatre).

palcoscenio stage.

palesare to disclose; to reveal.

palla ball.

pallidezza paleness.

pallido pale.

pallone, m. *balloon.*

palma *palm.*

palo *pole.*
  palo di partenza *starting-post.*
  palo telegrafico *telegraph pole.*
  saltare di palo in frasca *to stray from the point.*

palpebra *eyelid.*

palpitare *to throb.*

palude, f. *marsh.*

panca *bench.*

PANE, m. *bread.*
  pane fresco *fresh bread.*
  pane quotidiano *daily bread.*
  pane stantìo *stale bread.*
  rendere pan per focaccia *to give tit for tat.*
  Sono anni che mangia pane a tradimento. *It's years since he's earned his keep.*

panetterìa *bakery shop.*

panettiere, m. *baker.*

pànfilo *yacht.*

pànico *panic.*

paniere, m. *basket.*
  rompere le uova nel paniere *to upset one's apple-cart.*

panificio *bakery.*

panino *roll.*
  panino imbottito (panino ripieno) *sandwich.*

panna *cream.*

pannello *panel.*

PANNO *cloth, clothes.*
  panno di lana *woolen cloth.*
  Non vorrei essere nei tuoi panni. *I wouldn't want to be in your shoes.*

panorama, m. *panorama.*

PANTALONI, m. pl. *trousers.*
  pantaloni rigati *striped trousers.*

pantofola *slipper.*
  papà *dad, father, pop.*

Papa *Pope.*

papavero *poppy.*

pappagallo *parrot.*

paracadute, m. *parachute.*

parafulmine, m. *lightning rod.*

paragonare *to compare.*

paragone, m. *comparison.*
  Non c'è paragone. *There's no comparison.*

paragrafo *paragraph.*

paralisi, f. *paralysis.*

paralizzare *to paralyze.*
  Mi se è paralizzato il braccio. *My arm has become paralyzed.*

parallelo *parallel;* (also adj.).

parata *parade.*

paravento *screen, wind-screen.*

PARCHEGGIO *parking.*

Vietato il parcheggio! *No Parking.*

parco *park.*

parecchio *a good deal of; a good many; several.*
  essere in parecchi *to be several.*
  C'erano parecchie persone. *There were a good many people.*
  L'ho visto parecchio tempo fa. *I saw him a long time ago.*

PARENTE, m. & f. *relative, kinsman.*
  Parenti più stretti *next of kin.*
  Egli è senza parenti. *He is without kin.*

parentela *relationship, relatives.*

parentesi, f. *parenthesis.*
  fra parentesi *in parenthesis;* (fig.) *by the way.*

PARERE *to seem.*
  A quanto pare ... *It seems ...*
  Mi pare di sì. *I think so.*
  Mi pare di no. *I think not.*
  Pare che sia una buona donna. *She seems to be a good woman.*
  Ti pare? *Do you think so?*

parere, m. *opinion, advice, judgment.*
  cambiar parere *to change one's opinion.*
  Il mio parere è giusto. *My judgment is correct.*
  Sono del parere che ... *I am of the opinion that ...*

PARETE, f. *wall.*
  Questo quadro va appeso alla parete. *This picture is to be hung on the wall.*

PARI *equal, even, same.*
  numeri pari *even numbers.*
  Cammina di pari passo con me. *He walks with even pace with me.*
  È arrivato in pari tempo. *He arrived at the same time.*
  Egli fu pari alla situazione. *He was equal to the situation.*
  Siamo pari. *We are even.*

PARI, noun, m. & f. *peer, equal, par.*
  sotto la pari *below par.*
  Roma non ha pari. *Rome has no equal.*
  Sono i pari del Regno Unito. *They are the peers of the United Kingdom.*

parità *parity, equality.*
  a parità di fatti *all things being equal.*

parlamento *Parliament.*
  Egli è membro del parlamento. *He is a member of Parliament.*

PARLARE *to speak.*
  parlare bene *to speak well.*
  parlar male di *to speak ill of.*
  Di che parlate? *What are you speaking of?*
  La signora ha fatto parlare di sé. *The lady has caused much talk.*

Non se ne parli più. *Let us talk no
more about it.*
Parliamo di politica! *Let us talk of
politics!*
Qui si parla francese. *French is
spoken here.*

PAROLA *word.*
Abbiamo avuto parole. *We had words
with each other.*
Chiedo la parola. *I ask to speak.*
Do la mia parola. *I give my word.*
Egli è venuto meno alla parola data.
He broke his word.
Egli s'è rimangiato le parole. *He ate
his words.*
E un giuoco di parole. *It is a pun.*
Mi fu tolta la parola. *I was not
permitted to speak.*
Non ho parole. *I have no words.*
Rivolgo la parola a te. *I am
addressing you.*

parrucca *wig.*
parrucchiere, m. *hairdresser, barber.*

PARTE, f. *part, side, place.*
d'altra parte *on the other hand; on the
other side.*
da parte mia *from my point of view;
from me.*
da questa parte *on this side;
this way.*
la parte del leone *the lion's share.*
parte per parte *bit by bit.*
questa parte del corpo *this part of
the body.*
È un caso a parte. *It is a particular
case (a thing apart).*
Ha fatto la parte di Othello. *He
played the part of Othello.*
Ha messo i libri a parte. *He put the
books aside.*
Ha preso la mia parte. *He took my
part.*
Ognuno avrà la sua parte. *Each will
have his share.*

partecipare *to participate.*
PARTENZA *departure, starting,
sailing.*
Ecco il segnale di partenza. *There
is the starting signal.*
La mia partenza fu ritardata. *My
departure was delayed.*
La partenza del piroscafo è fissata per
le tre. *The sailing of the ship is set for
three.*

particolare *particular, peculiar,
special; (also m. noun) detail.*
Ogni particolare è corretto. *It is
correct in every detail.*

particolarmente *particularly, in
particular.*

PARTIRE *to depart; to set sail;
to leave.*
a partire da *beginning from.*
A che ora bisogna partire? *At what
time must we leave?*

PARTITA *game, match.*
una partita a scacchi *a game of
chess.*
La partita è accomodata. *The
question is settled.*
Questa è la partita decisiva. *This
is the deciding game.*

PARTITO *party (political).*
il partito del lavoro *the labor party.*
Appartiene al partito d'opposizione.
He belongs to the opposition party.
È un eccellente partito. *He is an
excellent matrimonial prospect.*
prendere un partito *to make up one's
mind.*

parziale *partial.*
parzialità *partiality.*
parzialmente *partially.*
pascolo *pastime.*
pasqua *Easter.*
giorno di pasqua *Easter day.*
vacanze di pasqua *Easter holidays.*
vigilia di pasqua *Easter eve.*

passaggio *passage.*
passaporto *passport.*
Mettete il visto sul vostro passaporte.
Have your passport stamped.

PASSARE *to pass.*
passare attraverso *to pass through.*
passare il peso *to be overweight.*
passare per la biblioteca *to stop by
the library.*
passare un esame *to pass an exam.*
È passato per italiano. *They
mistook him for an Italian.*
Il generale passa in rivista le truppe.
The general inspects the troops.
M'è passato di mente. *It slipped my
mind.*
Mio figlio è passato. *My son was
promoted (or) my son passed by.*
Non passate i limiti. *Do not
overstep the bounds.*
Passate, per favore! *Pass through,
please.*
Passiamoci sopra. *Let us dismiss it.*

PASSATO *past; a past time.*
Conosco il suo passato. *I know his
(her) past.*
Ha messo una pietra sopra il passato.
He let bygones be bygones.
Il passato non si distrugge. *The past
cannot be undone.*

PASSEGGERO *passenger, traveler.*
PASSEGGERO, adj. *transient, passing.*

È un malessere passeggero. *It is a passing discomfort.*

PASSEGGIARE *to walk.*

Andiamo a passeggio. *Let us go for a walk.*

Me la passeggio tutto il giorno. *I walk all day.*

passeggiata *walk, ride.*

passerella *gangway.*

passero *sparrow.*

passione, f. *passion.*

passivo *passive.*

PASSO *step.*

passo per passo *step by step.*

Bisogna fare passi lunghi. *We must take long steps.*

Essi camminano di pari passo. *They walk at the same pace.*

Non bisogna fare il passo più lungo della gamba. *We must not be over-ambitious.*

Rallentiamo il passo. *Let us slacken our pace.*

Torniamo sui nostri passi. *Let us retrace our steps.*

PASTA *dough, macaroni, pastry.*

pasticceria *pastry shop; candy store.*

pasticcio *pie; bungling piece of work; difficulty.*

Non voglio mettermi in un pasticcio. *I don't wish to put myself in a difficult position.*

Questo è un pasticcio. *This is a mess.*

PASTO *meal.*

pasti compresi *meals included.*

È un buon vino da pasto. *It is a good table wine.*

Ho fatto un buon pasto. *I had a good meal.*

Prendiamo i pasti all' osteria. *We eat our meals at the restaurant.*

PATATA *potato.*

patate lesse *boiled potatoes.*

spirito di patata *poor humor (colloquial).*

patente, f. *patent, diploma, driver's license.*

Ha preso la patente. *He got his license.*

paterno *paternal, fatherly.*

Son tornato alla mia casa paterna. *I returned to my father's home.*

patire *to suffer.*

PATRIA *native country.*

amor di patria *love of mother country.*

ritornare in patria *to go back to one's country.*

patriota, m. *patriot.*

patriottismo *patriotism.*

pattinare *to skate.*

pattino *skate.*

pattino a rotelle *roller-skate.*

PATTO *agreement, term.*

a ressun patto *on no condition; by no means.*

a patto che *on condition that.*

il Patto Atlantico *the Atlantic Pact.*

Facciamo patti chiari. *Let us make clear terms.*

Sono venuti a patti. *They came to terms.*

PAURA *fear, dread, terror, fright.*

aver paura *to be afraid of.*

pausa *pause, rest.*

PAVIMENTO *pavement, floor.*

paziente (adj.) *patient, forbearing;* (noun) *patient in hospital.*

PAZIENZA *patience.*

mettere a prova la pazienza *to try the patience.*

Abbia pazienza! *Have patience!*

Non perdere la pazienza. *Do not lose your patience.*

Santa Pazienza! *God give me patience!*

pazzo *insane, crazy;* (as noun) *madman.*

peccato *sin.*

Che peccato! *What a pity!*

pecora *sheep.*

peculiare *peculiar.*

pedale, m. *pedal.*

pedata *kick.*

pedone, m. *pedestrian.*

PEGGIO *worse, worst.*

alla peggio *at the worst.*

Il peggio si è che . . . *The worst of it is . . .*

Va di male in peggio. *It goes from bad to worse.*

peggiore *worse, worst.*

È il peggiore di tutti. *It is the worst of all.*

pelare *to peel; to strip; to fleece.*

S'è fatto pelare. *He allowed himself to be fleeced.*

PELLE, f. *skin, rind, leather.*

rischiarsi la pelle *to risk one's skin.*

salvarsi la pelle *to save one's skin.*

Ci hanno fatto la pelle. *They killed (skinned, colloq.) him.*

È pelle lucida. *It is patent leather.*

Ha la pelle dura. *He has a thick skin.*

Sono guanti di pelle. *They are kid gloves.*

pelliccia *fur.*

foderato di pelliccia *lined with fur.*

pellicola *film.*

pelo *hair, nap.*

PENA *penalty, punishment anxiety, pity.*

a mala pena *hardly, scarcely.*
Mi fa pena. *I pity him.*
Vale la pena. *It is worth the trouble.*
pendere *to hang; to hang down; to lean.*
la torre pendente *the leaning tower.*
Pende dalle sue labbra. *He hangs on her words.*
pendìo *the slant; the slope.*
Scende il pendio. *He goes down the slope.*
PENETRARE *to penetrate; to get into; to enter.*
penisola *peninsula.*
penitenza *penance, penitence.*
Fa penitenza per i suoi peccati. *He is doing penance for his sins.*
PENNA *pen, feather, quill.*
Non sa tenere la penna in mano. *He does not know how to write.*
Mette le penne. *He is growing his feathers.*
pennello *paint brush.*
penoso *painful, difficult.*
PENSARE *to think.*
Pensa agli affari tuoi. *Mind your own business.*
Ripensaci. *Think it over.*
PENSIERO *thought, care.*
È sopra pensiero. *He is worried.*
Ha molti pensieri. *He has many worries.*
Muta pensiero. *Change your mind.*
Non ti dar pensiero. *Don't worry about it.*
Sta in pensiero per qualche cosa. *He is worrying about something.*
PENSIONE, f. *pension; boarding house.*
Quanto si paga per la pensione completa? *How much does one pay for room and board?*
pentir(si) *to repent; to regret.*
pentola *pot, kettle.*
pepe, m. *pepper.*
È pieno di pepe. *He is full of ginger.*
PER *for; by; through; on account of; owing to; to.*
cinque per cento. *five per cent.*
una volta e per sempre *once and for all.*
È partita per Roma. *She left for Rome.*
L'ho fatto per te. *I did it for you.*
Lo mando per posta. *I send it by mail.*
Sarò lì per la fine del mese. *I will be there by the end of the month.*
Vado per ferrovìa. *I go by railroad.*
pera *pear.*
percentuale, f. *percentage.*
percepire *to receive; to get.*
PERCHÈ *why; because; for; as; that; in order that; (as noun) reason.*
Non sa il perchè. *He doesn't know*

the reason.
perciò *therefore, so.*
PERDERE *to lose; to miss.*
perdere il treno *to miss the train.*
perdere terreno *to lose ground.*
perdersi *to lose one's self; to be spoiled; to go to ruin.*
perdita *loss, waste.*
PERDONARE *to forgive; to pardon; to excuse.*
E un male che non perdona. *It's an incurable disease.*
Perdonate il distrubo. *Excuse the trouble I'm giving.*
PERDONO *forgiveness, pardon.*
Le chiedo perdono. *I ask your forgiveness.*
perduto *lost, ruined, undone.*
perfetto *perfect.*
PERFEZIONE, f. *perfection, faultlessness.*
Ha raggiunto la perfezione. *He has reached perfection.*
Questo pasto è cotto alla perfezione. *This meal is cooked to perfection.*
perfino *even.*
PERICOLO *danger.*
Si trova in pericolo di vita. *He is in danger of losing his life.*
pericoloso *dangerous.*
periodico *magazine, periodical.*
periodo *period.*
perla *pearl.*
È una perla di marito. *He is the best of husbands.*
permanenza *permanence, stay.*
in permanenza *permanently.*
una lunga permanenza *a long stay.*
PERMESSO *permission, leave, permit, license.*
col vostro permesso *with your permission.*
È in permesso. *He is on leave.*
È permesso. *May I come in?*
permettere *to permit; to allow; to suffer.*
permettersi *to allow oneself; to take the liberty.*
PERO *but, nevertheless, yet, still.*
perossido *peroxide.*
perseguire *to pursue; to continue.*
persistere *to persist.*
PERSONA *person.*
La signora è l'eleganza in persona. *The lady is the personification of elegance.*
Lo conosco in persona. *I know him personally.*
personaggio *character (in a play).*
personale *personal; (as noun, masc.) the staff.*

PERSUADERE *to persuade.*
pesante *heavy.*
PESARE *to weigh.*
  Mi pesa sulla coscienza. *It weighs on my conscience.*
  Peso le mie parole. *I weigh my words.*
  Quel pasto mi pesa sullo stomaco. *The meal weighs on my stomach.*
pesca *peach; the act of fishing.*
  pesca della balena *whale-fishing.*
  Vado a pesca. *I am going fishing.*
pescare *to fish; to try to find the meaning of.*
  Cerco di pescare il significato. *I am trying to find the meaning.*
pescatore, m. *fisherman.*
PESCE, m. *fish.*
  Non è nè carne nè pesce. *He is neither fish nor fowl.*
  Non so che pesce pigliare. *I don't know which way to turn.*
peso *weight.*
pettegolare *to gossip.*
pettegolo *gossip, tattler.*
pettinare *to comb.*
pettine, m. *comb.*
petto *breast, chest.*
  È malato di petto. *He is consumptive.*
  Ha un bimbo al petto. *She has a child at her breast.*
PEZZO *piece.*
  È tutto di un pezzo. *It's all in one piece.*
  L'aspetto da un pezzo. *I've been awaiting him for some time.*
  Lo faccio a pezzi. *I'll break it to pieces.*
PIACERE, m. *pleasure.*
  a piacere vostro *as you like it.*
  Fammi il piacere . . . *Do me the kindness . . .*
  Per piacere. *Please.*
PIACERE *to like; to be agreeable.*
  Non mi piace. *I do not like it.*
  Piace alle masse. *It is liked by the masses.*
PIANGERE *to cry.*
  Mi piange il cûore. *My heart cries.*
  Piange la morte del suo amico. *He mourns the death of his friend.*
  Piange miseria. *He feigns poverty.*
PIANO, noun *piano, plane, plan, floor.*
  È un piano orizzontale. *It is an horizontal plane.*
  Questo è il mio piano. *This is my plan.*
  Sono al secondo piano. *I am on the second floor.*
PIANO, adj. *flat, slow.*

PIANO, adv. *slowly; in a low voice.*
  pianoforte, m. *piano.*
pianta *plant.*
piantare *to plant; to place; to leave, quit or abandon.*
  Ci piantè. *He left us.*
pianto *weeping, crying.*
pianura *plain.*
piattaforma *platform.*
piattino *saucer.*
piatto *plate; (as adj.) flat.*
PIAZZA *square.*
  piazza del mercato *market-place.*
  Ha fatto piazza pulita. *He cleared everything away.*
  Ha messo tutto in piazza. *He made everything public.*
picche, f. *spade (playing cards).*
picchiare *to beat; to strike.*
PICCOLO *little, small; (as noun) little boy.*
  da piccolo *when a little boy.*
PIEDE, m. *foot.*
  prendare piede *to gain ground.*
  Sto in piedi. *I will stand.*
  Tiene il piede in due staffe. *He keeps in with both sides.*
  Vado a piedi. *I will walk there.*
  Vado a piedi nudi. *I go barefoot.*
piegare *to fold; to bow; to bend.*
pieno *full.*
  di pieno inverno *in the heart of winter.*
  pieno fino all' orlo *full to the brim.*
PIETÀ *mercy, pity, piety, devotion.*
pietanza *dish of food.*
pietra *stone.*
pigione, f. *rent.*
pigliare *to take; to catch.*
pigro *lazy.*
pila *pile, battery.*
pillola *pill.*
pinze, f. pl. *tongs.*
pioggia *rain.*
piombatura *filling.*
piombo *lead.*
PIOVERE *to rain.*
  Piove a dirotto. *It is raining heavily.*
  Sta per piovere. *It is about to rain.*
pipa *pipe.*
piroscafo *steamer.*
piscina *swimming-pool.*
pittore, m. *painter.*
pittura *painting.*
PIÙ *more, most.*
  a più non posso *to the utmost.*
  mai più *never again.*
  molto di più *much more.*
  per lo più *for the most part.*
  sempre più *more and more.*

tutt'al più *at the most; at most.*
La vidi più volte. *I saw her several times.*
piuma *feather.*
piuttosto *rather.*
pizzicare *to pinch; to prick.*
platea *orchestra seats.*
plurale, m. *plural.*
pneumatico *tire.*
pochino *rather little; very little; short time; little while.*
POCO *little; a short time; a little while.*
fra poco *in a little while.*
poco a poco *little by little.*
poco fa *a short while ago.*
podere, m. *farm.*
poema, m. *poem.*
poesia *poetry; short poem.*
poeta, m. *poet.*
POI *then, afterwards.*
da ora in poi *from now on.*
prima o poi *now or later.*
È poi? *and then?*
POICHÈ *for, as, since, because.*
politica *politics.*
politico *political, politic.*
polizia *police.*
poliziotto *policeman.*
pòlizza *policy.*
pòlizza d'assicurazione contro gl'incendi *fire insurance.*
pòllice *thumb; big toe.*
POLLO *fowl, chicken.*
pollo arrosto *roast chicken.*
brodo di pollo *chicken broth.*
polmonite, f. *pneumonia.*
polso *wrist.*
PÒLVERE, f. *dust, powder.*
caffè in pòlvere *ground coffee.*
pòlvere da fucile *gun powder.*
zucchero in pòlvere *powdered sugar.*
Gettano la pòlvere negli occhi della gente. *They throw dust into the eyes of the people.*
S'innalzò una nube di pòlvere quando parti l'automobile. *A cloud of dust went up as the automobile left.*
pomodoro *tomato.*
salsa di pomodoro *tomato sauce.*
pompelmo *grapefruit.*
pompiere, m. *fireman.*
PONTE, m. *bridge.*
ponte di barche *bridge of boats.*
ponte ferroviario *railway bridge.*
ponte levatoio *drawbridge.*
popolazione, f. *population, people.*
POPOLO *people, mob.*
porco *pig.*
PORGERE *to give; to offer; to hand.*

Mi porge la sua mano. *He offers me his hand.*
Porgimi aiuto. *Give me your aid.*
Porgimi ascolto. *Listen to me. (Lend me your ears.)*
Porgo il mio braccio alla signora. *I offer the lady my arm.*
Se si porge l'occasione, gli parlerò. *If the opportunity arises, I will speak to him.*
porre *to place; to put.*
PORTA *door.*
Accompagnalo alla porta! *See him to the door.*
È entrato dalla porta principale ed è uscito dalla porta secondaria. *He entered by the front door and left by the back door.*
Si chiude una porta, se ne apre un'altra. *One opportunity is lost, but another presents itself.*
portabile *portable.*
portacenere, m. *ashtray.*
portamonete, m. *purse.*
PORTARE *to carry; to bring; to wear; to bear.*
Il passaporto porta la mia firma. *The passport bears my signature.*
Il vecchio porta bene gli anni. *The old man carries his years very well.*
La signora porta bene quel cappotto. *The lady wears that coat well.*
Mi porto abbastanza bene. *I feel rather well.*
Porta il documento con te. *Carry the document with you.*
Porta quest' anello alla signora. *Take (carry) this ring to the lady.*
Una grave malattià lo portò via. *A serious illness carried him away.*
portata *range.*
a portata di braccio *within arm's length.*
PORTO *harbor, refuge, port, haven.*
porto affrancato *postage prepaid.*
È il Capitano di porto. *He is the harbor-master.*
Cerco un porto di pace. *I seek a haven of rest.*
Condusse in porto la sua missione. *He accomplished his mission.*
portone, m. *gate.*
posare *to place.*
POSITIVO *positive.*
Cio è positivo. *That is for sure.*
POSIZIONE, f. *position, situation.*
La mia casa è in eccellente posizione riguardo il sole. *My house in an excellent situation as far as the sun goes.*

Mi trovo in posizione di reclamare i
miei diritti. *I am in a position to
demand my rights.*

POSSEDERE *to own; to possess; to
have.*

Possiede molto denaro e molte buone
qualità. *He has much money and
many fine qualities.*

possessione, f. *possession.*

POSSIBILE *possible.*

Al più presto possibile me ne andrò.
At the earliest possible I will go.

possibilità *possibility, power.*

Si presentano diverse possibilità eppur
non abbiamo la possibilità di farlo.
*Many possibilities present themselves
and yet we don't have the power to
carry them out.*

POSTA *post, mail, stall, stake.*

È partito a bella posta. *He left
purposely.*

L'animale è nella sua posta. *The
animal is in its stall.*

L'ho ricevuto per posta aerea. *I
received it by air mail.*

Mandalo per posta. *Send it by mail.*

Parla al direttore delle poste.
Speak to the postmaster.

Raddoppiate la posta su questa corsa.
Double your stake on this race.

POSTALE *postal; of the post.*

casella postale *post-office box.*

pacco postale *parcel.*

spese postali *postage.*

timbro postale *postmark.*

ufficio postale *post office.*

vaglia postale *money order.*

Mi mandi una cartolina postale di
Roma. *Send me a picture postcard of
Rome.*

posterità *posterity.*

postino *postman.*

POSTO *place, spot, space, situation,
post, seat.*

Cambiamo posto. *Let's change
seats.*

Ecco un posto libero. *Here is a
vacant spot.*

Ho un posto riservato. *I have a
reserved seat.*

Mi sento fuori posto qui. *I feel out
of place here.*

Non c'è posto per tutti e due. *There
is no room for both.*

Prendete i vostri posti. *Take your
places (seats).*

Ha trovato un ottimo posto a Milano.
He found a fine position (job) in Milan.

potente *powerful, mighty, influential.*

potenza *power, might.*

Le grandi potenze hanno sempre la
grande potenza militare e navale.
*The great powers usually have
military and naval power.*

POTERE, m. *power.*

Gli hanno accordato pieni poteri.
They have accorded him full powers.

Ha il potere di un re. *He has the
power of a king.*

Il partito che è ora in potere cercherà
di restare in potere. *The party that is
now in power will seek to remain in
power.*

POTERE *to be able; to be allowed; to
be permitted; could; may; might.*

Ho tentato a più non posso. *I tried
to my utmost.*

Non ne posso più. *I can't stand it
anymore.*

Non posso farci nulla. *I can't
help it.*

Non potei salvarlo perchè non potei
parlare. *I could not save him
because I was not permitted to
speak.*

può darsi; può essere; potrebbe
succedere. *It could happen; it might
be; it could occur.*

Spero ch'egli possa arrivare, ma
potrebbe aver perso il treno. *I hope
he may arrive, but he might have
missed the train.*

POVERO *poor, unfortunate, unhappy,
humble, late (deceased).*

il mio povero parere *my humble
opinion.*

la mia povera sorella *my late
sister.*

La nazione è povera di materie prime.
The nation is poor in raw materials.

povertà *poverty.*

pozzo *well, tank.*

PRANZO *dinner, meal.*

Ho fatto un buon pranzo. *I had a
good meal.*

pratica *practice, experience, training.*

Devo fare le pratiche per poter partire.
*I must take the necessary steps in
order to leave.*

Ha fatto una lunga pratica per
diventare avvocato. *He had a long
training to become a lawyer.*

Ha molta pratica del suo mestiere.
He knows his job.

Ho messo in pratica i suoi consigli.
I put your advice into practice.

La pratica è la migliore maestra.
Practice is the best teacher.

Mettiamo in pratica le nostre idee.
Let us put our ideas into practice.

Preferisco la pratica alla teoria.
I prefer practice to theory.

pràtico *practical, experienced.*
Non sono practica di quel luogo.
I do not know that place.

precauzione, f. *precaution, care, caution.*
Procedi con molta precauzione.
Proceed with great caution.
Usa Precauzioni! *Use Caution!*

precedente, adj. *preceding, previous, former; (as m. noun) precedent.*
La sua azione è senza precedenti.
His action is without precedent.

precedere *to precede; to go before.*
Cosa precede? *What goes first?*
Precedimi! *Go first!*

precipizio *precipice.*
Corre a precipizio. *He runs headlong.*
Si troverà sull'orlo del precipizio.
He will find himself on the edge of a precipice.

preciso *precise, punctual, accurate, exact.*
Bisogna trovare il momento preciso.
We must find the precise moment.
Egli è preciso nei pagamenti. *He is punctual in his payments.*

prèdica *sermon, lecture.*

predicare *to preach; to lecture.*
Egli prèdica bene e razzola male.
He does not practice what he preaches.

preferenza *preference.*
Do la preferenza all' aeroplano anzicchè al treno. *I prefer the airplane rather than the train.*
Egli ha la preferenza su tutti gli altri.
He is preferred to all the others.
Scelgo la rosa a preferenza del garofano. *I pick the rose rather than the carnation.*

PREGARE *to pray; to request; to beg; to ask; to invite.*
Pregate Iddio! *Pray to God!*
Prego! *Please! (or) You are welcome!*
Sono pregati di entrare. *Please enter.*
La prego di considerare. *I beg you to consider.*

preghiera *prayer, entreaty, request.*
Dice le preghiere. *She says her prayers.*
Dopo le mie preghiere, accettò l'invito.
After my entreaties, he accepted the invitation.
Ho una preghiera da farle. *I have a request to make of you.*

pregio *merit, worth.*

pregiudizio *prejudice.*

prelibato *exquisite.*

PREMERE *to press; to be urgent (or pressing).*
Egli preme la mano della Duchessa.
He presses the Duchess' hand.
Mi preme molto. *It is of urgent importance to me.*
Non mi preme. *It is of no importance to me.*

PREMIO *prize, premium.*
Gli conferirono il primo premio.
They conferred the first prize on him.

PREMURA *care; careful attention; kindness; hurry.*
Ho molta premura. *I am in a great hurry.*
Mi fa premura di lasciarlo. *He beseeches me to leave him.*
Non c'è premura! *There is no hurry.*
Una madre ha molte premure per il suo bambino. *A mother has many cares for her child.*
La ringrazio delle sue premure.
I thank you for your kindnesses.

PRENDERE *to take; to catch; to take lodgings; to seize.*
prendere marito; prendere moglie *to get married.*
prendere volo *to take off.*
Che cosa ti prende? *What is the matter with you?*
Entrò, prese atto e poi prese congedo.
He entered, took notice and then took leave.
Fu preso dal rimorso. *He was overtaken with remorse.*
L'ha preso in parola e decise di prendere la sinistra. *He took him at his word and decided to turn to the left.*
Lo prese a benvolere. *He took a liking to him.*
Lo prese per il collo e poi per i capelli. *He seized him by the neck and then by the hair.*
Non mi prendo questa libertà. *I will not take this liberty.*
Prende fuoco! *It is catching fire!*
Prendi partito con me o con lui?
Are you siding with me or with him?
Prendo il treno delle tre.
I am taking the three o'clock train.
Prese tutto in considerazione. *He took everything into consideration.*
Se le presa col facchino. *He put the blame on the porter.*
Se ti prendo! *If I catch you!* (colloq.)
Sto prendendo un raffreddore. *I am catching a cold.*

PREPARARE *to prepare.*
preparare un pasto, un discorso, un
viaggio *to prepare a meal, a speech,
a trip.*
prepararsi per un emergenza *to
prepare oneself for an emergency.*
Preparati o fai tardi! *Get ready or
you'll be late!*
prepotente *tyrannical.*
PRESENTARE *to present; to
introduce.*
Egli si presenta bene. *He makes a
good impression (presents himself
well).*
Il viaggio presenta delle difficoltà.
The trip presents some difficulties.
Mi fu già presentato. *He has
already been introduced to me.*
Presentategli i miei ossequi. *Give
him my best regards.*
Quando si presenta l'occasione,
bisogna prenderla. *When the
opportunity presents itself, one must
take it.*
Questi problemi si presentano più
volte. *These problems occur often.*
presente *present.*
tempo presente *present time;
present tense.*
tener presente *to bear in mind.*
presenza *presence.*
fare atto di presenza *to put in an
appearance.*
Non è qui in presenza attuale ma in
presenza di spirito. *He is not here in
person but he is here in spirit.*
Non parlò in presenza del presidente.
*He did not speak in the presence of
the president.*
PRESSO *near, by, beside, with.*
presso a poco *nearby, about.*
presso la fontana *near the fountain.*
qui presso *nearby.*
Il vecchio è presso a morire. *The
old man is near death.*
Indirizza la lettera al Signor Berti,
presso il Signor Augusti. *Address the
letter to Mr. Berti, in care of
Mr. Augusti.*
Vivo presso mio zio. *I live with my
uncle.*
PRESTARE *to lend; to give; to offer.*
prestare attenzione *to pay attention.*
prestare conforto *to offer comfort.*
Egli si presta volentieri. *He offers
himself willingly.*
Non mi presto all'inganno. *I will not
consent to this fraud.*
prestito *loan.*
PRESTO *soon, early.*

al più presto possibile *as soon
as possible.*
Fa presto! *Hurry up!*
M'alzo presto. *I get up early.*
Presto o tardi lo sapremo. *We'll know
sooner or later.*
Si fa presto a dire. *It is easy to say.*
prete *priest.*
pretendere *to pretend; to claim; to
exact.*
Cosa pretendete? *What do you want
(claim, or exact)?*
Non bisogna pretendere l'impossibile.
One must not exact the impossible.
Pretende al trono. *He has claims
on the throne.*
Pretende d'aver detto il vero. *He
claims to have told the truth.*
pretesa *pretension; claim to.*
La moglie ha pretese d'eleganze,
mentre il marito non ha pretese
affatto. *The wife has pretensions
of great elegance, while the
husband has no pretensions at all.*
Non bisogna considerare la sua
pretesa. *We must not consider his
claim.*
pretesto *pretext.*
prevedere *to foresee.*
prezloso *precious.*
PREZZO *price.*
Il listino dei prezzi da il prezzo all'
ingrosso, il prezzo al minuto ed il
prezzo netto. *The price list gives the
wholesale price, the retail and the
net price.*
Il prezzo corrente non è prezzo fisso;
può diventare prezzo alto o basso.
*The current price is not stable; it can
go up or down.*
Quella lezione l'ho pagata a caro
prezzo. *I learned that lesson the hard
way (at a high price).*
prigione, f. *prison.*
PRIMA, noun *first class (in travel);
first grade (in school); first
performance.*
PRIMA *before, once, formerly, earlier,
first.*
per prima cosa. *first.*
prima di tutto *first of all.*
Alzati prima. *Get up earlier.*
Avvisatelo prima di arrivare. *Warn
him before arriving.*
Da prima mi fece una buona
impressione. *At first he made a good
impression on me.*
Non sono più quella di prima. *I am
no longer my former self.*
Prima o poi ci arriveremo. *Sooner or*

later we'll get there.
Quanto prima, viaggeremo in prima.
*Pretty soon we will be traveling
first class.*
Questa era prima una chiesa e poi una
cattedrale. *This was first a church and
then a cathedral.*
Siamo più nemici di prima. *We are
more enemies than we were.*
primavera *spring, springtime.*
È nella primavera della sua vita. *He
is in the springtime (prime) of his
life.*
PRIMO *first.*
Arrivò primo. *He arrived first.*
È il primo della classe. *He is the
best in the class.*
È il primo in fila. *He is the first in
line.*
Fu il primo a partire. *He was the
first to leave.*
Ritornerà al primo del mese. *He will
return the first of the month.*
principale, adj. *principal, chief, main;*
(as noun, m.) *principal, employer,
master.*
principalmente *chiefly, mainly.*
principe, m. *prince.*
PRINCIPIO *beginning, principle.*
dal principio alla fine *from
beginning to end.*
È questione di principio. *It's a
matter of principle.*
privare *to deprive.*
Mi sono privato di tutto. *I deprived
myself of everything.*
Non mi privi del piacere. *Don't
deprive me of the pleasure.*
privo *devoid; lacking in.*
privo di mezzi finanziari *lacking
financial means.*
privo di senso comune *devoid of
common sense.*
Sono privo di notizie da due mesi. *I
have been without news for two
months.*
prò *profit, advantage, benefit.*
a prò di *for the benefit of.*
A che prò? *What for?*
probabile *probable, likely.*
il costo probabile *the probable cost.*
Non è probabile ch' io venga questa
sera. *I am not likely to come tonight.*
probabilmente *probably.*
Probabilmente verrò. *I'll probably
come.*
problema, m. *problem.*
un problema di carattere personale *a
personal problem.*
PROCEDERE *to proceed; to go on.*

Il lavoro procede molto lentamente.
The work is going on very slowly.
La neve ci impediace di procedere.
*The snow makes it impossible for us
to proceed.*
Procediamo con calma. *Let us
proceed calmly.*
procedere, m. *conduct, passing.*
col procedere degli anni *with the
passing years.*
Il suo procedere sorprese tutti. *His
conduct surprised everyone.*
procedura *procedure.*
procedura legale *legal procedure.*
processo *process, trial.*
processo per assassinio *murder trial.*
L'orfanotrofio è in processo di
costruzione. *The orphanage is in the
process of construction.*
prodigare *to lavish.*
Mi ha prodigato le sue cure con affetto.
*He lavished his cares on me
affectionately.*
prodigloso *prodigious.*
PRODOTTO *product.*
prodotti agricoli *agricultural
products.*
PRODURRE *to produce; to cause.*
produrre una reazione *to cause a
reaction.*
Egli produce articoli di lusso. *He
produces luxury items.*
produzione, f. *production.*
professionale *professional.*
professione, f. *profession.*
professore, m. *professor.*
profitto *profit, benefit.*
profondo *deep, profound.*
a notte profonda *in the deep of night.*
cadere in sonno profondo *to fall into
a deep sleep.*
profondo rispetto *profound respect.*
profumare *to perfume.*
profumarsi *to put perfume on.*
profumato *scented, sweet-smelling.*
profumo *perfume.*
progettare *to project; to make plans.*
progetto *plan.*
aver in mente un progetto *to have
a plan in mind.*
fare progetti *to make plans.*
programma, m. *program.*
in programma *on the program.*
progredire *to make progress.*
progresso *progress.*
Egli sta facendo grandi progressi
negli studi. *He is making great
progress in his studies.*
proibire *to forbid; to prohibit.*
È proibito l'ingresso. *No admittance.*

Mio madre mi ha proibito di uscire
questa sera. *My mother has
forbidden me to go out tonight.*

prole, f. *descent, offspring.*

promessa *promise.*
fare una promessa *to make a
promise.*
venire meno ad una promessa *to
break a promise.*

promettere *to promise.*
prometto di scriverti spesso. *I
promise I'll write often.*

prominente *prominent.*
Egli è una figura prominente nel
mondo scientifico. *He is a
prominent figure in the world of
science.*

prominenza *prominence.*

promuovere *to promote; to further.*

pronipote *great-grandchild,* m. & f.

pronome, m. *pronoun.*

prontezza *readiness, promptness.*
prontezza di spirito *presence of
mind.*

prontil (or prontol) *Hello!*
(answering phone).

pronto *ready, prompt.*
in attesa di una sua pronta risposta
awaiting your prompt reply.
Siamo pronti! *We are ready!*

pronunciare *to pronounce; to utter.*
Rimase lì senza pronunciare parola.
*He just stayed there without saying a
word.*
pronunciare bene *to pronounce well;
to have good diction.*

propaganda *advertising.*
far molta propaganda *to advertise
well.*

proporre *to propose.*

proporzione, f. *proportion.*
fuori proporzione *out of proportion.*

PROPOSITO *purpose, intention.*
a proposito *by the way.*
di cattivi propositi *with bad
intentions.*
di proposito *on purpose.*
A che proposito te ne ha parlato? *In
connection with what did he speak to
you about it?*

proposta *proposal, proposition.*

proprietà *property, ownership.*
La casa è di sua proprietà. *The
house is hers.*
Questo libro è proprietà mia. *This
book is my property.*

proprietario *proprietor, owner.*

PROPRIO *own; one's own.*
la propria casa *one's own home.*
nome proprio *proper noun.*

Veste con un gusto che le è proprio.
*She dresses with a taste that is all her
own.*

PROPRIO, adv. *just, exactly.*
proprio in questo momento *in this
very moment.*
proprio mentre *just as.*
proprio ora *just now.*
È proprio come dico io. *It is exactly
as I say.*
Proprio! *Exactly!*

prosciutto *ham.*

proseguire *to go on; to continue.*
Da Napoli proseguimmo per Roma.
From Naples we went on to Rome.

prosperità *prosperity.*

prospero *prosperous.*

PROSSIMO *next, near.*
in un prossimo futuro *in the near
future.*
la settimana prossima *next week.*
Siamo prossimi a partire. *We are
about to go.*

PROTEGGERE *to protect; to
safeguard.*
Ognuno cerca di proteggere i propri
interessi. *Everyone tries to protect his
own interests.*
Ti protegga Iddio! *May God protect
you!*

protesta *protest, protestation.*
fare protesta *to protest; to make a
protest.*
protesta d'affetto *protestations of
affection.*

protestare *to protest.*
protestare contro *to protest against.*

protetto *protected.*

protezione, f. *protection.*

PROVA *proof, rehearsal, trial.*
fare una prova *to try; to rehearse.*
fino a prova contraria *till there is
proof to the contrary.*
fornire le prove *to furnish evidence.*
Ha dato prova di coraggio. *He gave
proof of courage.*

provare *to prove; to try; to rehearse.*
provare la verità *to prove the truth.*
Vogliamo provare questa scena?
Shall we rehearse this scene?
Voglio provare a farlo. *I want to try
to do it.*

provenire *to originate; to come from.*

proverbio *proverb, saying.*
com dice il proverbio *as the saying
goes.*

provocare *to provoke.*

provvedere *to provide; to supply.*
Bisogna provvedere ai bisognosi. *We
must provide for the needy.*

Ci siamo provvisti di tutto il
necessario. *We have provided
ourselves with all the necessities.*

provvidenza *providence.*
Divina Provvidenza *Divine
Providence.*

provvisoriamente *temporarily.*

provvisorio *temporary.*
un alloggio provvisorio *a temporary
abode.*

provvista *supply.*
Abbiamo un' ottima provvista di viveri
in casa. *We have ample supply of
foodstuffs in the house.*

prudente *prudent, wise.*
Non credo sia prudente uscire di casa
con questo temporale. *I don't think it
wise to go out in this storm.*

prudenza *prudence, wisdom.*
dimostrare prudenza *to display
prudence.*

PUBBLICARE *to publish.*

pubblico, noun *audience, public.*
esibirsi in pubblico *to appear in
public.*
Il pubblico lo applaudì calorosamente.
The audience applauded him warmly.

PUBBLICO, adj. *public.*
giardino pubblico *park; public
garden.*

pugno *fist, punch.*
dare un pugno *to punch.*
di proprio pugno *in one's own
handwriting.*
fare a pugni *to fight.*
stringere i pugni *to clench one's
fists.*
un pugno di terra *a fistful of earth.*

pulce, f. *flea.*

pulcino *chick.*

PULIRE *to clean.*
pulirsi *to clean oneself.*

pulito *clean.*
con la coscienza pulita *with a clear
conscience.*

pulizia *cleanliness.*
fare la pulizia *to do the cleaning.*

PUNGERE *to prick; to sting.*
Mi ha punto un' ape. *A bee stung
me.*
Mi sono punta un dito con una spilla.
I pricked my finger with a pin.

punire *to punish.*

punizione, f. *punishment.*
subire una punizione *to endure
punishment.*

PUNTA *point, tip.*
fare una punta a un lapis *to sharpen
a pencil.*
Cammino in punta di piedi per non fare

rumore. *I'm tiptoeing not to make
noise.*
Il suo nome è sulla punta della mia
lingua. *His name is on the tip of my
tongue.*

punto *stitch, point.*
alle tre in punto *at three o'clock
sharp.*
due punti *colon.*
di punto in bianco *all of a sudden.*
fare i punti a mano *to stitch by
hand.*
fino a un certo punto *to a certain
extent.*
mettere in punto l'orologio *to set
one's watch.*
mettere in punti sugl'i *to dot one's
i's; to get things straight.*
punto di partenza *point of departure.*
punto di vista *point of view.*
punto e virgola *semicolon.*
punto fermo *period.*
venire al punto *to come to the point.*

puntuale *punctual.*

puntualità *punctuality.*

purchè *provided that.*

PURE *also, too.*
Andiamo pure noi. *We are going too.*
Venga pure! *Do come!*

puro *pure, mere.*
acqua pura *pure water.*
per puro caso *by mere chance.*

PURTROPPO *unfortunately.*

Q

QUÀ *here.*
Vieni quà! *Come here!*

quaderno *notebook.*

quadrato, adj. *square.*

quadri, m. *diamond (playing cards).*

quadro, noun *square picture.*
A quale parete vuole che appenda
questo quadro? *On which wall do
you want this picture hung?*

QUAGGIÙ *here below; down here.*
Guarda quaggiù, in fondo alla pagina.
*Look down here, at the bottom of the
page.*
Ti aspetto quaggiù, ai piedi della
scala. *I'll wait for you here below,
at the foot of the stairs.*

qualche *Some, any.*

qualcheduno *someone, somebody.*

qualcuno *somebody, someone,
anybody.*

QUALE *which, who, whom.*
Quale scegli? *Which do you choose?*

Le persone alle quali hai esteso
l'invito sono arrivate. *The people to
whom you have extended an
invitation have arrived.*
qualità *quality.*
qualsiasi *any.*
qualunque *whatever, any.*
QUANDO *when, while.*
da quando *since.*
di quando in quando *from time to time.*
quando mai *whenever.*
Quando sei arrivato? *When did you
arrive?*
Ti scrissi quand'ero in Italia. *I
wrote you while I was in Italy.*
quantità *quantity.*
QUANTO,-A,-I,-E *how much; how
many; as many as.*
quanto prima *in a short while.*
Me ne dia quanti ne ha. *Give me as
many as you have.*
Quanti ne vuole? *How many do you want?*
Quanto mi fa pagare? *How much
will you charge me?*
Quanto tempo? *How long?*
quaranta *forty.*
quarantesimo *fortieth.*
quaresima *Lent.*
quarto *fourth, quarter, half-pint.*
trequarti *three-fourths.*
un quarto di vino *half a pint of wine.*
un quarto d'ora *a quarter of an hour.*
quartiere, m. *quarter, lodging,
neighborhood.*
QUASI *almost.*
QUASSÙ *up here.*
quattordicesimo *fourteenth.*
quattordici *fourteen.*
quattro *four.*
quattrocento *four hundred.*
nel Quattrocento *in the fifteenth
century (Italian Renaissance).*
quattromila *four thousand.*
quello *that one; that.*
Mi dia quello. *Give me that one.*
Quel libro mi appartiene. *That book
belongs to me.*
questione, f. *question, argument.*
questo *this; this one.*
Questo non è affare mio. *This is
none of my business.*
questura *police-station.*
QUI *here; in this place.*
Qui non c'è nessuno. *There is no
one here.*
Vieni qui! *Come here!*
quietare *to calm, to quiet.*
quietarsi *to become calm; to become
quiet.*
quiete, f. *quiet, tranquillity, stillness.*

quieto *quiet, calm, still.*
star quieto *to be still; to be quiet.*
QUINDI *therefore.*
quindicesimo *fifteenth.*
quindici *fifteen.*
quindicimila *fifteen thousand.*
quintale, m. *one hundred kilograms in
weight.*
Ho un quintale di lavoro da fare.
*I have a tremendous amount of work
to do.*
quinto *fifth; (as noun) one fifth.*
quotidiano *daily.*
giornale quotidiano *daily paper.*
pane quotidiano *daily bread.*

R

rabbia *rage, ire.*
rabbioso *irate, wrathful.*
racchiudere *to contain; to enclose.*
raccogliere *to gather; to collect.*
raccolta *harvest, collection.*
raccomandare *to recommend.*
lettera raccomandata *registered
letter.*
raccomandarsi a *to appeal to.*
raccontare *to tell; to narrate.*
Mi ha raccontato la storia della sua
vita. *He told me the story of his life.*
racconto *story.*
raddolcire *to sweeten.*
raddoppiare *to double.*
Gli hanno raddoppiato lo stipendio.
They doubled his salary.
radere *to shave.*
farsi radere la barba *to get a shave.*
radice, f. *root, origin.*
radio, f. *radio;* m. *radium.*
radiocopia *X-ray.*
rado *rare.*
di rado *seldom.*
raffinare *to refine.*
una persona raffinata *a refined
person.*
raffreddare *to cool; to chill.*
raffreddarsi *to catch cold.*
raffreddore, m. *cold.*
ragazza *girl*
nome di ragazza *maiden name.*
RAGAZZO *boy; young man.*
raggiante *radiant.*
La sposa era raggiante. *The bride
was radiant.*
raggio *ray.*
un raggio di sole *a ray of sunshine.*

ragglungere *to reach; to arrive; to catch up with.*

  raggiungere una destinazione *to reach a destination.*

  raggiungere una meta *to reach a goal.*

  Era partito prima di me ma l'ho raggiunto. *He had left before me but I caught up with him.*

ragionare *to reason; to discuss logically.*

  Ognuno ragiona a modo proprio. *Each person reasons in his own way.*

  Egli non ragiona. *He is not logical; he has lost his reason.*

RAGIONE, f. *reason.*

  a ragione del vero *in truth.*

  a torto o a ragione *right or wrong.*

  aver ragione *to be right.*

  senza ragione *without reason.*

  Ho le mie buone ragioni. *I have my good reasons.*

  Non ha nessuna ragione di farlo. *He has no reason to do it.*

ragionevole *reasonable.*

ragionevolmente *reasonably.*

ragioniere, m. *bookkeeper.*

ragno *spider.*

rallegrare *to cheer; to make gay.*

  Me ne rallegro! *I am happy about it!*

  Si è rallegrato con me. *He extended his felicitations to me. He congratulated me.*

rallentare *to loosen; to slow down.*

  rallentare la stretta *to lessen the grip.*

  rallentare la velocità *to reduce speed.*

rame, m. *copper.*

rammaricar(si) *to grieve.*

rammentare *to remember.*

  Me ne rammento perfettamente. *I remember perfectly well.*

ramo *branch.*

  in ogni ramo della scienza *in every branch of science.*

  ramo d'albero *branch of a tree.*

rancore, m. *resentment.*

  serbar rancore a *to bear a grudge against.*

rannuvolare *to cloud over; to darken.*

  Il cielo si rannuvola. *The sky is clouding.*

  Si è rannuvolato in viso. *His expression darkened.*

ranocchio *frog.*

RAPIDO *rapid, speedy.*

  dare uno aguardo rapido *to give a quick glance.*

  treno rapido *express train.*

rapportare *to report; to repeat.*

  Non è bello rapportare tutto ciò che si vede e si sente. *It is not nice to repeat everything one sees and hears.*

rapporte *report.*

  Mi ha mandato un rapporto sul lavoro compiuto. *He sent me a report on the completed work.*

rappresoglia *reprisal.*

rappresentante, m. *representative.*

rappresentare *to represent.*

rappresentazione, f. *representation, performance.*

  È la prima rappresentazione di questo dramma. *This is the first performance of this play.*

raramente *rarely.*

raro *rare; uncommon.*

raso *satin.*

rasòio *razor.*

  lametta da rasòio *razor blade.*

rassegnazione, f. *self-resignation, resignation.*

rassicurare *to reassure.*

  rassicurarsi *to reassure oneself.*

rassicurazione, f. *reassurance.*

rassomiglianza *resemblance.*

rastrello *rake.*

rata *installment.*

rattristare *to sadden.*

rauco *hoarse.*

razionale *rational.*

razione, f. *ration.*

razza *race.*

razzo *rocket.*

re *king.*

reagire *to react.*

reale *royal, real.*

  in vita reale *in real life.*

  in casa reale *the Royal House.*

  un avvenimento reale *a true happening.*

realmente *really.*

reato *crime.*

reazione, f. *reaction.*

recare *to bring.*

recensire *to review (a play, a book, a performance).*

recente *recent.*

recinto *enclosure.*

recipiente, m. *receptacle.*

reciproco *reciprocal.*

recitare *to recite; to play.*

recluta *recruit.*

redazione, f. *editor's office.*

redimere *to redeem.*

reduce, m. *veteran.*

regalare *to make a present.*

regalo *gift, present.*

  fare un regalo a *to give a present to.*

reggimento *regiment.*

reggiseno *brassiere.*

regina *queen.*
regione, f. *region.*
registrare *to register; to record.*
registrazione, f. *registration, recording.*
registro *book, register.*
regno *realm, kingdom.*
regola *rule, regulation.*
  secondo la regola *according to regulations.*
  L'eccezione conferma la regola. *The exception proves the rule.*
regolare *regular.*
regolare f. *to regulate.*
  regolare un conto *to pay a bill.*
  regolarsi *to behave.*
regolarmente *regularly.*
relativamente *relatively.*
relative *relative.*
relazione, f. *report, relation.*
  fare una relazione *to make a report.*
  Non c'è relazione fra una cosa e l'altra. *There's no relation between one thing and the other.*
religione, f. *religion.*
religioso *religious.*
remare *to row.*
remo *oar.*
remoto *remote.*
rendere *to render; to make; to return.*
  rendere bene per male *to render good for evil.*
  rendere grazie *to thank.*
  rendere infelice *to make unhappy.*
  Mi ha reso il libro. *He returned the book to me.*
  Questo lavoro non rende molto. *There is little return for this work.*
rene, m. *kidney.*
reparto *department.*
  capo reparto *department head.*
repressione, f. *repression.*
reprimenda *reprimand.*
reprimere *to repress.*
  reprimere uno sbadiglio *to stifle a yawn.*
  reprimersi *to contain oneself.*
  Non riesco a reprimere le lacrime. *I can't hold back the tears.*
repubblica *republic.*
reputazione, f. *reputation.*
  godere di un ottima reputazione *to have a good reputation.*
resa *surrender.*
residente *resident;* (also noun, m.).
residenza *residence.*
  cambiamento di residenza *change of address.*
resistente *resistant.*
resistare *to resist; to withstand.*

resistere alla prova *to withstand the test.*
resistere alla avversità *to resist against adversity.*
respingere *to drive back; to reject.*
  respingere il nemico *to drive back the enemy.*
  Ha respinto la mia domanda. *He rejected my application.*
respirare *to breathe; to take a breath.*
  respirare a pieni polmoni *to take a deep breath.*
respiro *breath.*
  avere il respiro corto *to be out of breath.*
  tenere il respiro *to hold one's breath.*
responsabile *responsible.*
responsabilità *responsibility.*
RESTARE *to remain; to stay.*
  restare a pranzo *to stay to dinner.*
  restare indietro *to lag behind.*
  Non restano che due giorni alla partenza. *There are only two days left before our departure.*
restituire *to give back; to return.*
  restituire il saluto *to greet in return.*
  Devo restituire questo libro. *I must return this book.*
RESTO *remainder, rest, change.*
  Il resto del lavoro lo finisco io. *I will finish the remainder of the work.*
  Il resto non conta. *The rest is of no matter.*
  Potete tenere il resto. *You may keep the change.*
restringere *to contract; to shrink.*
rete f. *net.*
  cadere in una rete *to fall into a trap.*
  rete da tennis *tennis net.*
  rete per i capelli *hair net.*
retrocedere *to go back; to retreat.*
rettificare *to rectify.*
rialzare *to lift up again; to rise.*
  rialzare i prezzi *to raise the prices.*
riassunto *summary.*
ribalta *footlight.*
ribasso *decline, reduction.*
ribelle, m. *rebel.*
ribellione, f. *rebellion.*
ricambiare *to reciprocate; to return.*
ricchezza *wealth.*
riccio *curl.*
ricco *rich, wealthy.*
ricerca *research, demand.*
  andare alla ricerca di *to go in search of.*
  Non c'è ricerca per questo articolo. *There is no demand for this article.*
RICETTA *prescription, recipe.*
  Porta questa ricetta al farmacista.

Take this prescription to the druggist.
Questa è la ricetta per fare il ragù.
This is the recipe for making sauce.

RICEVERE *to receive.*
ricevere ospiti *to receive guests.*
ricevere posta *to receive mail.*

ricevimento *reception.*

ricevitore, m. *receiver.*
staccare il ricevitore *to lift the receiver.*

ricevuta *receipt.*

richiedente, m. *applicant.*

RICHIEDERE *to request; to ask again to require.*
Ilo richiesto i soldi che mi deve. */ asked for the money he owes me.*
Il signor Alberti richiede l'onore...
Mr. Alberti requests the honor...
Questo lavoro richiede tutto il mio tempo. *This work requires all of my time.*

RICHIESTA *request, application.*
dietro richiesta di... *at the request of...*
fare richiesta d'ammissione *to apply for admission.*

RICOMPENSA *reward, recompense.*

ricompensare *to reward; to recompense.*
È stato ampiamente ricompensato. *He was amply rewarded.*

riconciliare *to reconcile.*

riconciliazione, f. *reconciliation.*

riconoscente *grateful, thankful.*

riconoscere *to recognize; to admit.*
riconoscere i propri torti *to admit one's fault.*
L'ho riconosciuto subito. */ recognized him immediately.*

RICORDARE *to remember.*
Mi ricordi a sua moglie. *Remember me to your wife.*
Non me ne ricordo. *I don't remember it.*

RICORDO *remembrance, recollection.*
Ho un vago ricordo dei miei primi anni. *I have a vague recollection of my first years.*
Lo terrò per tuo ricordo. *I'll keep it as a remembrance of you.*

ricorrente *recurrent.*

ricorrere *to apply to; to report.*

ricoverare *to shelter; to give shelter.*
ricoverarsi *to take shelter; to take refuge.*

ricovero *shelter.*

ricreare *to create again; to entertain.*

RICUPERO *recovery, salvage.*
La polizia ha effettuato il ricupero degli oggetti rubati. *The police*

brought about the recovery of the stolen objects.

RIDERE *to laugh.*

ridicolo *ridiculous.*

ridotto *reduced.*
mal ridotto *in poor shape.*
prezzo ridotto *reduced price.*

RIDURRE *to reduce.*
ridurre le spese *to cut down expenses.*

riduzione, f. *reduction.*

RIEMPIRE *to fill.*
riempire una bottiglia *to fill a bottle.*
riempire un modulo *to fill out a blank.*
riempirsi *to fill up; to stuff oneself.*

rientrare *to come in again; to be included.*

riferire *to report; to relate.*
Mi ha riferito quanto è accaduto. *He told me what happened.*
Non me riferivo a lui. *I was not referring to him.*

RIFIUTARE *to refuse; to decline.*
Ila rifiutato d'accompagnarmi.
He refused to accompany me.
Sono costretto a rifiutare l'invito. *I am obliged to decline the invitation.*

rifiuto *refusal, waste.*

riflessione, f. *reflection, consideration.*
dopo matura riflessione *upon further consideration.*

riflesso *reflection.*
Ho visto il mio reflesso nello specchio. *I saw my reflection in the mirror.*

riflettere *to reflect; to think.*
La luna riflette i raggi del sole. *The moon reflects the sun's rays.*
Ho riflettuto bene prima di decidere. *I thought at length before making up my mind.*

rifornimento benzina *gas station.*

rifugio *refuge, shelter.*

RIGA *line, row, ruler.*
farsi la riga nei capelli *to make a part in one's hair.*
in riga *in a row.*
scrivere poche righe *to write a few lines.*
stoffa a righe *striped material.*

rigido *rigid.*

rigore, m. *rigor.*

rigoroso *rigorous.*

RIGUARDO *regard, respect.*
per riguardo a *out of respect for.*
senza riguardo *without regard.*
Sotto questo riguardo ha perfettamente ragione. *In this respect he is perfectly right.*

rilasciare *to leave; to issue; to free.*

rilassare *to slacken.*
  rilassarsi *to relax; to become lax.*
rilevare *to point out; to perceive.*
RILIEVO *relief.*
  basso rilievo *bas-relief.*
  mettere in rilievo *to point out; to emphasize.*
riluttante *reluctant.*
riluttanza *reluctance.*
  con riluttanza *reluctantly.*
rimandare *to send back; to postpone.*
  Bisogna rimandare questo appuntamento. *We must postpone this appointment.*
  Gli ho rimandato il libro che mi aveva prestato. *I sent back the book he lent me.*
RIMANERE *to remain; to stay.*
  Rimane poco tempo. *Little time remains.*
  rimanere male *to be disappointed.*
  Siamo rimasti fuori casa per due giorni. *We stayed away from home for two days.*
rimaritarsi *to marry again; to take a second husband.*
rimborsare *to repay.*
rimessa *garage.*
RIMETTERE *to put back; to put again; to remit; to lose.*
  Favorite rimettere la somma di… *Please remit the sum of…*
  Ho rimesso parecchio in questo affare. *I lost quite a good deal in this business affair.*
  Ho rimesso tutto a posto. *I put everything back in place.*
rimorso *remorse.*
rimproverare *to reproach; to scold.*
rimprovero *reproach, reprimand.*
RIMUOVERE *to remove; to displease.*
rinascimento *rebirth.*
  Rinascimento *Renaissance.*
rincorrere *to pursue.*
rincrescimento *regret.*
rinforzo *reinforcement.*
rinfrescare *to cool; to refresh.*
  rinfrescarsi *to refresh oneself.*
rinfresco *refreshment.*
ringraziamento *thanks, thanksgiving.*
RINGRAZIARE *to thank.*
RIPARARE *to repair; to mend.*
riparazione, f. *repair, reparation.*
RIPARO *shelter.*
  a riparo da *sheltered from.*
ripassare *to look over again.*
ripetere *to repeat.*
ripetizione, f. *repetition.*
RIPOSARE *to rest.*
riposo *rest.*

riprodurre *to reproduce.*
risata *laugh, laughter.*
riscaldare *to warm; to heat.*
rischiare *to risk.*
riscontrare *to check; to examine.*
riserbo *discretion, secrecy.*
rischio *risk.*
RISO *rice, laughter.*
  riso amaro *bitter laughter.*
  riso con piselli *rice with peas.*
risoluto *determined, resolute.*
risoluzione, f. *resolution.*
  prendere una risoluzione *to resolve.*
risorgere *to rise again.*
RISPARMIARE *to save.*
  risparmiare tempo *to save time.*
risparmio *saving.*
  cassa di risparmio *savings bank.*
RISPETTARE *to respect.*
  rispettare le leggi *to respect the laws.*
rispetto *respect.*
RISPETTOSO *respectful.*
RISPONDERE *to answer.*
  rispondere alla posta *to answer the mail.*
  rispondere al telefono *to answer the telephone.*
RISPOSTA *answer, reply.*
ristorante, m. *restaurant.*
ristretto *contracted, narrow, limited.*
risultare *to result.*
  risultarne *to result from.*
risultato *result.*
RISVEGLIARE *to awaken; to reawaken.*
RITARDARE *to delay; to be late.*
ritardo *delay.*
  essere in ritardo *to be late.*
ritegno *discretion, reservedness.*
ritmo *rhythm.*
RITORNARE *to return; to go back to.*
  tornare a casa *to come back home.*
  È tornata la primavera. *Spring is here.*
RITORNO *return.*
  Attendo con ansia il tuo ritorno. *I anxiously await your return.*
  Sarò di ritorno alle cinque. *I will be back at five.*
RITRATTO *picture.*
  Questo è un mio ritratto fatto due anni fa. *This is a picture of me, taken two years ago.*
ritto *straight.*
ritrovo *club.*
riunire *to reunite.*
RIUSCIRE *to succeed; to be able.*
  Non riesco a farlo. *I am not able to do it.*
  È riuscito a far fortuna. *He*

succeeded in making a fortune.
rivale, m. *rival; (also adj.).*
rivelare *to reveal.*
rivenditore, m. *merchant.*
rivolgere *to turn; to address.*
rivoluzione, f. *revolution.*
roba *thing, goods, stuff.*
roccia *rock.*
romano *Roman; (also noun).*
romantico *romantic.*
romanzo *novel.*
ROMPERE *to break.*
  rompere relazioni con *to break*
  off with.
  Ho rotto un bicchiere. *I broke a*
  glass.
rondine, f. *swallow.*
ronzare *to hum; to buzz.*
rosa *rose, (noun & adj.).*
rosso *red.*
  veder rosso *to see red.*
rossore, m. *redness.*
  Il rossore le sali alle guance. *She*
  blushed.
rotaie *railroad track.*
ròtolo *roll, scroll.*
ROTONDO *round.*
rotta *course, rout.*
rotto *broken.*
rovescio *reverse, (noun & adj.).*
  il rovescio della medaglia *the other*
  side of the medal.
  Si è messo il vestito al rovescio. *He*
  put his suit on wrong side out.
rovesciare *to overthrow.*
rovina *ruin.*
ROVINARE *to ruin.*
rovinate *ruined.*
rozzo *rough, coarse.*
rubare *to steal.*
  Ha rubato un orologio. *He stole a*
  watch.
ruggine, f. *rust.*
rugiada *dew.*
RUMORE, m. *noise.*
  far rumore *to make noise.*
rumoroso *noisy.*
RUOTA *wheel.*
rurale *rural.*
russare *to snore.*
russo *Russian; (also noun).*
rustico *rustic.*
rùvido *rough.*

S

sabato *Saturday.*
sabbia *sand.*

sabbioso *sandy.*
saccheggiare *to plunder.*
sacco *bag, sack.*
sacrilegio *sacrilege.*
sacro *sacred.*
  l'osso sacro *sacrum.*
saggio *wise.*
SALA *hall.*
  sala da ballo *ballroom.*
  sala da pranzo *dining room.*
  sala d'aspetto *waiting-room.*
  sala operatoria *operating room.*
salare *to salt.*
salario *wage.*
salato *salty.*
saldo *firm, balanced.*
SALE, m. *salt.*
  aver sale in zucca *to have good*
  sense. (Colloq.)
  dolce di sale *insipid.*
  Raccontami l'accaduto senza
  aggiungere nè sale nè pepe. *Tell me*
  what happened without adding any
  trimmings. (Colloq.)
salire *to go up.*
  salire le scale *to go up the stairs.*
  salir su per la montagna *to climb up*
  the hill.
salita *ascent, ascension, slope.*
  Questa strada è in salita. *This*
  street is on an incline.
salotto *parlor.*
salsa *sauce.*
salsiccia *sausage.*
SALTARE *to jump; to jump over;*
  to skip.
  salter di palo in frasca *to stray from*
  the subject.
  saltare fuori *to pop up.*
  saltare giù dal letto *to jump out*
  of bed.
  Bisogna saltare questo fosso. *We*
  have to jump over this hurdle (ditch).
  Ha saltato una pagina intera. *He*
  skipped a whole page.
  Non ti far saltare la mosca al naso.
  Don't get angry. (Colloq.)
SALTO *jump.*
  fare un salto nel buio *to take a risk.*
  Faccio un salto a casa di mia madre.
  I'll take a quick run over to my
  mother's house.
salumeria *grocer.*
SALUTARE *to salute; to greet.*
  Ci siamo salutati alla stazione. *We*
  said goodbye at the station.
  Mi ha salutato con un cenno dilla
  mano. *He waved to me.*
  Mi ha salutato freddamente. *He*
  greeted me coldly.

salute, f. *health.*
saluto, m. *greetings.*
salvagente, m. *life preserver.*
SALVARE *to save.*
salvare le apparenze *to keep up appearances.*
Mi ha salvato dalla rovina. *He saved me from ruin.*
salvezza *salvation, safety.*
SALVO *safe; save for; except for.*
sano e salvo *safe and sound.*
trarre in salvo *to conduct to safety; to save.*
Salvo possibile cambiamenti, tutto rimane come stabilito. *Save for possible changes, everything remains as planned.*
sanabile *curable.*
sanare *to cure; to make well.*
sandalo *sandal.*
sangue, m. *blood.*
a sangue freddo *in cold blood.*
dare il proprio sangue *to give one's life.*
dello stesso sangue *related; of the same family.*
versare sangue *to shed blood.*
Il riso fa buon sangue. *Laughter is the best medicine.*
sanguinare *to bleed.*
Mi sanguina il cuore al pensiero. *My heart bleeds at the thought.*
sanitario *sanitary.*
leggi sanitarie *sanitary laws.*
SANO *sound, healthy, whole.*
di principi sani *of sound principles.*
di sana pianta *entirely.*
sano di corpo e di mente *sound in mind and body.*
un'uomo sano *a healthy man.*
santo *saint; (as adj.) saintly.*
santuario *sanctuary.*
sapere, m. *learning, erudition.*
SAPERE *to know.*
saperla lunga *to be clever.*
Sa il fatto suo. *He knows his trade.*
sapone, m. *soap.*
saponetta *face soap.*
SAPORE, m. *flavor, taste.*
saporito *flavorful.*
sardina *sardine.*
sarta *dressmaker.*
sarto *tailor.*
sartoria *tailor-shop.*
sasso *small stone; pebble.*
Egli ha un cuore di sasso. *He is hard-hearted.*
Siamo rimasti di sasso. *We stood amazed.*
sassolino *pebble.*

satellite, m. *satellite.*
saturara *to saturate.*
saturare la mente *to fill one's mind.*
SAVIO *wise, learned.*
SAZIARE *to satiate; to satisfy.*
saziare la fame *to satisfy hunger.*
saziare la sete *to quench thirst.*
saziarsi di *to fill oneself with.*
sazio *satiated, satisfied.*
sbadoto *heedless, inadvertent.*
sbadigliere *to yawn.*
sbadiglio *yawn.*
sbagliere *to mistake; to be mistaken.*
SBAGLIO *error.*
sbalordire *to amaze; to astonish.*
sbalzare *to thrust; to bounce.*
sbalzo, (balzo) *bounce.*
cogliere la palla al balzo *to catch a ball on the bounce; to take advantage of an opportunity.*
sbarazzar(si) *to get rid of.*
sbarbare *to shave; to pull out by the roots.*
sbarbarsi *to shave oneself.*
sbarcarre *to disembark; to go ashore.*
sbarcare il lunario *to make ends meet.*
sbarrare *to bar; to obstruct.*
sbattuto *to slam.*
Ha sbattuto la porta e se n' è andato. *He slammed the door and left.*
sbiodito *faded.*
sbottonare *to unbutton.*
sbrigare *to dispatch; to expedite.*
sbucciare *to peel; to skin.*
scacchiera *chess-board.*
scadere *to fall due.*
scala *stairway, stairs.*
farsi scala di *to use as a stepping stone.*
scala a chiocciola *spiral staircase.*
scala mobile *escalator.*
È faticoso fare le scale tutto il giorno. *It is tiresome going up and down stairs all day.*
scalo *call, landing-place.*
scaltro *astute, clever.*
scalzo *barefooted.*
scambiare *to exchange.*
scampagnata *picnic.*
scampare *to escape from danger.*
Dio ci scampi e liberi! *Heaven preserve us!*
scappare *to run away; to escape.*
SCARICARE *to unload.*
scaricare una nave *to unload a ship.*
scaricare un fucile *to unload a gun; to fire all the rounds of a gun.*
scarico *unloaded.*
SCARPA *shoe.*

scarso *scarce, lacking.*
  di scarso valore *of little value.*
  scarso d'ingegno *unintelligent.*
scartare *to reject; to discard.*
SCATOLA *box.*
scavare *to dig; to dig up; to excavate.*
  andare a scavare *to try and
  find out.*
  scavare la propria fossa *to be the
  cause of one's own ruin.*
SCEGLIERE *to choose.*
scelto *chosen.*
scemare *to diminish; to lessen.*
scena *scene.*
SCENDERE *to descend.*
  Scendo subito! *I'll be right down!*
scheletro *skeleton.*
scherzare *to jest; to joke.*
schiena *back.*
  Ho un dolore alla schiena. *I have a
  pain in my back.*
schiuma *froth, foam.*
schizzo *sketch, splash.*
sciagura *misfortune, ill-luck.*
sciarpa *scarf.*
scienza *science.*
scimmia *monkey.*
sciocchezza *nonsense.*
  fare una sciocchezza *to do something
  silly.*
sciocco *silly, nonsensical.*
SCIOGLIERE *to untie; to melt; to
  release.*
  sciogliere da una promessa *to release
  from a promise.*
  sciogliere la neve *to melt snow.*
  sciogliere un nodo *to untie a knot.*
sciolto *loose, untied.*
sciopero *strike.*
SCIUPARE *to spoil; to damage;
  to waste.*
  sciupare il tempo inutilmente *to
  waste time.*
  sciuparsi la salute *to damage one's
  health.*
  Mi ha sciupato tutto il vestito. *He
  spoiled my dress completely.*
scivolare *to slip; to glide.*
scoiattolo *squirrel.*
scolaro *pupil, student.*
scolorare, (scholorire) *to fade; to lose
  color.*
scomodare *to inconvenience.*
scomodo *uncomfortable, inconvenient.*
SCOMPARIRE *to disappear; to vanish.*
scompartimento *division, compartment.*
sconosciuto *unknown; (as noun)
  stranger.*
scontrino *check, ticket.*
scontro *collision.*

sconvolto *upset.*
SCOPA *broom.*
scopare *to sweep.*
scoperta *discovery.*
scoperto *uncovered.*
SCOPO *aim, intent, scope.*
  lo scopo della mia vita *my aim in life.*
  A che scopo? *To what intent?*
scoppiare *to burst; to explode.*
SCOPRIRE *to discover; to uncover.*
scoraggiare *to discourage.*
scordare *to forget.*
scorretto *incorrect, improper.*
scorso *last, past.*
scortese *impolite.*
scorza *peel.*
  scorza d'arancia *orange peel.*
scossa *shake, shock.*
scottare *to burn; to scald.*
scrittore, m. **scrittrice,** f. *writer.*
scrittura *writing.*
scrivania *desk.*
SCRIVERE *to write; to spell.*
scucire *to rip (a seam).*
SCUOLA *school.*
  frequentare la scuola *to go to school;
  to attend school.*
scuotere *to shake.*
scuro *dark (in color)*
scusa *excuse.*
  far le scuse *to excuse oneself.*
scusare *to excuse.*
  Scusi (or mi scusi). *Excuse me.*
sdegno *indignation.*
sdraiare *to lay.*
  sdraiarsi *to lie; to lie down.*
sdrucciolare *to slip.*
  Sdrucciolosa Quando Bagnata.
  Slippery When Wet.
SE *if.*
  anche se *even if.*
  come se *as if.*
  se posso *if I can.*
  se vuoi *if you wish.*
SÈ *her, him, them, herself, himself,
  themselves.*
  Egli è fuori di sè. *He has no control
  of himself.*
  Essi pensano solo a sè. *They think
  only of themselves.*
  Maria non sta in sè dalla gioia.
  Mary is beside herself with joy.
SE *of it; from it; for it.*
  Se ne liberò. *He got rid of it.*
  Se ne pentì. *She was sorry for it.*
seccare *to dry, to bother.*
seccato *bored, angry.*
secchio *pail.*
secco *dry.*
sècolo *century.*

secondo *second*, noun & adj.
secondo, adv. *according to.*
  secondo il mio giudizio *according
  to my way of thinking.*
sedano *celery.*
SEDERE *to sit.*
  sedersi a tavola *to sit at table.*
SEDIA *chair.*
sedici *sixteen.*
sedicesimo *sixteenth.*
seduto *seated.*
sega *saw.*
SEGNO *sign, indication.*
  dare segni di vita *to give signs
  of life.*
  perdere il segno *to lose one's
  place in a book.*
  È buon segno. *It's a good sign.*
segretoria *secretary,* f.
segretario *secretary,* m.
segreto *secret,* noun & adj.
seguente *following, ensuing.*
  Egli ha fatto la seguente dichiarazione.
  He made the following statement.
seguire *to follow.*
sei *six.*
seicento *six hundred.*
seimila *six thousand.*
selvatichezza *wildness.*
SEMBRARE *to seem.*
  Egli sembra impazzito. *He seems to
  be insane.*
  Mi sembra strano. *It seems strange
  to me.*
  Sembra impossibile! *It seems
  impossible!*
seme, m. *seed.*
semi- (prefix) *half-, semi-.*
  semicerchio *semicircle.*
  semivivo *half-alive.*
seminare *to sow.*
semplice *simple, easy.*
SEMPRE *always.*
  per sempre *forever.*
senno *sense.*
sensibile *sensitive, impressionable.*
SENSO *sense, meaning.*
  espressione a doppio senso *an
  ambiguous expression.*
  senso unico *one-way (street).*
  usare un po'di buon senso *to use
  common sense.*
sentimentale *sentimental.*
sentenza *judgment.*
SENTIRE *to hear; to feel.*
  non sentire dolore *to feel no pain.*
  sentire freddo *to feel cold.*
  sentire odore *to smell.*
  sentire rimorso *to feel remorse.*
  Come si sente? *How do you feel?*

  Con tutto questo rumore non riesco a
  sentire niente. *With all this noise, I
  can't hear a thing.*
  Mi sento bene. *I feel well.*
  Sentiamo fame. *We are hungry.*
  Sentite! *Hear!*
SENZA *without.*
  senza considerazione *inconsiderately,
  inconsiderate.*
  senza dar fastidio a nessuno *without
  bothering anyone.*
  senz'altro *right away; without delay.*
SEPARARE *to separate; to part.*
  la distanza che ci separa *the distance
  that separates us.*
  separarsi da *to separate from.*
  Ci siamo separati a malincuore. *We
  parted reluctantly.*
SEPARATO *separate.*
separazione, f. *separation, parting.*
SERA *evening, night.*
  Buona sera. *Good evening.*
SERATA *evening.*
  Passeremo una serata in compagnia.
  *We will spend the evening in
  company.*
serenamente *serenely.*
sereno *serene, clear.*
  una giornata serena *a clear day.*
serie, f. *series.*
  una serie di articoli *a series of
  articles.*
serio *serious, grave.*
  sul serio *seriously.*
serpente, m. *snake, serpent.*
  serpente a sonagli *rattlesnake.*
serra *greenhouse, hothouse.*
SERRARE *to close; to shut.*
  con i pugni serrati *with clenched
  fists.*
  serrare le file *to close ranks.*
serratura *lock.*
serva *maid, servant.*
SERVIRE *to serve.*
  servirsi da *to patronize.*
  A che serve? *What is it used for?*
  In che cosa la posso servire? *What
  can I do for you?*
  No, grazie, mi servo da me. *No,
  thanks, I'll help myself.*
  Noi ci serviamo dal negozio vicino
  casa nostra. *We patronize (buy from)
  the shop near our home.*
  Non serve! *It's of no use!*
  Potete servire il pranzo. *You may
  serve dinner.*
  Vuole che le serva la carne? *Shall I
  serve you the meat?*
servitù, f. *servants, servitude.*
SERVIZIO *service, set.*

fuori servizio *off duty.*

in servizio *on duty.*

rendere un servizio a *to render a service.*

servizio da tavola *dinner set; dinner service.*

servizio militare *military service.*

Il servizio è pessimo in quest'albergo. *The service is very poor in this hotel.*

servo *servant (male).*

sessanta *sixty.*

sessantesimo *sixtieth.*

sesto *sixth.*

seta *silk.*

seta cruda *pongee.*

seta greggia *raw silk.*

SETE, f. *thirst.*

aver sete *to be thirsty.*

settanta *seventy.*

settantesimo *seventieth.*

sette *seven.*

settecento *seven hundred.*

nel Settecento *in the eighteenth century.*

settembre, m. *September.*

settentrionale *northern;* (as noun, m.) *northerner.*

Italia settentrionale *northern Italy.*

SETTIMANA *week.*

di settimana in settimana *from week to week.*

fra una settimana *in a week.*

la settimana prossima (entrante) *next week.*

una settimana fà *a week ago.*

settimanale *weekly;* also noun, m.).

un settimanale *a weekly publication.*

settimo *seventh.*

settore, m. *sector.*

severamente *severely.*

severo *severe, strict.*

sezione, f. *section.*

sfaccendato *idle, unemployed.*

sfarzo *pomp, magnificence.*

fare le cose con sfarzo *to do things in grand style.*

sfarzoso *gorgeous, magnificent.*

sfasciare *to remove the bandages; to break into pieces.*

sfavorevole *unfavorable.*

sfavorevolmente *unfavorably.*

sfera *sphere.*

la sfera dell'orologio *the face of the clock.*

sfibbiare *to unbuckle.*

sfida *challenge.*

sfidare *to challenge; to dare.*

sfidare le intemperie *to face (to challenge) the inclemency of the*

weather (the storms).

Sfido io! *Of course!*

Ti sfido a farlo. *I dare you to do it.*

sfiducia *distrust.*

Nutro una grande sfiducia verso di lui. *I distrust him very much.*

sfilare *to unthread; to unstring (beads); to march.*

una calza sfilata *a ripped stocking.*

I soldati sfilano. *The soldiers march.*

sfinire *to exhaust; to wear down.*

Mi sento sfinito. *I feel exhausted.*

Questo lavoro mi ha sfinito. *This work has exhausted me.*

sfogare *to vent; to give vent to.*

sfogarsi con *to confide in.*

Ha sfogato la sua ira su di me. *He vented his wrath on me.*

sfoggiare *to show off; to make a display.*

sfondo *background.*

sfortuna *bad luck; misfortune.*

per mia sfortuna *unfortunately for me.*

La sfortuna lo perseguita. *Misfortune dogs his footsteps.*

sfortunatamente *unfortunately.*

sfortunato *unlucky.*

sfortunato al giuoco *unlucky at cards (at games).*

sfortunato in amore *unlucky in love.*

sforzare *to strain; to force.*

sforzarsi *to strain oneself; to try hard.*

SFORZO *effort.*

fare uno sforzo *to make an effort.*

senza sforzo *without effort.*

Non mi costa sforzo. *It is no effort to me.*

sfrangiare *to fray; to unravel.*

Questo cappotto si è sfrangiato. *This coat is frayed.*

sfrattare *to dispossess; to evict.*

sfratto *eviction.*

sfrontato *shameless, bold.*

sfruttamento *exploitation.*

sfruttare *to exploit.*

sfruttare al massimo *to exploit fully; to get the most out of.*

sfuggire *to run away; to escape.*

sgabello *stool.*

sgarbatamente *rudely.*

sgarbato *rude.*

Mi ha trattato in maniera molto agarbata. *He treated me with great rudeness.*

sgarbo *rudeness; act of rudeness.*

fare uno agarbo a qualcuno *to be rude towards someone; to commit an act of rudeness towards someone.*

sgelare *to melt; to thaw.*

sgombrare *to clear; to clear out of.*

sgombrare il passo *to make way; to get out of the way.*

sgombro *clear, free.*
La stanza è sgombra. *The room is free.*

sgomento *dismay.*

sgonfiare *to deflate.*
Si è sgonfiata una gomma alla mia automobile. *My car has a flat tire.*

sgonfio *deflated; not swollen.*

sgorgare *to gush out; to overflow.*

sgradevole *unpleasant, disagreeable.*

sgradito *unpleasant, disagreeable, unwelcome.*

SGRIDARE *to scold; to reprimand.*

sgridata *scolding.*
Mi ha fatto una sgridata per nulla. *He gave me a scolding over nothing.*

sgualcire *to rumple.*
Questa veste è tutta sgualcita. *This dress is all wrinkled.*

SGUARDO *look, glance.*
con sguardo severo *with a stern look.*
dare uno sguardo a *to glance at.*
Mi ha lanciato uno sguardo di sottocchio. *He glanced at me furtively.*

sgusciare *to shell; to slip away.*
sgusciare dalle mani *to slip out of one's hands; to slip away.*
sgusciare i piselli *to shell the peas.*

SI *oneself, himself, herself, itself, themselves, we, they, one; one another; each other.*
Non si è sempre lieti. *We are not always glad.*
Si dice che ... *They (one says) say that ...*
Si è messo a piovere. *It has started to rain.*
Si è messo a sedere. *He sat (himself) down.*
Si sono divertiti. *They enjoyed themselves.*
Si sono finalmente rivisti. *They finally saw each other again.*

SÌ *adv. yes.*
dire di sì *to say yes.*
Mi pare di sì. *I think so.*
Sì davvero! *Yes indeed!*

sia ...sia *whether ...or...*
sia che ti piaccia, sia che non ti piaccia *whether you like it or not.*

sibilare *to hiss.*

sibilo *hiss, hissing.*
il sibilo del vento *the hissing of the wind.*

sicchè *so; so that.*
Sicchè hai deciso di venire? *So you've decided to come?*

siccome *as; inasmuch as.*
Siccome era già partito, non ho potuto dargli la tua imbasciata. *Inasmuch as he had already left, I wasn't able to give him your message.*

siciliano *Sicilian; (also noun).*

sicuramente *certainly, surely.*
Verrà sicuramente. *He will surely come.*

sicurezza *safety, security.*
per maggior sicurezza *for greater safety.*
rasòio di sicurezza *safety-razor.*
spilla di sicurezza *safety-pin.*

sicuro *safe, secure, sure.*
essere sicuro di *to be sure of.*
mettersi al sicuro *to place oneself in safety.*
Sicuro! *Certainly!*

siepe, f. *hedge.*

siesta *siesta.*

sigaretta *cigarette.*

sigaro *cigar.*

sigillare *to seal.*

sigillo *seal.*

significante *significant.*

significare *to mean; to signify.*
Che cosa intendeva significare con quel gesto? *What did you wish to signify with that gesture?*
Che cosa significa questa parola? *What does this word mean?*
Che significa tutto ciò? *What is the meaning of all this?*

significato *meaning, significance,*

SIGNORA *Mrs.; lady.*
È una vera signora. *She is a real lady.*

SIGNORE, m. *Mr.; gentleman.*
Questo signore desidera vederla. *This gentleman wishes to see you.*
Signor Rossi *Mr. Rossi.*

signorile *gentlemanly, ladylike.*

signorilmente *refinedly.*

SIGNORINA *Miss; young lady.*

SILENZIO *silence.*

silenziosamente *silently.*

silenzioso *silent.*

sillaba *syllable.*

simboleggiare *to symbolize.*

simbolo *symbol.*

similarità *similarity.*

SIMILE *like, similar, such.*
il tuo simile *thy neighbor; thy fellow creature.*
Non ho mai visto una cosa simile. *I've never seen such a thing.*
Questa borsetta è simile alla mia. *This handbag is like mine.*

simmetria *symmetry.*

simmetrico *symmetrical.*

simpatia *liking.*
aver simpatia per *to have a liking for.*
simpatico *nice, pleasant.*
riuscire simpatico *to be liked.*
simulare *to feign; to pretend.*
simultaneamente *simultaneously.*
simultaneo *simultaneous.*
sinceramente *sincerely, truly.*
SINCERO *sincere, candid.*
un amicizia sincera *a sincere friendship.*
Dammi la tua sincera opinione. *Give me your candid opinion.*
sindaco *mayor.*
sinfonia *symphony.*
singhiozzare *to sob.*
Si è messa a singhiozzare. *She started to sob; she burst into sobs.*
singhiozzo *sob, hiccup.*
Ho il singhiozzo. *I have the hiccups.*
singolare *singular, peculiar.*
SINISTRA *left hand.*
voltare a sinistra *to turn to the left.*
sinistro *left, sinister.*
lato sinistro *left side.*
Quell'uomo ha un'aspetto sinistro. *That man has a sinister look.*
sinonimo *synonymous; (as noun) synonym.*
sintetico *synthetic.*
sintomo *symptom.*
sipario *curtain.*
SISTEMA, m. *system.*
sistema nervoso *nervous system.*
sistema solare *solar system.*
sistemare *to arrange; to settle.*
sistemarsi *to settle; to settle down.*
sistematico *systematic.*
situazione, f. *situation, position.*
slanciar(si) *to fling oneself; to jump on.*
sleale *disloyal, unfair.*
slealmente *unfairly; disloyally.*
slealtà *disloyalty.*
slegare *to unbind.*
slitta *sleigh, sled.*
slogare *to dislocate.*
slogarsi una caviglia *to sprain an ankle.*
smacchiare *to remove stains from; to clean.*
smacchiatura *cleaning.*
smalto *enamel.*
SMARRIRE *to lose.*
smarrirsi *to lose one's way.*
smarrito *lost, bewildered.*
smentire *to belie; to deny.*
smeraldo *emerald.*
SMETTERE *to stop.*
Smettila! *Stop it!*

Smetto di lavorare alle sei. *I stop working at six.*
SMONTARE *to dismount; to get out; to take apart.*
È smontato da cavallo. *He dismounted from his horse.*
Ho dovuto smontare l'orologio. *I had to take the clock apart.*
smorto *pale, dull.*
sobborgo *suburb.*
SOCCORSO *help, aid, succor.*
chiedere soccorso *to ask for help.*
prestare i primi soccorsi *to render first aid.*
pronto soccorso *first aid.*
società di mutuo soccorso *mutual aid society.*
società *society, company.*
in società con *in partnership with.*
società anonima *joint-stock company.*
società di beneficenza *charitable organization.*
socievole *sociable, companionable.*
SOCIO *associate, partner, member.*
socio in affari *business associate.*
Siamo tutti e due soci del medesimo circolo. *We are both members of the same club.*
soddisfacente *satisfactory.*
soddisfacentemente *satisfactorily.*
soddisfare *to satisfy.*
soddisfatto *satisfied.*
soddisfazione, f. *satisfaction.*
con mia grande soddisfazione *to my great satisfaction.*
sode *boiled.*
sodo *solid, substantial.*
dormir sodo *to sleep soundly.*
uovo sodo *hard-boiled egg.*
sofà m. *sofa.*
sofferente *suffering, unwell.*
sofferenza *suffering, pain.*
sofferto *suffered, endured.*
SOFFIARE *to blow.*
soffiarsi il naso *to blow one's nose.*
SOFFICE *soft.*
soffio *puff, breath.*
in un soffio *in a moment.*
senza un soffio d'aria *without a breath of air.*
un soffio di vapore *a puff of steam.*
un soffio di vento *a breeze.*
soffitta *garret, attic.*
soffitto *ceiling.*
soffocante *suffocating, oppressive.*
SOFFOCARE *to choke; to suffocate; to smother; to stifle.*
Egli cerca di soffocare ogni impulso generoso. *He tries to stifle every generous impulse.*

L'emozione la soffoca. *She is choked with emotion.*

soffocazione, f. *suffocation.*
Morì di soffocazione durante un incendio. *He suffocated during a fire.*

soffribile *endurable, bearable.*
SOFFRIRE *to suffer; to bear.*
egli soffre di mal di cuore. *He is suffering from heart trouble.*
Non posso soffrire quella gente. *I can't bear those people.*
Se non ti concedi un po' di riposo, la tua salute ne soffrirà. *If you don't take some rest, your health will suffer.*

soggettivamente *subjectively.*
soggettivo *subjective.*
SOGGETTO *subject.*
essere soggetto a *to be subject to.*
un pessimo soggetto *a very bad specimen (of mankind).*

soggezione, f. *uneasiness, awe, embarrassment.*
Egli mi dà soggezione. *He makes me uneasy.*
Provo soggezione a parlarne. *It embarrasses me to speak of it.*

soggiorno *stay, sojourn.*
Il nostro soggiorno a Parigi sarà della durata di una settimana. *Our sojourn in Paris will be two weeks long.*

soglia *threshold.*
SOGNARE *to dream, to fancy.*
sognatore, m. *dreamer.*
sogno *dream.*
neanche per sogno *by no means.*

SOLAMENTE *only, merely.*
Se potessi solamente vederla! *If I could only see her!*

solco *furrow.*
SOLDATO *soldier.*
fare il soldato *to be a soldier.*
soldo *cent.*
SOLE, m. *sun.*
bagno di sole *sun bath.*
raggio di sole *ray of sun.*
solenne *solemn.*
solido *solid, substantial.*
solitario *solitary.*
SOLITO *usual.*
contro il mio solito *contrary to my custom.*
più presto del solito *earlier than usual.*

sollecitare *to hasten; to entreat.*
sollecito *prompt, speedy, solicitous.*
sollecita della salute dei suoi bambini *solicitous of her children's health.*
una risposta sollecita *a prompt reply.*

solleticare *to tickle.*
SOLLEVARE *to lift; to raise; to comfort.*
sollevare gli occhi *to lift one's eyes.*
sollevare una nuvola di pólvere *to raise a cloud of dust.*
sollevare un peso *to lift a weight.*
Mi solleva il pensiero del tuo prossimo ritorno. *I am comforted by the thought of your impending return.*
Molte voci si sollevarono in protesta. *Many voices were raised in protest.*

sollevato *lifted, raised; in good spirits.*
sollievo *relief, comfort.*
SOLO *alone, only.*
Sono completamente sola al mondo. *I am completely alone in the world.*
Sono i soli rimasti. *They are the only ones left.*

SOLTANTO *only.*
Eravamo soltanto in due. *We were only two.*

soluzione, f. *solution.*
SOMIGLIARE *to resemble.*
SOMMA *sum, amount.*
fare una somma *to make an addition; to add; to total.*

sommesso *subdued.*
sommità *summit, top.*
sommo *chief, greatest, highest.*
sommossa *rising, riot.*
sommosso *troubled, excited.*
sonaglio *bell, rattle.*
serpente a sonagli *rattlesnake.*
sonnambulo *sleepwalker.*
sonnecchiare *to doze.*
sonnellino *nap.*
SONNO *sleep.*
aver sonno *to be sleepy.*
malattia del sonno *sleeping sickness.*
sonno leggero *light sleep.*
sonno profondo *deep sleep.*

sontuoso *sumptuous.*
soppressione, f. *suppression.*
soppresso *suppressed, abolished.*
sopprimere *to suppress; to abolish.*
SOPRA *on; on top of; above.*
al piano di sopra *on the floor above.*
andar di sopra *to go upstairs.*
la signora di sopra ricordata *the above-mentioned lady.*
sopra coperta *on deck.*
sopra tutto *above all.*
sopra zero *above zero.*
Posa quel libro sopra il tavolo. *Put that book on the table.*

soprannome, m. *surname, nickname.*
sopraffare *to overwhelm.*
soprano *soprano.*
soprapiù *extra.*

per soprappiù *in addition.*

soprascarpa *overshoe;* **soprascarpe,**
f. pl. *overshoes.*

soprassalto *start, jolt.*

svegliarsi di soprassalto *to wake
with a start.*

sopravvivere *to survive; to remain in
existence.*

sopravvivere a *to outlive.*

SORBIRE *to swallow; to sip.*

sorbire una tazza di caffè *to sip a
cup of coffee.*

sordità *deafness.*

SORDO *deaf.*

fare il sordo *to turn a deaf ear.*

sordo da un orecchio *deaf in one ear.*

sordomuto *deaf-mute.*

sorella *sister.*

SORGENTE, f. *spring, source.*

sorgente di ricchezza *a source of
wealth.*

una sorgente d' acqua minerale *a
mineral spring.*

sorgere *to rise; to arise.*

(Also noun, m.)

al sorgere del sole *at sunrise.*

far sorgere dei dubbi *to give rise to
doubt.*

È sorto un malinteso. *A
misunderstanding arose.*

sormontabile *surmountable.*

sormontare *to surmount; to overcome.*

Abbiamo sormontato tutti gli ostacoli.
*We have surmounted all the
obstacles.*

Non riesce a sormontare le difficoltà
della vita. *He can't succeed in
overcoming life's difficulties.*

sornione *sly, sneaking.*

gatto sornione *tabby-cat.*

sorpassare *to surpass.*

La produzione di quest'anno ha
sorpassato quella dell'anno
precedente. *This year's production
surpassed last year's.*

sorpassato *surpassed, old-fashioned,
out-dated.*

È un'usanza sorpassata. *It's an
out-dated custom.*

sorprendente *surprising, astonishing.*

SORPRENDERE *to surprise.*

sorprendersi *to be surprised.*

sorpresi in atto *caught in the act.*

La tua condotta mi sorprende. *Your
behavior surprises me.*

Siamo stati sorpresi da una tempesta.
We were overtaken by a storm.

SORPRESA *surprise.*

con mia grande sorpresa *much to my
surprise.*

di sorpresa *by surprise.*

fare una sorpresa a *to surprise.*

prendere di sorpresa *to take by
surprise; to catch someone unawares.*

sorpreso *surprised, astonished.*

Siamo tutti molto sorpresi. *We are
all very surprised.*

Sono rimasta sorpresa nel sentire.
I was surprised to hear it.

SORRIDERE *to smile.*

La fortuna mi sorride. *Fortune
smiles on me.*

SORRISO *smile.*

con sorriso amaro *with a bitter smile.*

fare un sorriso a *to smile at.*

sorso *sip, gulp.*

tutto d'un sorso *all in a gulp.*

un sorso d'acqua *a sip of water; a
drop of water.*

sorta *kind, lot.*

di ogni sorta *of all kinds; all
kinds of.*

SORTE, f. *lot, destiny, fate.*

le sorti del paese *the destiny of the
country.*

tirare a sorte *to draw lots.*

La sorte gli fu avversa. *Fate was
against him.*

Non era mia sorte vincere. *It was
not my lot to win.*

sorveglianza *superintendence, watch,
surveillance.*

mantener sorveglianza *to keep
watch.*

sotto sorveglianza *under
surveillance.*

sorvegliare *to oversee; to watch; to
watch over.*

sorvegliare i lavori *to oversee the
work.*

Il malato fu sorvegliato con cura.
*The patient was watched over with
care.*

sorvolare *to fly over; to pass over.*

L'aereo ha sorvolato la mia casa.
The plane flew over my house.

Sorvoliamo questi dettagli di poca
importanza. *Let's pass over these
unimportant details.*

sospendere *to suspend; to adjourn;
to hang.*

Bisogna sospendere i lavori. *The
work must be stopped.*

La seduta fu sospesa. *The meeting
was adjourned.*

sospeso *suspended, hung.*

con animo sospeso *with anxious
mind.*

sospeso ad un chiodo *hanging on a
nail.*

sospeso in aria *hanging in mid-air.*
tener in sospeso *to keep in suspense.*
SOSPETTARE *to suspect.*
Non sospettavo di nulla. *I suspected
nothing.*
sospetto *suspicion.*
fare sorgere dei sospetti *to create
suspicion.*
sotto sospetto di *on suspicion of.*
sospettosamente *suspiciously.*
sospettoso *suspicious.*
sospirare *to sigh.*
sospiro *sigh.*
sospiro di sollievo *a sigh of relief.*
sossopra *upside down; head over
heels.*
mettere sossopra una stanza *to turn
a room upside down.*
SOSTA *halt, stay.*
fare una sosta breve *to stop for a
short while.*
senza sosta *without pause; without
stops.*
Divieto di Sosta. *No Parking.*
sostanza *substance.*
dare sustanza a *to give substance to.*
in sostanza *on the whole.*
sostanziale *substantial.*
sostanzialmente *substantially.*
sostare *to stay; to stop.*
sostegno *support, mainstay.*
senza sostegno alcuno *completely
without support.*
Sono il sostegno della mia famiglia.
I am the mainstay of my family.
SOSTENERE *to support; to sustain;
to hold up; to maintain.*
Io sostengo il contrario. *I maintain
the contrary.*
Mi sostengo come meglio posso. *I
support myself as well as I can.*
Si è sostenuto al muro. *He leaned
(supported himself) against the wall.*
Sostienila perchè sta per venire meno.
*Hold her up because she is about to
faint.*
sostenuto *sustained, played, tolerated.*
SOSTITUIRE *to substitute; to replace;
to take the place of.*
essere sostituito da *to be
replaced by.*
sostituto *substitute.*
sostituzione, f. *substitution,
replacement.*
Mi hanno dato questo paio di guanti in
sostituzione di quelli difettosi.
*They gave me this pair of gloves
in place of the defective ones.*
SOTTANA *skirt, underskirt.*
sottanino *petticoat.*

sotterfugio *subterfuge.*
sottinteso *understood, implied.*
sotterra *underground.*
sotterare *to bury.*
sottile *subtle, thin.*
SOTTO *under.*
al di sotto di *below, beneath.*
sott' acqua *underwater.*
sotto forma di *in the shape of; in the
guise of.*
sotto l'influenza di *under the
influence of.*
sotto piego separato *under separate
cover.*
sottosopra *upside down.*
sotto sospetto *under suspicion.*
sotto terra *underground.*
sotto zero *below zero.*
sottomesso *submissive, subdued.*
sottomettere *to submit; to subdue.*
sottoporre *to submit to; to place
under.*
sottorraneo *underground.*
ferrovia sottorraneo *subway.*
sottoscritto *signed; (as noun)
undersigned.*
sottoveste *slip.*
SOTTOVOCE *in a whisper.*
SOTTRARRE *to subtract; to steal.*
sottrarsi a *to get out of; to avoid.*
sottrazione, f. *subtraction, theft.*
SOVENTE *often, frequently.*
soverchio *excessive; (as noun)
surplus.*
sovrana (sovrano) *sovereign.*
sovraporre *to superimpose.*
sovvertire *to overthrow.*
spaccare *to cleave; to split.*
spaccare la legna *to chop wood.*
spaccio *shop.*
spaccio di sale e tabacchi *tobacco
and salt shop.*
spada *sword.*
spaghetti, m.pl. *spaghetti*
spagnuolo *Spanish,* noun & adj.
(Also *Spaniard.*)
spago *string.*
spaiato *unmatched.*
spalancare *to throw open.*
spalancare la porta *to throw open
the door.*
spalancato *wide-open.*
finestra spalancata *wide-open
window.*
SPALLA *shoulder.*
scrollare le spalle *to shrug one's
shoulders.*
spalliera *back (of a chair); back-rest.*
spalmare *to spread.*
spalmare il burro sul pane *to spread*

   butter on the bread.

spandere *to spread; to spill.*

sparare *to shoot; to fire.*

sparecchiare *to clear away.*
  Ho sparecchiato la tavola. *I cleared the table.*

SPARGERE *to spread; to shed.*
  spargere sangue *to shed blood.*
  La notizia si è sparsa rapidamente. *The news was spread quickly.*

SPARIRE *to disappear; to vanish.*

sparizione, f. *disappearance.*

sparso *scattered.*

spasimo *spasm.*

spassionato *dispassionate, impartial.*
  giudizio spassionato *impartial judgment.*

spavaldo *bold, defiant; (as noun) braggart.*

SPAVENTARE *to frighten.*
  spaventarsi *to become frightened.*

spavento *fright, terror, fear.*
  provare spavento *to feel fear.*

spaventoso *frightening, fearful.*

SPAZIO *space.*
  nello spazio di un giorno *in a day's time.*
  spazio bianco *blank space.*
  Non c'è spazio. *There is no room.*

spazioso *spacious, broad.*

spazzaneve, m. *snowplow.*

spazzare *to sweep; to sweep away.*

SPAZZOLA *brush.*

spazzolino *small brush.*
  spazzolino da denti *tooth brush.*

SPECCHIO *mirror.*

SPECIALE *special.*

specialista, m. *specialist.*

specialità *specialty.*
  la specialità della casa *the specialty of the house.*

specialmente *specially, especially.*

specie, f. *species, kind, sort.*
  di ogni specie *of every kind.*

specificare *to specify.*

specifico *specific.*

speculare *to speculate.*

speculatore, m. *speculator.*

speculazione, f. *speculation.*

SPEDIRE *to send; to mail.*
  Ho già spedito la lettera. *I have already mailed (sent) the letter.*

spedito *sent, unconstrained, quick.*

spedizione, f. *shipment.*

SPEGNERE *to extinguish; to blow out.*
  spegnere la luce *to turn off the light.*
  spegnersi *to die.*

spellare *to skin.*

SPENDERE *to spend.*
  Chi più spende meno spende. *The*

  best is always the cheapest. (Who spends more, spends less.)

spensieratamente *thoughtlessly, lightheartedly.*

spensierato *lighthearted; without cares; happy-go-lucky.*

spento *extinguished.*
  a luce spenta *with the lights out.*
  uno sguardo spento *a lifeless expression.*

SPERANZA *hope.*
  perdere ogni speranza *to lose all hope.*
  senza speranza *hopeless.*

SPERARE *to hope.*
  sperare in vano *to hope in vain.*
  Spero di vederti domani. *I hope to see you tomorrow.*

SPESA *expense, expenditure.*
  a spese mie *at my expense.*
  fare la spesa *to go shopping; to do the shopping.*
  Si tratta di una spesa troppo grande. *It's too great an expense.*

SPESSO *thick, dense.*

SPESSO, adv. *often.*
  Ci vediamo spesso. *We see each other often.*

spessore, m. *thickness.*

spettabile *respectable.*

SPETTACOLO *spectacle, performance, sight.*
  spettacolo di gala *gala performance.*
  uno spettacolo triste *a sad sight.*
  Egli ha dato spettacolo di sé. *He made a spectacle of himself.*

spettacoloso *spectacular.*

spettare *to belong; to be one's duty.*
  L'eredità spetta al figlio del defunto. *The inheritance belongs to the son of the deceased.*
  Spetta all'uomo di casa mantenere la propria famiglia. *It is the duty of the man of the house to support his own family.*

spettatore, m.; **spettatrice,** f. *spectator.*

spettro *ghost, spectre.*

spezie, f. pl. *spices.*

spezzar(si) *to break.*
  Mi si spezza il cuore. *My heart is breaking.*
  Si è spezzato. *It broke.*

spiacere *to displease; to be disagreeable; to be sorry for; to regret.*

spiacevole *unpleasant.*

spiacevolmente *unpleasantly.*

SPIAGGIA *shore, beach.*

spianare *to smooth; to level.*
  spianare la fronte *to smooth one's*

brow.

spianare la via *to level the way.*

spiantato *uprooted, ruined, broke.*

spiccato *detached, pronounced, marked.*

spicchio *segment, clove.*

spicciare *to dispatch.*

spicciarsi *to hurry.*

spicciolo *small.*

avere spiccioli *to have change.*

moneta spicciola *small change.*

SPIEGARE *to explain; to unfold.*

spiegare le ali *to spread out; to try one's wings; to unfold one's wings.*

Spiegami che cosa significa questa parola. *Explain the meaning of this word.*

spiegazione, f. *explanation.*

spietato *merciless, pitiless.*

spiga *ear.*

spiga di grano *ear of corn.*

SPILLA *pin, brooch.*

cuscinetto per spille *pincushion.*

spilla di diamanti *diamond brooch.*

spilla da balia *safety pin.*

spilla di sicurezza *safety pin.*

spilorcio *miserly, stingy.*

spina *thorn.*

spina dorsale *spinal column.*

spinaci, m.pl. *spinach.*

SPINGERE *to push; to drive.*

spingersi *to drive oneself; to push forward.*

Non spingere! *Don't push!*

Sono stata spinta a farlo. *I was driven to do it.*

spinoso *thorny.*

un problema spinoso *a thorny problem.*

spinta *push, shove.*

dare una spinta *to shove; to give a push forward.*

spintone, m. *violent push.*

spiraglio *opening, air-hole.*

spirare *to blow; to die; to expire.*

Egli è spirato fra le braccia di sua madre. *He died in his mother's arms.*

Spira aria cattiva per me. *An ill wind is blowing for me.*

Il tempo per fare i pagamenti spira domani. *The time for making payments expires tomorrow.*

SPIRITO *spirit, ghost, wit.*

senza spirito *without spirit.*

un uomo di spirito *a witty man.*

spiritoso *witty.*

spirituale *spiritual.*

splendente *shining, resplendent.*

splendere *to shine.*

splendidamente *splendidly.*

splendido *splendid.*

splendore, m. *splendor.*

spogliare *to undress; to strip.*

spogliarsi *to undress oneself.*

spogliatòio *dressing room.*

spolverare *to dust.*

sponda *bank (of a river).*

spontaneamente *spontaneously.*

spontaneità *spontaneity, spontaneousness.*

spontaneo *spontaneous.*

SPORCARE *to dirty.*

sporcarsi *to get dirty; to become dirty.*

sporcizia *dirt.*

sporco *dirty.*

sporgente *protruding.*

denti sporgenti *protruding teeth.*

sporgere *to put out; to stretch out; to lean out.*

Si è sporto dalla finestra. *He leaned out the window.*

Ha sporto la mano dal finestrino dell'automobile. *He put his hand out of the car window.*

sportello *window, booth.*

sportello dei biglietti *ticket window.*

SPOSA *bride.*

sposalizio *wedding.*

sposare *to marry.*

sposarsi *to get married.*

spossato *weary, fatigued.*

spostare *to move; to shift.*

Si è spostato da un paese all'altro. *He moved from one country to the other.*

Sposta quel libro all'altra parte del tavolo. *Shift that book to the other side of the table.*

sprecare *to waste.*

spreco *waste.*

spregevole *despicable.*

spremere *to squeeze; to wring out.*

spremere un arancio *to squeeze an orange.*

spremuta *squeezing.*

una spremuta di arancio *an orange juice.*

sprofondare *to sink; to collapse.*

sproporzionatamente *disproportionately.*

sproporzionato *disproportionate.*

sproposito *mistake, blunder.*

spugna *sponge.*

spuma *foam, lather.*

spuntare *to appear; to break through.*

spuntino *snack.*

fare un spuntino *to have a snack.*

sputare *to spit.*

squadra *team.*

squilibrio *lack of balance.*
  squilibrio mentale *mental unbalance.*
squillare *to resound; to ring.*
squisitamente *exquisitely.*
squisito *exquisite.*
sradicare *to uproot.*
sregolato *disordered, irregular.*
stàbile *stable, steady.*
stabilimento *factory, establishment.*
stabilire *to establish; to settle.*
  Si è stabilito in Italia. *He settled in Italy.*
  Stabiliamo prima dove c'incontreremo. *Let's settle first where we are going to meet.*
staccare *to detach.*
  staccarsi da *to part from.*
stadio *stadium.*
staffa *stirrup.*
  Ha perduto le staffe. *He lost his temper. (He lost his stirrups.)*
stagione, f. *season.*
stagnante *stagnant.*
stagnare *to cover with tin; to stop (the flow of a liquid); to be stagnant.*
  Le acque stagnano. *The waters are stagnant.*
stagno *tin.*
stagnola *tinfoil.*
stalla *stable.*
stampa *print, press.*
  errore di stampa *misprint.*
  libertà di stampa *freedom of the press.*
stampare *to print.*
stampatore, m. *printer.*
STANCARE *to tire.*
  stancarsi *to get tired.*
stanchezza *tiredness.*
stanco *tired.*
STANOTTE *tonight.*
STANZA *room, chamber.*
  prendere una stanza all'albergo *to take a room in an hotel.*
  prenotare una stanza all'albergo *to reserve a room at a hotel.*
  stanza da bagno *bathroom.*
  stanza da letto *bedroom.*
  Si Affitta Stanza. *Room to Let.*
STARE *to stay.*
  non stare in se *to be beside oneself.*
  stare a sentire *to listen to.*
  stare attento *to be careful.*
  stare bene *to feel well.*
  stare di casa a *to live at.*
  stare in piedi *to stand up.*
  Che cosa stai facendo? *What are you doing?*
  Come stanno le cose? *How do things stand?*
  Lasciami stare! *Let me be!*

Stai qui finchè torno. *Stay here till I come back.*
  Sto preparando il pranzo. *I'm preparing dinner.*
starnutire *to sneeze.*
starnuto *sneeze.*
STASERA *this evening; tonight.*
STATO *state.*
  affari di stato *affairs of state.*
  in cattivo stato *in bad shape; in poor condition.*
  Gli Stati Uniti *The United States.*
  Lo stato della sua salute mi preoccupa. *The state of his health worries me.*
  Questo stato di cose non può durare. *This state of affairs cannot last.*
statua *statue.*
STAZIONE, f. *station.*
  stazione balneare *beach resort; seaside resort.*
  stazione climatica *health resort.*
  stazione ferroviaria *railroad station.*
stecchino *toothpick.*
STELLA *star.*
  portare alle stelle *to praise someone to the skies.*
stellato *starry, star-studded.*
stelo *stem, stalk.*
stemma, m. *emblem; coat of arms.*
stendere *to stretch out.*
  stendere i panni *to hang the clothes.*
  Mi ha steso la mano. *He offered his hand.*
stento *difficulty, fatigue.*
STESSO *self, selves.*
  egli stesso *himself.*
  essa stessa *herself.*
  me stessa *myself, I.*
  noi stessi *ourselves.*
STESSO, adj. *same.*
  dello stesso sangue *of the same blood; kindred.*
  sempre lo stesso *always the same.*
stile, m. *style.*
stilla *drop.*
  stilla a stilla *drop by drop.*
stima *esteem, evaluation.*
  degno di stima *worthy of esteem.*
  fare una stima *to evaluate; to make an appraisal.*
stimare *to appraise; to consider; to esteem.*
  Ilo fatto stimare il mio anello. *I had my ring appraised.*
  Lo stimerei un onore. *I would consider it an honor.*
  Non mi stimo degno di questo onore. *I don't consider myself worthy of this honor.*
stimolare *to stimulate.*

L'odore d'arrosto stimola il mio
appetito. *The smell of roast whets
(stimulates) my appetite.*
stipendio *salary, wage.*
stipo *cabinet.*
STIRARE *to iron.*
far stirare *to have ironed.*
stirar(si) *to stretch.*
stiva *hold.*
stivale, m. *boot.*
stizza *grudge, pique.*
stoffa *material.*
fatto di stoffa buona *made with good
material.*
stola *stole.*
stolto *foolish, silly.*
stomaco *stomach.*
mal di stomaco *stomach-ache.*
stonato *out of tune.*
stordire *to stun.*
stordito *dizzy.*
STORIA *story, tale, history.*
raccontare una storia *to tell a story.*
La storia insegna. . . *history
teaches us. . .*
storico *historical; (as noun) historian.*
storpio *crippled.*
storto *crooked.*
stracciare *to tear.*
straccio *rag.*
carta straccia *wrapping paper;
wastepaper.*
STRADA *street, road.*
farsi strada *to make headway; to
get on.*
per istrada *on the road.*
strada di campagna *country road.*
strada facendo *on the way.*
strada maestra *main street.*
È sulla mia strada. *It's on my way.*
Non mi ha detto che strada prendere.
He did not tell me which road to take.
STRANIERO *foreign; (as noun)
foreigner.*
Egli parla una lingua straniera. *He
speaks a foreign language.*
strano *strange, queer, odd.*
Mi sembra strano. *It seems strange
to me.*
straordinario *extraordinary.*
strapazzo *overwork, disorder.*
strappare *to snatch; to tear.*
strato *layer.*
strato su strato *layer upon layer.*
uno strato di pòlvere *a layer of dust.*
stravolto *altered, troubled.*
strega *witch.*
stregare *to bewitch.*
strepito *noise.*
STRETTA *grasp, grip, hold.*

rallentare la stretta *to relax the grip.*
una stretta di mano *handshake.*
STRETTO *narrow, tight; (as noun)
strait.*
La strada è molto stretta. *The street
is very narrow.*
Lo Stretto di Messina. *The Strait of
Messina.*
Questo vestito è troppo stretto per me.
This dress is too tight for me.
stridente *shrill, sharp.*
stridere *to screech; to shriek.*
strillare *to scream; to shout.*
strillo *cry, shriek.*
strillone, m. *newsboy, newsman.*
STRINGERE *to tighten.*
far stringere i freni *to have the
brakes tightened.*
stringere amicizia con *to make
friends with.*
stringere la mano *to shake hands.*
Il tempo stringe. *Time presses; time
is drawing short.*
striscia *strip, stripe.*
a strisce *striped.*
strisciare *to creep; to slide.*
strizzare *to wring out; to squeeze.*
strizzare i panni *to wring clothes out.*
strizzare un occhio *to wink.*
strofinare *to rub.*
strofinarsi *to rub oneself.*
strumento *tool, implement, instrument.*
studente, m.; **studentessa,** f. *student.*
STUDIARE *to study.*
studio *study.*
stufa *stove.*
stufare *to stew.*
stufarsi *to grow weary. (Colloq.)*
stufato *stew.*
stufo *weary, tired.*
stupendo *stupendous.*
stupidamente *stupidly.*
stupido *stupid; (as noun) fool.*
stupire *to astonish.*
stupirsi *to be astonished.*
stupore, m. *astonishment, stupor.*
SU *up, above, on.*
andar su per le scale *to go up the
stairs.*
sulla panca *on the bench.*
sullo scaffale *on the shelf.*
su per giù *more or less.*
più su *further up.*
subire *to endure; to feel.*
SUBITO *immediately; at once.*
subito dopo *right after.*
subito prima *just before.*
Bisogna farlo subito. *It must be
done right away.*
Torno subito. *I'll be right back.*

Vieni subito! *Come quickly!*

sublime *sublime.*

SUCCEDERE *to happen; to follow.*
Che cosa è successo? *What happened?*
La calma succede alla tempesta. *Calm follows the storm.*

successione, f. *succession.*

successivamente *successively.*

successivo *successive, following.*
la settimana successiva *the following week.*

successo *success.*
aver successo *to be successful.*

successore, m. *successor.*

SUCCHIARE *to suck.*

succo *juice.*

succursale, f. *branch; branch office.*

SUD, m. *south.*
a sud di *south of.*
sud-est *southeast.*
sud-ovest *southwest.*

sudare *to perspire; to sweat.*

suddetto *above-mentioned.*

suddito *subject.*

sudicio *dirty.*

sudore, m. *perspiration, sweat.*

sufficiente *sufficient.*

sufficienza *sufficient quantity.*
a sufficienza *more than enough.*

suggerire *to suggest; to prompt.*

sughero *cook.*

sugo *juice, gravy.*

SUO, sua, suoi, sue (il suo; la sua; i suoi; le sue) *his, her, its.*
la sua maestra *his teacher; her teacher.*
suo padre *his father; her father.*
Metti questo libro al posto suo. *Put this book in its place.*
Vive coi suoi. *He lives with his parents (family).*

SUOCERA *mother-in-law.*

SUOCERO *father-in-law.*

suolo *soil, ground.*
il patrio suolo *native soil.*

SUONARE *to sound; to ring; to play.*
suonare il campanello *to ring the bell.*
suonare il pianoforte *to play the piano.*
suonare l'allarme *to sound the alarm.*

SUONO *sound.*
a suon di *to the tune of.*

suora *nun, sister.*

SUPERARE *to surpass; to excel; to exceed.*
superare gli esami *to pass one's examinations.*

superare in numero *to surpass in number.*
Mi supera per ingegno. *He has greater talent than I.*

superbo *proud.*

superficiale *superficial.*

superficie, f. *surface.*

superfluo *superfluous.*

superiore *superior; (also noun, m.).*

superiorità *superiority.*

superlativo *superlative.*

superstizione, f. *superstition.*

superuomo *superman.*

suppergiù *approximately, about.*

supplire *to substitute; to be enough.*

supporre *to suppose.*

supposizione, f. *supposition.*

supposto *supposed.*

supremo *supreme.*
la Corte Suprema *the Supreme Court.*

suscettibile *susceptible, touchy.*

suscettibilità *susceptibility.*
offendere la suscettibilità di *to hurt the feelings of.*

suscitare *to rouse; to provoke; to give rise to.*
suscitare l'ira di qualcuno *to rouse someone's anger.*
suscitare uno scandalo *to provoke a scandal.*

susurrare *to murmur; to mutter.*

Suvvia! *Come on!*

svagare *to distract.*
Mi voglio svagare un po'. *I want to amuse myself (distract myself) a little.*

svago *amusement, recreation.*

SVANIRE *to vanish.*

svanito *vanished.*

SVEGLIA *alarm clock.*

SVEGLIARE *to wake.*

svegliar(si) *to wake up.*

sveglio *awake, alert, quick-witted.*
È una ragazza molto sveglia. *She is a very bright girl.*
Sono sveglio dalle sette di questa mattina. *I've been awake since seven this morning.*

svelare *to reveal.*
svelare un segreto *to reveal a secret.*

sveltamente *quickly.*

sveltezza *quickness.*

svelto *quick, rapid, swift.*
Bisogna agire alla svelta. *We must act quickly.*

svenire *to faint.*

sventura *misfortune.*

sventuratamente *unfortunately.*

sventurato *unfortunate, unlucky.*

svenuto *unconscious; in a faint.*

svestire *to undress.*
 svestirsi *to undress oneself.*
sviare *to mislead; to lead astray.*
sviluppo *development, growth.*
svista *oversight.*
 Fu una svista da parte mia. *It was an oversight on my part.*
svitare *to unscrew.*
svizzero *Swiss; (also noun).*
svogliato *indifferent.*
svolgere *to develop; to unfold.*
svolta *turn; turning point.*

T

tabaccàio *tobacco-shop owner.*
tobacco *tobacco.*
tacchino *turkey.*
tacciare *to accuse; to charge with.*
tacco *heel.*
taccuino *notebook.*
TACERE *to be silent.*
 far tacere *to silence.*
tacitamente *silently, tacitly.*
tacito *tacit, silent.*
tociturno *taciturn.*
taffetà *taffeta.*
toglia *size, ransom.*
 della stessa taglia *of the same size.*
tagliacarte, m. *paper-knife.*
TAGLIARE *to cut.*
 essere tagliato per *to be cut out for.*
 farsi tagliare i capelli *to get a haircut.*
 tagliare i panni addosso a *to speak ill of.*
tagliatelle, f. *noodles.*
tagliente *cutting, sharp.*
taglio *cut.*
 Il taglio di questo vestito non mi si addice. *The cut of this suit is not good for me.*
talco *talc.*
TALE *such.*
 di uno splendore tale *of such splendor.*
 il signor Tal di Tale *Mr. So-and-So.*
 quel tale *that certain party.*
 tale e quale *exactly the same.*
talento *talent, intelligence.*
tallone, m. *heel.*
talmente *so; so much.*
talvolta *sometimes.*
tamburo *drum.*
tana *den, lair.*
tanfo *odor, stench, smell.*

C'è un tanfo di muffa in questa stanza. *There is a musty smell in this room.*
tangibile *tangible.*
tangibilmente *tangibly.*
TANTO *so; so much.*
 di tanto in tanto *from time to time.*
 ogni tanto *every so often.*
 tanto meglio *so much the better.*
 tanto per cominciare *to begin with.*
 tanto quanto *as much as.*
 una volta tanto *once in a while.*
 Si vogliono tanto bene. *They love each other so much.*
tappa *halting place.*
 a piccole tappe *in small stretches.*
tappare *to stop; to stop up; to cork.*
 tappare una bottiglia *to cork a bottle.*
tappetino *small rug; scatter rug.*
tappeto *rug, carpet.*
tappezzeria *tapestry, wall-paper.*
tappezziere, m. *upholsterer.*
tappo *stopper, cork.*
TARDARE *to delay; to be late.*
 Ho tardato tanto a scrivere perchè sono stata male. *I delayed so long in writing because I've been ill.*
 Non tarderanno molto a venire. *They will not be very late coming.*
TARDI *late.*
 fare tardi *to be late.*
 meglio tardi che mai *better late than never.*
 presto o tardi *sooner or later.*
 Si sta facendo tardi. *It's getting late.*
targa *plate, nameplate.*
 targa dell' automobile *license plate.*
tariffa *rate, tariff.*
tarma *moth.*
tarmare *to become moth-eaten.*
tartagliare *to stutter; to stammer.*
tartaruga *tortoise, turtle.*
tasca *pocket.*
tassa *tax, duty.*
 tassa d'ammissione *entrance fee.*
 tassa sul reddito *income tax.*
tassare *to tax.*
tassativo *positive, explicit.*
tassi, m. *taxi.*
tastore *to feel; to touch.*
tastiera *keyboard.*
tasto *key (of musical instruments).*
tattica *tactics.*
 sequire la tattica sbagliata *to go about things in the wrong manner.*
TAVOLA *table, board, plank.*
 apparecchiare la tavola *to set the table.*
 sparecchiare la tavola *to clear the table.*
 una tavola di legno *a wooden board.*

TAZZA *cup.*
  tazza da tè *teacup.*
  tazza di tè *cup of tea.*
te *you,* sing.
  Parlo di te. *I am speaking of you.*
tè, m. *tea.*
teatrale *theatrical.*
TEATRO *theatre.*
tecnica *technique.*
tecnicamente *technically.*
tecnico *technical;* (as noun)
  technician.
tedesco *German;* (also noun).
tediare *to tire; to weary; to bore.*
  tediarsi *to get weary; to get tired; to*
  be bored.
tedio *weariness, tediousness.*
tedioso *tedious, weary.*
tegame, m. *pan.*
tegola *tile.*
teiera *teapot.*
tela *cloth, linen.*
telefonare *to telephone.*
telefonata *telephone call.*
telefonicamente *by telephone.*
telefonico *telephonic.*
  cabina telefonica *telephone booth.*
telefonista, m. & f. *telephone*
  operator.
telefono *telephone.*
telegrafare *to telegraph; to wire.*
telegrafia *telegraphy.*
telegraficamente *telegraphically.*
telegrafico *telegraphic.*
  ufficio telegrafico *telegraph office.*
telegrafista, m. & f. *telegraphist.*
telègrafo *telegraph.*
telegramma *telegram, wire, cable.*
telepatia *telepathy.*
  telepatia mentale *mental telepathy.*
telescòpio *telescope.*
televisione, f. *television.*
tema, m. *theme.*
tema, f. *fear.*
  per tema di *for fear of.*
temerario *rash.*
TEMERE *to fear; to be afraid; to*
  dread.
  Non temo di nulla. *I fear nothing.*
temibile *dreadful.*
temperamatite, m. *pencil sharpener.*
temperante *temperate, sober,*
  tempering.
temperatura *temperature.*
temperino *penknife.*
tempesta *storm, tempest.*
  una tempesta in un bicchier d'acqua
  a storm in a teapot.
tempestivo *timely.*
tempestoso *tempestuous.*

tempia *temple (side of head).*
tempio *temple (cathedral).*
TEMPO *weather.*
  cattivo temp *bad weather.*
  di questi tempi *in these times.*
  di tempo in tempo *from time to time.*
  nello stesso tempo *at the same time.*
  perdere tempo *to lose time.*
  tempo fà *some time ago.*
  tempo presente *present tense.*
  Che tempo fa? *How is the weather?*
  Chi ha tempo non aspetti tempo.
  Never put off till tomorrow what can
  be done today.
  Da quanto tempo non ci vediamo!
  How long it has been since we've
  seen each other!
  È tempo ii ... *It's time to ...*
temporale, m. *storm.*
temporaneamente *temporarily.*
temporaneo *temporary.*
tenace *tenacious, persevering.*
tenacemente *tenaciously.*
tenacia *tenaciousness.*
tenda *tent, curtain.*
tendenza *tendency.*
tendere *to tend to; to stretch out; to*
  hold out.
tenente, m. *lieutenant.*
teneramente *tenderly.*
TENERE *to keep; to hold.*
  tenere a mente *to remember; to keep*
  in mind.
  tenere compagnia a *to keep someone*
  company.
  tenere d'occhio *to keep an eye on.*
  tenere gli occhi aperti *to keep*
  one's eyes open.
  tenere il broncio verso *to keep a*
  grudge against.
  tenere il fiato *to hold one's breath.*
  tenere le mani in mano *to be idle.*
  tenersi a destra *to keep to the right.*
  tenersi in contatto con *to keep in*
  contact with.
  Non ci tengo. *I don't care about it.*
tenerezza *tenderness.*
tenero *tender, affectionate.*
tenore, m. *tenor.*
tensione, f. *tension.*
  tensione nervosa *nervous tension.*
TENTARE *to attempt.*
tentativo *attempt, endeavor.*
tentazione, f. *temptation.*
  resistere alla tentazione *to resist*
  temptation.
tentennare *to sway; to hesitate.*
tenuta *estate, country farm.*
teoria *theory.*
tergere *to wipe; to dry.*

terme, f. pl. *hot springs.*
TERMINARE *to finish; to end.*
  Appena ho terminato questo lavoro, ti
    raggiungo. *I'll join you as soon as I
    finish this work.*
termine, m. *term, limit, boundary.*
  allo scadere del termine fissato *at
    the end of the established term.*
  aver termine *to end.*
  fissare un termine *to fix a date; to
    set a date.*
  porre termine a *to put an end to.*
  ridurre ai minimi termini *to reduce to
    the lowest terms.*
  secondo i termini stabiliti in
    precedenza *according to the terms
    previously agreed to.*
termòmetro *thermometer.*
termos, m. *thermos bottle.*
termosifone, m. *radiator (heating).*
TERRA *earth.*
  cader per terra *to fall to the ground.*
  per terra *on the ground.*
  acendere a terra *to go ashore.*
  terra madre *motherland; native land.*
  terra nativa *native land.*
terrazza *balcony, terrace.*
terreno *earthly; (as noun) earth.*
  a pian terreno *on the ground floor.*
  perdere terreno *to lose ground.*
terribile *terrible.*
terribilmente *terribly.*
territorio *territory.*
terrore, m. *terror.*
terrorizzare *to terrorize.*
TERZA *third class.*
  fare la terza elementare *to be in the
    third grade in elementary school.*
  mettere in terza *to shift to high gear.*
  viaggiare in terza *to travel third class.*
TERZO *third; (also noun).*
teso *stretched out; tightened.*
tesoro *treasure.*
tessera *card, ticket.*
tessere *to weave.*
tessuto *cloth, fabric.*
TESTA *head.*
  alla testa di *at the head of.*
  giramento di testa *dizzy spell.*
  mal di testa *headache.*
  perdere la testa *to lose one's head.*
testardaggine, f. *stubbornness.*
testardamente *stubbornly.*
testardo *stubborn, headstrong.*
teste, m. & f. *witness.*
testimone, m. & f. *witness.*
  testimone oculare *eye-witness.*
testimonianza *testimony.*
testimoniare *to witness.*
testo *text.*

libro di testo *textbook.*
testuale *exact, precise.*
  le mie testuali parole *my very words.*
tetro *gloomy, dismal.*
TETTO *roof.*
TI *you; to you; yourself.*
  Che cosa ti ha detto? *What did he
    tell you?*
  Questo libro ti appartiene. *This
    book belongs to you.*
  Ti sei guardato allo specchio?
    Did you look at yourself in the mirror?
tiara *tiara.*
tiepido *tepid, lukewarm.*
tifone, m. *typhoon.*
tifoso *typhus patient; fan.*
  un tifoso del cinema *movie fan.*
  un tifoso del pugilato *boxing fan.*
tignola (tignuola) *moth.*
tigre, f. *tiger, tigress.*
timbro *stamp.*
  timbro postale *postmark.*
timidamente *timidly.*
timidezza *timidity, shyness.*
timido *timid, shy.*
TIMORE, m. *fear.*
  aver timore di *to be afraid of.*
  per timore di *for fear of.*
timpano *eardrum.*
tingere *to dye; to tint.*
  tingere di nero *to dye black.*
  tingersi i capelli *to dye one's hair.*
tinta *dye.*
  a forti tinte *sensational.*
tintore, m. *dyer.*
tipicamente *typically.*
tipico *typical.*
tipo *type.*
tiranno *tyrant.*
TIRARE *to draw; to pull.*
  tirare a scherma *to fence.*
  tirare a sorte *to draw lots.*
  tirare avanti *to keep going.*
  tirare un colpo *to fire a shot.*
  tirar per le lunghe *to go on and on.*
  tirarsi da una parte *to stand aside.*
  tirarsi indietro *to draw back.*
  una carrozza tirata da quattro cavalli
    a coach drawn by four horses.
tiretto *drawer.*
tiro *trick.*
tirocinio *apprenticeship.*
titolato *titled.*
titolo *title.*
titubante *hesitant, irresolute.*
titubanza *hesitancy, irresoluteness.*
titubare *to hesitate; to waver.*
TOCARRE *to touch.*
  toccare il cuore *to touch one's heart.*
  toccare sul vivo *to touch a sore spot.*

A chi tocca? *Whose turn is it?*
Mi tocca rifare la strada. *I have to
    retrace my footsteps.*
Tocca alla madre educar bene i propri
    figli. *It's a mother's duty to educate
    her children.*
TOGLIERE *to take; to take off; to
    remove.*
    togliere di mano *to snatch.*
    togliersi di mezzo *to get out of the
        way.*
    togliersi il cappello ed il cappotto
        to remove one's hat and coat.
    togliersi la vita *to commit suicide.*
    Chi ha tolto il libro che era qui?
        Who took the book that was here?
toletta *toilet, toilette.*
tollerabile *tolerable.*
tollerante *tolerant.*
tolleranza *tolerance.*
tomba *grave, tomb.*
tondo *round.*
    cifra tonda *round sum.*
    dire chiaro e tondo *to speak plainly.*
tonico *tonic, noun & adj.*
tonnellata *ton.*
tonno *tuna.*
tono *tone, tint.*
    con tono aspro *with a sharp tone.*
    Non permetto che mi si parli in quel
        tono di voce. *I will not be spoken to
        in that tone of voice.*
    Questi sono tutti toni diversi del
        medesimo colore. *These are different
        tints of the same color.*
tonsilla *tonsil.*
tonsillite, f. *tonsillitis.*
topazio *topaz.*
topo *mouse.*
    Topolino. *Mickey Mouse (little
        mouse).*
torbido *muddy; not clear.*
torcere *to twist.*
torcia *torch.*
torcicollo *stiff neck.*
torlo *yolk; egg yolk.*
tormenta *blizzard.*
tormentare *to torment.*
    tormentarsi *to torment oneself; to
        worry.*
tormento *torment, torture.*
TORNARE *to return.*
    tornare a casa *to come home.*
    tornare in se *to come to one's
        senses.*
    tornare sui propri passi *to retrace
        one's footsteps.*
    Il conto non torna. *The account is
        incorrect.*
    Torna indietro! *Come back!*

tornèo *tournament.*
toro *bull.*
tor edone, m. *bus, motor-coach.*
torre, f. *tower.*
    Torre di Pisa *the Tower of Pisa
        (the Leaning Tower).*
torrente, m. *torrent, stream.*
    Piove a torrenti. *It's raining in
        torrents.*
torso *trunk, torso.*
torta *cake, pastry.*
    torta di frutta *pie.*
TORTO *wrong.*
    a torto o a ragione *right or wrong.*
    aver torto *to be wrong.*
    essere dalla parte del torto *to be in
        the wrong.*
    fare un torto a *to wrong someone.*
tortuoso *tortuous, winding.*
tosse *cough.*
    tosse convulsiva *whooping cough.*
    un colpo di tosse *a coughing fit; a
        coughing spell.*
    Ho la tosse. *I have a cough.*
TOSSIRE *to cough.*
tosto *hard.*
    aver la faccia tosta *to have cheek;
        to be impudent.*
    uovo tosto *hard-boiled egg.*
tosto, adv. *soon.*
totale, m. *total;* (also adj.).
totalmente *totally.*
TOVAGLIA *tablecloth.*
tovagliolo *napkin.*
traballare *to stagger; to reel.*
traboccare *to overflow.*
traccia *trace, track, trail.*
    mettersi sulle tracce di *to follow in
        the trail of.*
    perdere traccia di *to lose track of.*
    seguire la traccia di *to follow the
        track of.*
    Non ne rimane neppure una traccia.
        There is not a trace of it left.
tracciare *to trace; to mark out; to draw.*
    tracciare una linea *to make a line.*
tradimento *betrayal, treason.*
    colpevole di alto tradimento *guilty
        of high treason.*
TRADIRE *to betray; to deceive; to be
    unfaithful to.*
    tradire la propria moglie *to be
        unfaithful to one's wife.*
    tradirsi *to betray oneself; to give
        oneself away.*
    Egli ha tradito la patria. *He
        betrayed his country.*
    La sua espressione tradiva il suo
        terrore. *Her expression betrayed her
        terror.*

traditore, m.; **traditrice**, f. *traitor.*
tradizionale *traditional.*
traducibile *translatable.*
tradurre *to translate.*
  tradurre dall' italiano all'inglese *to translate from Italian to English.*
traduttore, m.; **traduttrice**, f. *translator.*
traduzione, f. *translation.*
trafficare *to trade; to traffic.*
traffico *traffic.*
tragedia *tragedy.*
traghetto *ferry, ferryboat.*
tragicamente *tragically.*
tragico *tragic;* (as noun) *tragedian.*
tragicomico *tragicomic.*
tragitto *journey, passage.*
tralasciare *to leave out; to omit.*
  senza tralasciare nulla *without leaving anything out.*
tralucere *to be transparent; to shine through.*
tram, m. *trolley-car.*
tramandare *to hand down.*
  Questa usanza fu tramandata da padre in figlio. *This custom was handed down from father to son.*
TRAMONTARE *to go down; to set; to fade.*
  al tramontar del sole *at sundown.*
  La sua gloria non tramonterà mai. *His glory will never fade.*
tramonto *setting.*
  tramonto del sole *sunset.*
trampolino *springboard.*
trampolo *stilt.*
  camminare sui trampoli *to walk on stilts.*
tramutamento *change.*
tramutare *to transmute; to turn.*
  La sua gioia si è tramutata in dolore. *His joy turned to sorrow.*
tranello *trap, snare.*
  tendere un tranello *to trap; to ensnare.*
TRANNE *save, but, except.*
  tutti tranne uno *all save one; all but one.*
  Ha invitato tutti tranne Maria. *She invited everyone except Mary.*
tranquillamente *peacefully.*
tranquillizzare *to quiet; to calm.*
  tranquillizzarsi *to calm down; to calm oneself.*
tranquillità *tranquility, peace.*
tranquillo *peaceful.*
  mare tranquillo *a calm sea.*
  Lasciami tranquillo. *Leave me in peace.*
transazione, f. *transaction.*

transigere *to yield; to come to terms.*
  Su questioni di denaro io non trinsigo. *On financial matters I do not yield.*
transitare *to pass through.*
  Molte persone transitano per questa strada. *Many people pass through this street.*
trànsito *transit.*
  La merce è in trànsito. *The merchandise is in transit.*
  Vietato il Trànsito! *No Through Traffic!*
transitorio *transitory, temporary.*
transizione, f. *transition.*
  tranvài, m. *streetcar; trolley car.*
trapiantore *to transplant.*
trappola *trap, snare.*
  cadere in trappola *to be caught in a trap.*
trapunta *quilt.*
trarre *to draw; to draw out.*
  trarre in inganno *to deceive.*
  trarre ispirazione da *to draw inspiration from.*
  trarre vantaggio da *to benefit from.*
  trarsi in disparte *to draw aside.*
trasalire *to start.*
  Un rumore improvviso mi ha fatto trasalire. *A sudden noise made me start (startled me).*
trasandato *careless.*
trascinare *to drag.*
  trascinare per terra *to drag about the floor.*
  trascinarsi *to drag oneself.*
trascorrere *to spend; to pass.*
  trascorrere il tempo leggendo *to spend the time reading.*
  Abbiamo trascorso un' estate meravigliosa in campagna. *We spent a marvelous summer in the country*
  Sono trascorsi molti anni dall' ultima volta che lo vidi. *Many years have gone by since the last time I saw him.*
trascrivere *transcribe.*
trascrizione, f. *transcription.*
trascurabile *negligible.*
TRASCURARE *to neglect.*
  trascurare il proprio dovere *to neglect one's duties.*
  trascurarsi *to neglect oneself.*
trascuratamente *carelessly.*
trascuratezza *carelessness, neglect.*
trascurato *careless.*
trasferimento *transfer.*
trasferire *to transfer.*
  trasferirsi *to move.*
  Fu trasferito da una città all' altra. *He was transferred from one city to the other.*

trasformare *to transform.*
 trasformarsi *to transform oneself.*
trasformazione, f. *transformation.*
trasfusione, f. *transfusion.*
 trasfusione di sangue *blood transfusion.*
trasgredire *to transgress.*
traslocare *to move; to change address.*
trasloco *removal.*
 furgone per traslochi *moving van.*
trasmettere *to transmit.*
 trasmettere per radio *to broadcast.*
trasmettitore, m. *transmitter.*
trasmissione, f. *transmission, broadcast.*
trasognato *dreamy; lost in reverie; lost in daydreams.*
trasparente *transparent.*
trasparire *to shine through; to be transparent.*
traspirare *to perspire.*
traspirazione, f. *perspiration.*
trasportare *to transport; to convey.*
 trasportare per mare *to transport by sea.*
 trasportare per terra *to transport by land.*
trasportato *transported.*
trasporto *transportation, transport.*
 Non vi sono mezzi di trasporto. *There is no means of conveyance.*
trastullare *to amuse; to toy with.*
trasvolare *to fly across; to fly.*
trasvolata *flight.*
tratta *draft.*
 pagare una tratta *to pay a draft.*
 tratta bancaria *bank draft.*
trattabile *tractable, treatable.*
trattamento *treatment.*
TRATTARE *to treat; to deal (with).*
 trattare bene *to treat well.*
 trattare male *to treat badly.*
 trattare un argomento *to deal with a subject.*
 trattarsi *to be a question of.*
 Di che si tratta? *What is it all about?*
 Si tratta della prossima festa. *It's about the coming party.*
trattative, f. pl. *negotiations.*
 condurre a termine le trattative *to carry out negotiations.*
 essere in trattative *to be negotiating.*
 Abbiamo dovuto interrompere le trattative. *Negotiations had to be interrupted.*
trattato *treaty.*
 trattato di pace *peace treaty.*
TRATTENERE *to withold; to restrain; to keep.*
 trattenere il respiro *to hold one's breath.*

 trattenere le lacrime *to restrain one's tears.*
 Mi dispiace non potermi trattenere più a lungo con voi. *I'm sorry I can't stay with you any longer.*
 Riesco a stento a trattenermi. *I can hardly restrain myself.*
 Si è trattenuta la somma che gli dovevo. *He withheld the sum I owed him.*
trattenimento *entertainment.*
 Vorrei organizzare un piccolo trattenimento in casa mia domani sera. *I would like to organize a small party at my house tomorrow night.*
trattenuta *deduction.*
trattino *hyphen, dash.*
TRATTO *stroke, gesture.*
 a grandi tratti *by leaps and bounds.*
 da un tratto all'altro *from one moment to the other.*
 tutto d'un tratto *all of a sudden.*
 un tratto di spirito *a joke; a witty remark.*
 un tratto di strada *a part of the way.*
trattore, m. *tractor.*
trattoria *restaurant; eating place.*
travaglio *labor, toil, anxiety.*
trave, f. *beam, rafter.*
TRAVERSARE *to cross.*
 traversare una strada *to cross a street.*
traversata *crossing.*
travestimento *disguise.*
travestire *to disguise.*
travisare *to distort; to misrepresent.*
 Egli ha travisa to completamente i fatti. *He completely distorted the facts.*
travolgere *to sweep away.*
TRE *three.*
treccia *braid.*
 portare le treccie *to wear one's hair in braids.*
trecento *three hundred.*
tredicesimo *thirteenth,* noun & adj.
tredici *thirteen.*
tregua *truce.*
 senza tregua *unrelentingly.*
TREMARE *to tremble; to shake.*
 tremar di freddo *to shiver with cold.*
 tremar di paura *to shake with fear.*
tremarella *trembling.*
 aver la tremarella *to have the shakes.*
tremendamente *tremendously.*
trèmito *trembling, tremble.*
TRENO *train.*
 perdere il treno *to miss the train.*
 prendere il treno *to take the train.*
 treno direttissimo *express train.*
 treno diretto *fast train.*

treno merci *freight train.*

trenta *thirty.*

trentesimo *thirtieth.*

trepidante *anxious, apprehensive, trembling.*

triangolare *triangular.*

triangolo *triangle.*

tribolare *to trouble; to worry; to suffer.*

tribolazione, f. *worry, suffering, tribulation.*

tribù, f. *tribe.*

tribunale, m. *tribunal, court.*

tributore *to give; to render.*
  tributare omaggio *to pay homage.*

tributario *tributary.*

tributo *tribute.*

triciclo *tricycle.*

trifoglio *clover.*

trilingue *trilingual.*

trimestrale *quarterly.*

trimestra, m. *quarter.*

trio *trio.*

trionfale *triumphal.*

trionfalmente *triumphantly.*

trionfante *triumphant.*

trionfare *to triumph.*
  trionfare di *to triumph over.*

trionfo *triumph.*

triplice *threefold.*

triplo *triple.*

trippa *tripe.*

trisillabo *trisyllable.*

TRISTE *sad, sorrowful.*
  uno sguardo triste *a sad look.*

tristemente *sadly, sorrowfully.*

tristezza *sadness, sorrow.*

tristo *wicked.*

tritacarne, m. *meat grinder.*

tritare *to mince; to hash.*

trito *trite, common.*

tritolare *to crush.*

triviale *trivial, vulgar.*

trivialità *triviality.*

trivialmente *trivially; vulgarly.*

trofèo *trophy.*

tromba *trumpet.*

troncare *to cut off; to break off.*

tronco *trunk (tree).*

trono *throne.*

tropicale *tropical.*

TROPPO *too; too much.*
  parlare troppo *to talk too much.*
  troppi *too many.*
  troppo forte *too loud; too strong.*
  troppo spesso *too often.*

trottare *to trot.*

trotto *trot.*
  mettere a trotto *to put to a trot.*

TROVARE *to find.*

trovarsi come a casa propria *to feel at home.*
  Come l'hai trovato? *How did you find it?*
  Come ti trovi qui? *How do you feel here?*
  Mi trovo molto bene, grazie. *I feel quite well, thank you.*
  Ti verrò a trovare. *I'll come to see you.*

trovata *invention, contrivance, expedient.*

trovatello *foundling.*
  ospizio dei trovatelli *foundling hospital; foundling home.*

truccare *to make up; to apply make-up.*
  truccarsi *to make oneself up.*
  truccarsi da pagliaccio *to make up as a clown.*

truffa *swindle.*

truffare *to cheat; to swindle.*

truffatore, m. *cheat, cheater, swindler.*

truppa *troop.*

TU *you,* fam. sing.

tubare *to coo.*

tubatura *piping; plumbing pipes.*

tubercolare *tubercular.*

tubercolosi, f. *tuberculosis.*

tuberosa *tuberose.*

tubo *pipe, tube.*
  tubo del gas *gas pipe.*
  tubo di scarico *exhaust pipe.*

tubolare *tubular.*

tuffare *to plunge.*
  tuffarsi *to dive.*

tuffata *dive.*

tuffo *dive.*
  bombardiere a tuffo *dive bomber.*
  sentire un tuffo al cuore *to feel one's heart skip a beat.*

tugurio *hovel.*

tumulto *tumult, uproar.*

tumultuoso *tumultuous.*

tunnel, m. *tunnel.*

TUO, tua, tuoi, tue (il tuo; la tua; i tuoi; le tue) *your, yours.*
  Il tuo libro è qui. *Your book is here.*
  Questo libro è tuo. *This book is yours.*

tuorlo *yolk.*

turacciolo *cork.*

turare *to stop; to cork; to fill.*
  turare un dente *to fill a tooth.*
  turarsi gli orecchi *to stop one's ears.*

turba *mob, crowd.*

turbamento *agitation, commotion.*

turbante, m. *turban.*

turbare *to trouble; to disturb; to agitate.*
  turbarsi *to become agitated.*

Questo pensiero mi turba molto.
*This thought disturbs me a great
deal.*

turbato *troubled, agitated.*
avere un aria turbata *to have a
troubled air.*

turbinare *to whirl.*

turbine, m. *hurricane, whirlwind.*
un turbine di pòlvere *a whirl of dust.*

turbolento *turbulent, troubled.*

turbolenza *turbulence.*

turchese, f. *turquoise.*

turchino *dark blue.*

turismo *touring.*

turista, m. *tourist.*

turistico *touring, tourist.*
classe turistica *tourist class.*

turno *turn.*
essere di turno *to be on duty.*
lavorare a turni *to work by turns.*
medico di turno *doctor on duty.*

tuta *overall.*

tutela *tutelage, guardianship.*
sotto la tutela di *under the
wardship of.*

tutelare *to protect; to defend.*

tutore, m. *guardian, protector.*

TUTTAVIA *still, yet, however,
nevertheless.*
Non lo vedo da molti anni, tuttavia
credo che lo riconoscerei subito. *I
haven't seen him in many years, yet I
think I would recognize him right
away.*

TUTTO *all, whole, every.*
del tutto *quite, completely.*
essere tutti d'accordo *to be all in
agreement.*
in tutto e per tutto *all and for all.*
tutte le sere *every night.*
tutti i giorni *every day.*
tutti insieme *all together.*
tutto ciò che *all that.*
tutto fatto *all done.*
tutto il giorno *all day.*
tutto il mondo *all the world; the
whole world.*
Essa conosce tutta la mia famiglia.
She knows all my family.

U

ubbidire *to obey.*

ubbidiente *obedient.*

ubbriaco (ubriaco) *drunk, inebriated.*

ubriacare *to make drunk; to intoxicate.*
ubriacarsi *to become drunk; to*

become intoxicated.

ubriacatura *intoxication.*

ubriachezza *drunkenness.*

ubriacone, m. *drunkard.*

UCCELLO *bird.*
uccello di mal augurio *bird of ill
omen.*

UCCIDERE *to kill; to slay.*
uccidersi *to commit suicide; to kill
oneself.*

uccisione, f. *killing, murder.*

ucciso *killed, slain.*

uccisore, m. *killer.*

udibile *audible.*

udienza *audience, hearing.*
chiedere un'udienza *to ask an
audience.*
L'udienza è rinviata. *Court is
adjourned.*

UDIRE *to hear.*
Egli fu udito entrare a mezzanotte.
He was heard coming in at midnight.
Non ho udito bene. *I didn't hear
well.*
Odo un rumore strano. *I hear a
strange noise.*

udito *hearing.*
aver l'udito fine *to have a good
hearing.*

uditore, m.; **uditrice,** f. *hearer,
listener.*

uditorio *auditory; (as noun)
audience.*

ufficiale, noun, m. *official, officer.*
ufficiale della marina *navy officer.*

ufficiale *official.*
comunicato ufficiale *official
communiqué.*
L'Italiano è la lingua ufficiale dell'
Italia. *Italian is the official language
in Italy.*

ufficiare *to officiate.*

UFFICIO *office.*
per i buoni uffici di *by the good
offices of; through the courtesy of.*
ufficio postale *post office.*
ufficio telegrafico *telegraph office.*

ùggia *dislike, annoyance.*
L'ho in ùggia dal giorno che l'ho
conosciuto. *I've disliked him since the
very day I met him.*

uggioso *dull, tiresome.*

una giornata uggiosa *a boring day; a
dull day.*

ùgola *uvula.*

uguale *equal, same.*
Dividilo in parti uguali. *Divide it in
equal parts.*
Il prezzo dei due abiti è uguale. *The
price of the two dresses is the same.*

La legge è uguale per tutti. *The law is the same for everyone.*

uguaglianza *equality.*

uguagliare *to equal.*
Nessuna ti uguaglia in bellezza. *No one equals you in beauty.*

ugualmente *equally; all the same.*
Devi essere ugualmente gentile con tutti. *You must be equally courteous with everyone.*
Preferirei restare in casa questa sera, ma dovrò uscire ugualmente. *I would prefer to remain at home this evening, but I will have to go out all the same.*

ùlcera *ulcer.*

ulcerare *to ulcerate.*

ulcerato *ulcerated.*

ulteriore *further, ulterior.*
Ti darò ulteriori informazioni domani. *I will give you further information tomorrow.*

ulteriormente *ulteriorly; later on.*

ultimamente *ultimately.*

ultimare *to finish; to complete.*
I lavori turono ultimati soltanto ieri. *The work was completed only yesterday.*

ultimato *finished, completed.*
a lavoro ultimato *upon completion of the work.*

ultimatum *ultimatum.*

ÙLTIMO *latest, last.*
le ùltime notizie *the latest news.*
l'ultima volta che ci siamo visti *the last time we saw each other.*
ùltima moda *latest fashion.*
Fui l'ùltima ad arrivare. *I was the last to arrive.*

ultramoderno *ultrafashionable.*

ultravioletto *ultraviolet.*

ululare *to howl.*
Il vento ùlula. *The wind is howling.*

ululato (ùlulo) *howl, howling.*

umanamente *humanly, humanely.*
trattare umanamente *to treat humanely.*
Non è umanamente possibile. *It is not humanly possible.*

umanità, f. *humanity, mankind, humaneness.*

umanitario *humanitarian.*

umanizzare *to humanize.*
umanizzarsi *to become humane.*

umano *human, humane.*
la natura umana *human nature.*
ogni essere umano *every human being.*

umidità *humidity, dampness, moisture.*
l'umidità dell'aria *the humidity of the air.*

ùmido *damp, moist.*

ùmile *humble.*
di ùmile origine *of humble origin; of humble birth.*

umiliante *humiliating, mortifying.*

umiliare *to humiliate; to mortify.*
umiliarsi *to humble oneself.*

umiliato *humbled, humiliated.*

umiliazione, f. *humiliation.*

umilmente *humbly.*

umiltà *humility, humbleness.*

UMORE, m. *humor, temper.*
di cattivo umore *bad-tempered, moody.*
d'umore nero *in bad humor.*

umorismo *humor.*
Non è il caso di fare dell' umorismo. *It's not a matter to joke about.*

umorista, m. *humorist.*

umoristico *humorous.*

un *see* uno.

unanime *unanimous.*

unanimemente *unanimously.*

unanimità *unanimity.*
all'unanimità *unanimously*

uncinetto *crochet hook.*
lavoro all'uncinetto *crochet.*

undicesimo *eleventh, noun & adj.*

ùndici *eleven.*

ùngere *to grease; to smear.*
ùngere le ruote *to oil the wheels; to make things go more smoothly.*

ùnghie *nail, hoof.*
le ùnghie del cavallo *the horse's hooves.*
pulirsi le ùnghie *to clean one's nails.*
spazzolino da ùnghie *nail brush.*

unguento *unguent, ointment.*

unicamente *only, solely.*

ÙNICO *only, sole, unique.*
figlio ùnico *only son.*
l'ùnico motivo della mia visita *the sole reason for my visit.*
Ha un talento ùnico al mondo. *He has a unique talent.*

unificare *to unify.*

unificazione, f. *unification.*

uniformare *to conform.*
Mi sono uniformato ai suoi voleri. *I complied with his wishes.*

uniforme, f. *uniform.*
indossare l'uniforme militare *to don military uniform.*

uniforme *uniform.*

uniformità *uniformity.*

unione, f. *union.*

UNIRE *to unite; to join; to enclose.*
unire in matrimonio *to join in marriage.*
Mi sono unito a lui in questa impresa.

I joined him in this endeavor.
In questa mia lettera unisco una
   fotografia del mio bambino. *I am
   enclosing in my letter a photograph
   of my baby.*
unisono *unison, harmony.*
Hanno risposto tutti all'unisono.
   They all answered in unison.
unità *unity.*
unito *united.*
universale *universal.*
universalità *universality.*
universalmente *universally.*
università *university.*
universitario *of a university;* (as noun)
   university student.
   diploma universitario *university
   degree.*
universo *universe;* (as adj.)
   universal.
UNO (UN, UNA) *one, a, an, someone.*
   l'un l'altro *each other; one another.*
   una ragazza *a girl; one girl.*
   un' idea *an idea; one idea.*
   uno ad uno *one by one.*
   uno alla volta *one at a time.*
   uno dopo l'altro *one after the other.*
   uno sciocco *a fool; one fool.*
   un ragazzo *a boy; one boy.*
   Ne desidero uno di qualità migliore.
      I want one of better quality.
   Uno mi ha detto . . . *Someone told
      me . . .*
   Uno non sa mai quando può succedere
      una disgrazia. *One never knows
      when an accident might happen.*
ùnto *greasy.*
untuoso *oily, unctuous.*
unzione, f. *unction.*
UOMO *man.*
   un bell'uomo *a handsome man.*
   un'uomo d'affari *a business man.*
   un'uomo di mezz'età. *a middle-aged
      man.*
   un'uomo di parola *a man of his word.*
   un'uomo fatto *a grown man.*
UOVO *egg;* (le uova *eggs*)
   uovo fresco *fresh egg.*
   uovo sodo *hard-boiled egg.*
   Meglio l'uovo oggi, che la gallina
      domani. *A bird in the hand is
      worth two in the bush.*
urbano *urban, urbane.*
urgente *urgent.*
   aver bisogno urgente *to have urgent
      need.*
urgentemente *urgently.*
urgenza *urgency.*
   Il medico è stato chiamato d'urgenza.
      The doctor was called in a hurry.

ùrgere *to be urgent.*
   Ùrge la sua presenza. *Your presence
      is urgently needed.*
urlare *to shout; to howl.*
ùrlo *shout, cry.*
ùrna *urn.*
urtante *irritating.*
urtare *to knock against; to annoy.*
   Ho urtato contro lo stipite della porta.
      I knocked against the doorpost.
   Mi ùrta il suo modo di fare. *His
      manner irritates me.*
ùrto *push, shove.*
USANZA *usage, custom.*
   un'usanza antica *an old custom.*
   un'usanza comune *a common custom.*
USARE *to use; to make use of.*
   usare giudizio *to use common sense;
      to exercise judgment.*
   I cappelli a larghe falde si usano
      molto quest'anno. *Wide-brimmed
      hats are very fashionable this year.*
   Mia madre usava raccontarmi delle
      storielle delle fate. *My mother used
      to tell me fairy stories.*
   Posso usare la sua penna per un
      momento? *May I use your pen for a
      moment?*
usato *second-hand, used, usual.*
   mobili usati *second-hand furniture.*
   non più usato *obsolete.*
   più dell'usato *more than usual.*
usciere, m. *usher, bailiff.*
ùscio *door.*
   sull'ùscio di casa *on the doorstep.*
USCIRE *to go out; to come out.*
   Desidero uscire da questa situazione
      penosa. *I wish to get out of this
      unhappy situation.*
   Esco di casa ogni mattina alle otto.
      *I leave the house (go out of the
      house) every morning at eight.*
   La Signora esce questa sera? *Is the
      lady going out this evening? Will the
      lady be out this evening?*
   Usciamo a fare una passeggiata!
      Let's go out for a walk!
USCITA *coming out; getting out; exit;
   outlay.*
   Dov'è l'uscita del palazzo? *Where is
      the exit of the building?*
   Gli attori furono applauditi alla loro
      uscita. *The actors were applauded
      upon coming out.*
   Le uscite sono grandi e le entrate sono
      piccole. *The expenditures are
      great and the income is small.*
   Non abbiamo via d'uscita. *We have no
      avenue of escape.*
USO *use, custom.*

fare uso di *to make use of.*
pagare per l'uso di *to pay for the use of.*
Non è mio uso comportarmi male. *It is not my custom to behave badly.*
uso *accustomed.*
Egli non è uso a fare lavori pesanti. *He is not accustomed to doing heavy work.*
usuale *usual, customary.*
usualmente *usually, generally.*
usufruire *to take advantage of; to benefit by.*
Usufruisco soltanto degli interessi sul capitale. *I benefit only by the interest on the capital.*
usura *usury.*
Mi ha ricompensato ad usura. *He repaid me with interest (abundantly; generously).*
utensile, m. *utensil.*
utensili di cucina *kitchen utensils.*
ÙTILE *useful.*
utilità *utility, usefulness.*
È un oggetto bello, ma non ha utilità. *It is a beautiful object, but it is of no use.*
utilizzare *to utilize.*
utilmente *usefully, profitably.*
uva *grapes.*
un grappolo d'uva *a bunch of grapes.*
uva passa *raisins.*

V

vacante *vacant, unfilled.*
VACANZA *vacation, holiday.*
Dove passa le vacanze di Natale? *Where are you spending the Christmas holidays?*
vacca *cow.*
vaccinare *to vaccinate.*
vaccinazione, f. *vaccination.*
vaccino *vaccine.*
vacillante *vacillating, wavering, hesitating.*
vacillare *to vacillate; to waver; to hesitate.*
vagabondo *vagabond, wanderer.*
vagamente *vaguely.*
rispondere vagamente *to answer in a vague manner.*
vagante *wandering, rambling.*
vagare *to wander; to ramble.*
vagire *to whimper.*
Il neonato vagiva nella sua culla.

The infant was whimpering in his cradle.
vagito *whimper.*
vaglia, f. *worth, merit.*
una persona di vaglia *a person of merit.*
vaglia, m. *postal money-order; check.*
vagliare *to sift; to consider.*
vagliare una proposta *to consider a proposal.*
vago *vague, lovely, desirous.*
una vaga fanciulla *a lovely girl.*
vago di gloria *desirous of glory.*
Ne ho una vaga idea. *I have a vague idea of it.*
vagone, m. *truck, van, car (of train).*
valanga *avalanche.*
È scesa una valanga di neve. *An avalanche of snow came down.*
valente *clever; of worth.*
valentia *cleverness, skill.*
VALERE *to be worth.*
vale a dire *that is to say; namely.*
A che vale? *What good is it?*
La salute vale più del denaro. *Health is worth more than wealth.*
Mi sono valso dei miei diritti. *I took advantage of my rights.*
Non vale la pena parlarne. *It isn't worth speaking of.*
Per quanto tempo vale questo biglietto? *For how long is this ticket good?*
Questo diamante vale diversi milioni. *This diamond is worth several millions.*
valevole *good, usable, effective.*
È un rimedio valevole. *It is an effective remedy.*
Il biglietto è valevole per dieci giorni. *The ticket is good for ten days.*
valicare *to pass over; to cross.*
Bisognerà valicare i monti, per giungere al nostro paese. *We'll have to cross the mountains before arriving in our country.*
validamente *validly.*
validità *validity.*
valido *valid, strong.*
Egli ha una mente valida. *He has an untiring mind.*
Questo contratto non è valido. *This contract is not valid.*
valigeria *luggage shop.*
valigia *suitcase.*
vallata (also **valle,** f.) *valley.*
VALORE, m. *value, valor.*
secondo il valore che egli da alle sue parole *according to the value (meaning) he gives his words.*
È un' artista di gran valore. *He is a*

great artist.

Il valore di queste gemme è inestimabile. *The value of these gems is inestimable.*

I nostri soldati hanno dimostrato gran valor. *Our soldiers displayed great valor (courage).*

I valori morali sono molto cambiati negli ultimi decenni. *Moral values have changed a great deal in the last decades.*

valorosamente *bravely, valiantly.*
Hanno combattuto valorosamente. *They fought valiantly.*

valoroso *brave, valiant.*

valuta *value; monetary value; currency.*
valuta d'una cambiale *face value of a promissory note.*
valuta estera *foreign currency.*

VALUTARE *to appraise; to estimate.*
Sarà difficile valutare il tempo che ci vorrà per finire questo lavoro. *It will be difficult to estimate the time it will take to finish this work.*
Valutò l'anello cento mila lire. *He appraised the ring at one hundred thousand lire.*

valutazione, f. *estimate, appraisal.*

valvola *value.*
valvola di sicurezza *safety valve.*

valzer, m. *waltz.*
Vuol ballare questo valzer con me? *Will you dance this waltz with me?*

vampa *sudden wave of intense heat; passion; flush.*

vampeggiare *to throw off gusts of great heat; to blaze.*
Il fuoco vampeggiava. *The fire was blazing.*

vanagloria *vainglory.*

vanaglorioso *vainglorious.*

vanamente *vainly; in vain.*
Decantava vanamente le proprie virtù. *He was vainly extolling his own virtues.*
Ti ho atteso vanamente. *I waited for you in vain.*

vaneggiamento *raving.*

vaneggiare *to rave.*

vanga *spade.*

vangare *to dig; to turn over the earth.*

Vangèlo *Gospel.*

vaniglia *vanilla.*

vanigliato *flavored with vanilla.*

vanità *vanity.*

vano, noun *room.*
un appartamento di quattro vani *a four-room apartment.*

VANO *vain, useless, empty.*

È perito nel vano tentativo di salvare sua figlia dalle fiamme. *He died trying vainly to save his daughter from the fire.*

VANTAGGIO *advantage, odds.*
Egli ha il vantaggio su di me. *He has the advantage over me.*
Mi ha dato dieci punti di vantaggio. *He gave me a ten-point advantage over him.*

vantaggioso *advantageous.*

VANTARE *to boast of; to boast.*
vantarsi *to brag.*
Egli ha agito male e se ne vanta. *He behaved poorly and he brags about it.*
Egli vanta le sue ricchezze. *He boasts about his wealth.*

vantatore, m. *braggart.*

vanto *honor, merit.*
Egli si dava vanto dei suoi successi. *He was priding himself on his successes.*

vanvera (a) *at random; without thought.*
parlare a vanvera *to talk nonsense.*

vaporare *to evaporate.*

vaporazione, f. *evaporation.*

vapore, m. *vapor, steam.*
bagno a vapore *steam bath (Turkish bath).*
bastimento a vapore *steamship.*

vaporizzare *to vaporize.*

vaporizzatore, m. *vaporizer.*

vaporoso *vaporous, vague.*

varare *to launch.*
varare una nave *to launch a ship.*

varcare *to cross; to go beyond.*
varcare la soglia di casa *to cross the threshold.*
varcare una frontiera *to pass a frontier.*
Essa ha varcato i quarant'anni. *She has passed her fortieth year.*

varco *passage, way.*
aspettare al varco *to be in wait for.*
aprirsi un varco *to clear a path.*

variabile *variable, changeable.*
Il suo umore è variabile. *His mood is changeable.*

variare *to vary.*
tanto per variare *just for a change.*
La temperatura varia da una stanza all'altra. *The temperature varies from room to room.*

variato *varied, various.*

variazione, f. *variation, change.*

varicella *chicken pox.*

varietà *variety.*
teatro di varietà *music hall;*

vaudeville house.

vario *various, different, several.*
  Ho da fare varie cose. *I have various things to do.*
  Gli è successo varie volte. *It has happened to him several different times.*

vasca *basin, tub.*
  vasca da bagno *bathtub.*
  vasca di marmo *marble basin.*
  vasca per pesci *fish pond.*

vaselina *vaseline.*

vaso *pot, vase.*
  vaso da fiori *flowerpot.*

vassòio *tray.*

vastamente *widely, vastly.*

vastità *vastness.*

vasto *wide, vast.*
  le vaste distese dell' ovest *the vast plains of the West.*

Vaticano *Vatican.*

ve *there.*
  Ve ne sono appena tornato. *I have just returned from there.*

vecchiàia *old age.*
  pensioni per la vecchiàia *old-age pensions.*

VECCHIO *old; (as noun) old man.*
  i vecchi *the aged.*
  Il vecchio camminava a stento. *The old man could hardly walk.*
  Questo vestito è troppo vecchio per essere messo. *This suit is too old to wear.*

vece, f. *stead.*
  fare le veci di *to act as.*
  Vai tu in vece mia. *You go in my place.*

VEDERE *to see.*
  dare a vedere *to make one believe.*
  essere ben visto *to be popular; to be well liked.*
  Il bimbo ha visto la luce il 3 Marzo, 1956. *The child was born March 3, 1956.*
  Lo vidi tre settimane fà. *I saw him three weeks ago.*
  Non mi può vedere. *He can't stand me (see me).*
  Non ne vedo la necessità. *I don't see the necessity of it.*
  Non si fa vedere da un pezzo. *He hasn't shown up for some time.*
  Non vedo l'ora di finire. *I can hardly wait to finish.*

vedetta *lookout, watch.*
  far da vedetta *to act as lookout.*

vedova *widow.*

vedovanza *widowhood.*

vedovare *to widow.*

vedovato *widowed.*

vedovo *widower.*

VEDUTA *view.*
  Da questa finestra c'è un ottima veduta del mare. *From this window there is a lovely view of the sea.*
  Ognuno ha le proprie vedute. *Everyone has his own views.*

vegetale, m. *vegetable; (also adj.)*

vegetare *to vegetate.*

vegetariano *vegetarian, noun & adj.*

vegetazione, f. *vegetation.*

vègeto *strong, vigorous.*

veglia *waking; watch; evening party.*
  fare le veglia *to keep vigil.*
  fra veglia e sonno *between slumber and waking.*

vegliante *waking, watching..*

VEGLIARE *to sit up; to remain awake.*
  vegliare presso un ammalato *to sit up with a patient; to watch over a patient.*

veìcolo *vehicle.*

vela *sail.*
  barca a vela *sailboat.*
  Tutto procede a gonfie vele. *Everything is going very well.*

velare *to veil.*

velatamente *covertly.*

velato *veiled.*
  con voce velata *in a disguised voice.*
  una velata minaccia *a veiled threat.*

veleno *poison.*

velenoso *poisonous, venomous.*

velivolo *airplane.*

vellutato *velvety.*

velluto *velvet.*

velo *veil.*
  stendere un velo sopra *to draw a veil over.*

veloce *swift, rapid.*

velocemente *swiftly, rapidly.*

velocità *velocity, speed.*
  ad una velocità media di *at an average speed of.*
  a grande velocità *at great speed.*
  a tutta velocità *at full speed.*
  la velocità del suono *the speed of sound.*

velocìpede, m. *velocipede.*

vena *vein.*
  essere in vena *to be in the mood.*
  vena artistica *an artistic vein.*

venale *venal.*

venalità *venality.*

venatorio *of hunting.*
  stagione venatoria *hunting season.*

vendemmia *grape harvest.*

VENDERE *to sell.*
  vendere a buon mercato *to sell cheap.*

vendere all' ingrosso *to sell wholesale.*

vendere al minuto *to sell retail.*

vendere bene *to sell at a good price; to sell well.*

vendetta *revenge.*

vendibile *saleable.*

vendicare *to avenge.*

vendicativo *revengeful.*

vendita *sale.*

in vendita *on sale.*

venditore, m. *seller.*

venditore ambulante *peddler.*

venduto *sold.*

venerabile *venerable.*

venerabilità *venerability.*

venerare *to venerate; to revere.*

venerazione, f. *veneration.*

venerdì *Friday.*

Veneziano *Venetian; (also noun).*

veniente *coming, next.*

la settimana veniente *the coming week.*

VENIRE *to come.*

venir bene *to turn out well.*

venire ai fatti *to get down to facts.*

venire alle mani *to come to blows.*

venire meno *to faint.*

venire meno ad una promessa *to break a promise.*

Egli viene da famiglia umile. *He comes from a humble family.*

Mi è venuta un' idea! *I just got an idea!*

Mi venne in aiuto. *He came to my aid.*

Mi venne incontro. *He came to meet me.*

Mi vien male. *I feel sick.*

Non mi viene in mente il suo nome. *I can't remember his name.*

Vieni su! *Come up!*

ventaglio *fan.*

ventata *gust; rush of wind.*

una ventata di freddo *a gust of cold air.*

ventesimo *twentieth, noun & adj.*

venti *twenty.*

venticello *light wind; breeze.*

ventilare *to ventilate.*

ventilare una stanza *to air a room.*

ventilato *airy, ventilated.*

ventilatore, m. *ventilator.*

ventilazione, f. *ventilation.*

VENTO *wind.*

farsi vento *to fan oneself.*

parlare al vento *to talk into deaf ears.*

vento contrario *contrary wind.*

vento favorevole *fair wind.*

Tira vento. *It's windy.*

ventoso *windy.*

ventriloquo *ventriloquist.*

ventura *luck.*

andare alla ventura *to trust to chance.*

augurare buona ventura *to wish good luck.*

per mia buona ventura *luckily for me.*

venturo *next, future, coming.*

la settimana ventura *next week.*

le generazioni venture *the coming generations; the future generations.*

venturoso *lucky, fortunate.*

venusto *beautiful, lovely.*

VENUTA *coming, arrival.*

La sua venuta fu una sorpresa per tutti. *His coming was a surprise to everyone.*

verace *veracious, true.*

veramente *truly, really.*

Mi ha fatto veramente piacere. *I was really pleased.*

Veramente? *Really?*

veranda *veranda.*

verbale, m. *minutes.*

leggere il verbale *to read the minutes.*

verbale *verbal.*

verbo *verb.*

VERDE *green.*

essere al verde *to be penniless.*

verdechiaro *light green.*

verdecupo *dark green.*

verdetto *verdict.*

verdura *verdure, vegetables, greens.*

Fa bene mangiare un po' di verdura. *It is good for one to eat some vegetables.*

minestra di verdura *vegetable soup.*

vergogna *shame, disgrace.*

vergognarsi *to be ashamed.*

vergognosamente *shamefully.*

vergognoso *shameful.*

verifica *inspection, examination.*

verifica dei conti *inspection of the accounts.*

verifica dei passaporti *examination of passports.*

verificare *to verify; to inspect.*

verificarsi *to occur; to happen.*

Si è verificato un increscioso incidente, *An unfortunate incident happened.*

verismo *realism.*

VERITÀ *truth.*

dire la verità *to tell the truth.*

in verità *in truth.*

la verità dei fatti *the truth of the matter.*

verme, m. *worm.*

vermiglio *vermilion, red.*

vermut, m.   *vermouth.*
vernacolo *vernacular, dialect.*
vernice, f.   *varnish.*
verniciare *to varnish.*
VERO, noun   *truth.*
  a dire il vero   *to tell the truth.*
  Non c'è una parola di vero in quanto
    mi ha raccontato.   *There isn't a word
    of truth in what he told me.*
VERO   *true.*
  Non è vero.   *It's not true.*
  Venite con noi, è vero?   *You are
    coming with us, isn't that so?*
verosimile *likely, probable.*
VERSARE   *to pour; to spill; to shed.*
  versare lacrime   *to shed tears.*
  versare una somma   *to pay a sum.*
  versare un bicchiere d'acqua   *to pour
    a glass of water.*
  Si è versato il caffè addosso.   *He
    spilled the coffee over himself.*
versatile *versatile.*
versatilità *versatility.*
versione, f.   *version.*
  versione in italiano   *Italian version;
    Italian translation.*
  una versione nuova   *a new version.*
  Ognuno mi ha dato una versione
    diversa dell' accaduto.   *Everyone
    gave me a different version of
    what happened.*
VERSO   *verse, line.*
  per un verso o per l'altro   *one way or
    the other.*
  scrivere dei versi   *to write verses
    (poetry).*
  versi sciolti   *blank verse.*
  Questo dramma è scritto in versi.
    This drama is written in verse.
VERSO   *toward.*
  verso la fine del mese   *towards the
    end of the month.*
  verso nord   *northward.*
  Egli viene verso di me.   *He is coming
    toward me.*
vertenza *quarrel, question.*
  visolvere una vertenza   *to settle a
    quarrel.*
verticale *vertical.*
verticalmente *vertically.*
vertigine, f.   *dizzy spell; dizziness.*
vertiginoso *dizzy.*
  un altezza vertiginosa   *a dizzy height.*
vèscovo *bishop.*
vespa *wasp.*
vespaio *wasps' nest.*
vestaglia *dressing gown.*
VESTE, f.   *dress, gown.*
  in veste di   *in the guise of.*
  veste da camera   *dressing gown.*

  veste da sposa   *bridal gown.*
vestiario *clothes.*
vestibolo *hall.*
vestigio *trace, vestige.*
VESTIRE *to dress.*
  vestire bene   *to dress well.*
  vestirsi   *to dress oneself.*
VESTITO *suit, dress.*
  vestiti da sera   *evening clothes.*
veterano *veteran.*
veterinario *veterinary, noun & adj.*
veto *veto.*
vetràio *glass blower; glazier.*
vetrame *glassware.*
vetrato *glazed.*
vetrina *shop window.*
VETRO *glass.*
  vetro colorato   *stained glass.*
vetta *summit.*
vettovaglie, f. pl.   *food provisions.*
vettura *carriage, coach.*
  l'ultima vettura   *the last coach.*
  In vettura!   *All aboard!*
vetturino *driver, cabbie.*
vezzo *charm, coaxing.*
VI *there.*
  Non ho desiderio di andarvi.   *I don't
    wish to go there.*
  Vi andrò se potrò.   *I'll go there if
    I can.*
VI *you; to you; both sing. & pl.*
  Vi restituirò il libro domani.   *I will
    give the book back to you tomorrow.*
  Vi rivedo con piacere.   *I am pleased
    to see you again.*
VIA *street, road, way.*
  in via   *on the way.*
  la via più breve   *the shortest way.*
  per via di   *by way of.*
  Via Veneto   *Veneto Street.*
VIA *away, off.*
  andar via   *to go away.*
  e così via   *and so forth.*
  mandar via   *to send away.*
viadotto *viaduct.*
viaggetto *trip.*
VIAGGIARE *to travel.*
  viaggiare in prima   *to travel first
    class.*
viaggiatore, m.; **viaggiatrice,** f.
  traveler, passenger.
VIAGGIO *journey, voyage.*
  essere in viaggio   *to be traveling;
    to be on the way.*
  fare un viaggio   *to take a voyage; to
    take a trip.*
  mettersi in viaggio   *to set out; to
    start out.*
  Buon viaggio!   *Happy journey!
    Bon Voyage!*

viale, m. *avenue.*
  viali alberati *tree-lined avenues*
viandante, m. *passer-by, pedestrian.*
viavai *coming and going; hustle and bustle.*
  C'è un viavai continuo in questa casa. *There is a continuous hustle and bustle in this house.*
vibrare *to vibrate.*
  vibrare un colpo *to strike a blow.*
vice *vice.*
  vicepresidente *vice-president.*
  videdirettore *assistant director.*
vicenda *vicissitude, event.*
  a vicenda *in turn.*
  le vicende della vita *the vicissitudes of life.*
  volersi bene a vicenda *to love one another.*
vicendevole *mutual.*
vicendevolmente *mutually, reciprocally.*
viceversa *vice versa; on the contrary.*
  Se viceversa vuole rimanere qui, faccia pure. *If on the other hand you prefer to remain here, do so.*
vicinanza *nearness, proximity, vicinity, neighborhood.*
  essere in vicinanza di *to be close to; to be approaching.*
  La mia casa è nelle vicinanze della sua. *My home is near his.*
  La sua vicinanza è un gran conforto per me. *His nearness is a great comfort to me.*
vicinato *neighborhood.*
vicino, noun *neighbor.*
  La mia vicina mi ha salutato dalla finestra. *My neighbor greeted me from the window.*
VICINO *near.*
  vicino casa mia *near my home.*
  Siamo vicini alla fine del lavoro. *We are close to the end of the work.*
VIETARE *to forbid; to prohibit.*
  Il medico mi ha vietato di fumare. *The doctor has forbidden me to smoke.*
VIETATO *forbidden, prohibited.*
  Vietato l'Ingresso! *No Admittance!*
  Vietato Fumare! *No Smoking!*
  Vietata la Sosta! *No Parking!*
  Vietata l'Affisione! *Post No Bills!*
vigente *in force.*
  leggi vigenti *laws in force.*
vigere *to be in force.*
  Questa legge vige ancora. *This law is still in force.*
vigilante *vigilant.*
vigilanza *vigilance.*

vigilare *to watch over; to guard.*
vigile, m. *policeman.*
  vigile del fuoco *fireman.*
vigilia *eve, vigil.*
  la vigilia di capodanno *New Year's Eve.*
  la vigilia di Natale. *Christmas Eve.*
vigliacco *coward.*
vigna *vineyard.*
vignetta *vignette.*
vigore, m. *vigor, strength.*
  con vigore instancabile *with untiring strength.*
  in pieno vigore *in full strength.*
  Questa legge non è ancora in vigore. *This law is not in force yet.*
vigorosamente *vigorously.*
vigoroso *vigorous, strong.*
vile *low, mean, cowardly.*
villa *villa; country house.*
villanamente *rudely, roughly.*
villania *rudeness.*
villano *an unrefined man; a peasant.*
villeggiatura *holiday, country vacation.*
  luogo di villeggiatura *vacation spot.*
villino *cottage.*
vilmente *cowardly, meanly.*
viltà *cowardice.*
vinaio *wine merchant.*
vincente *winning; (as noun) winner.*
  il numero vincente *the winning number.*
  Il vincente riceverà un premio. *The winner will receive a prize.*
VINCERE *to win; to overcome; to get the better of.*
  vincere una battaglia *to win a battle.*
  vinto dalla stanchezza *overcome by fatigue.*
  Non voglio lasciarmi vincere dalla collera. *I don't want to let my anger get the better of me.*
vincitore, m.; **vincitrice**, f. *winner.*
vincolare *to bind.*
  vincolarsi *to bind oneself.*
vincolo *tie, bond.*
  vincolo di sangue *blood tie.*
VINO *wine.*
  vino bianco *white wine.*
  vino leggero *light wine.*
  vino rosso *red wine.*
  vino spumante *sparkling wine.*
VINTO *won, overcome, conquered.*
  darsi per vinto *to give up; to give in.*
  È un uomo vinto dalle sventure. *He is a man who has been overcome by misfortune.*
  Non te la do vinta. *I won't let you have your own way.*
viola *violet, noun & adj.*

violare *to violate.*
violazione, f. *violation.*
violentemente *violently.*
violento *violent.*
violenza *violence.*
violinista, m. *violinist.*
violino *violin.*
vipera *viper.*
virgola *comma.*
  punto e virgola *semicolon.*
virgolette, f. pl. *quotation marks.*
virile *manly, virile.*
virilmente *manfully.*
virtù, f. *virtue.*
  in virtù di *in virtue of.*
virtuoso *virtuous.*
virus, m. *virus.*
visibile *visible.*
visibilità *visibility.*
visibilmente *visibly.*
visiera *visor.*
visione, f. *vision.*
VISITA *visit.*
  biglietto da visita *visiting card.*
  fare una visita a *to pay a visit to.*
  farsi fare una visita medica *to
    submit to a medical examination.*
VISITARE *to visit; to call on
  somebody.*
  visitare un amico *to visit a friend.*
visivo *visual.*
VISO *face.*
visone, m. *mink.*
  una pelliccia di visone *a mink coat.*
vispo *lively.*
  un bimbo vispo *a lively child (boy).*
VISTA *sight, view.*
  a prima vista *at first sight.*
  aver la vista buona *to have good
    eyesight.*
  aver la vista corta *to be
    short-sighted.*
  conoscere di vista *to know by sight.*
  in vista *in sight.*
  perdere di vista *to lose sight of.*
  punto di vista *point of view.*
  una vista panoramica *a panoramic
    view.*
visto, m. *visa.*
vistoso *showy, gaudy.*
VITA *life, waist.*
  essere corta di vita *to be
    short-waisted.*
  essere lunga di vita *to be
    long-waisted.*
  intorno alla vita *around the waist.*
  in vita *alive.*
  pieno di vita *full of life.*
vitale *vital.*
vitalità *vitality.*

vitamina *vitamin.*
vite, f. *screw, vine.*
vitello *calf.*
  cotoletta di vitello *veal cutlet.*
  fegato di vitello *calves' liver.*
vittima *victim.*
VITTO *food.*
  vitto e alloggio *food and lodging.*
  Il prezzo della camera comprende
    anchè il vitto. *The price of the room
    includes meals.*
vittoria *victory.*
vittoriosamente *victoriously.*
vittorioso *victorious.*
vivace *lively, vivacious.*
vivacemente *vivaciously.*
vivacità *vivacity, liveliness.*
vivamente *keenly, deeply.*
vivanda *food.*
vivente *living.*
  Non ho parenti viventi. *I have no
    living relatives.*
VIVERE *to live.*
  Egli vive alla giornata. *He lives
    from hand to mouth.*
viveri, m. pl. *victuals; food supplies.*
vivido *vivid.*
VIVO *alive, living.*
  argento vivo *quicksilver.*
  con suo vivo dolore *with great
    sorrow on his part.*
  I miei genitori sono ancora vivi. *My
    parents are still alive.*
viziare *to spoil.*
viziato *spoiled.*
vizio *fault, vice.*
vocabolario *vocabulary.*
vocabolo *word, term.*
vocale *vocal; (also noun, f.) vowel.*
  corde vocali *vocal cords.*
VOCE, f. *voice.*
  abbassare la voce *to lower one's
    voice.*
  alzar la voce *to shout.*
  a voce alta *in a loud voice.*
  a voce bassa *in a low voice.*
  Corre voce che. . . *There is a rumor
    that. . .*
voga *fashion, vogue.*
  essere in voga *to be in fashion.*
vogare *to row.*
VOGLIA *wish, desire.*
  Hai voglia di fare una passeggiata?
    Do you feel like going for a walk?
  Non ho voglia di uscire questa sera.
    I don't wish to go out this evening.
VOI *you, pl. familiar; also formal.*
volante, m. *wheel.*
  Ero al volante quando è avvenuto lo
    scontro. *I was at the wheel when the*

crash occurred.

volante *flying.*
VOLARE *to fly.*
volata *flight.*
volente *willing.*
  volente o nolente *willing or not.*
volentieri *willingly.*
  mal volentieri *unwillingly.*
volere, m. *will.*
  il volere di Dio *the will of God.*
  il volere del popolo *the will of the people.*
VOLERE *to want; to wish.*
  voglia o non voglia *whether he wishes or not.*
  voler dire *to mean.*
  Non voglio mangiare ora. *I don't want to eat now.*
  Vorrei riposare un po'. *I would like to rest a while.*
volgare *vulgar.*
volgarità *vulgarity.*
volgarmente *vulgarly.*
VOLGERE *to turn.*
  volgere al termine *to come to an end; to draw to a close.*
  volgere gli occhi insù *to look up.*
  volgere intorno lo sguardo *to look about; to look around.*
  volgere le spalle a *to turn one's back to.*
volo *flight.*
volontà *will.*
  di spontanea volontà *of one's free will.*
  le ultime volontà del defunto *the last will of the deceased.*
volontariamente *voluntarily.*
volontario *voluntary.*
volpe, f. *fox.*
  volpe argentata *silver fox.*
volpone, m. *old fox.*
VOLTA *time.*
  di volta in volta *from time to time.*
  due per volta *two at a time.*
  la prossima volta *next time.*
  qualche volta *sometimes.*
  questa volta *this time.*
  una alla volta *one at a time.*
  una volta e per sempre *once and for all.*
  C'era una volta... *Once upon a time...*
  Ora è la mia volta! *Now it's my turn!*
VOLTARE *to turn.*
  voltare a destra *to turn to the right.*
  voltare una pagina *to turn a page.*
  voltarsi *to turn around.*
voltata *turn, turning.*
  la seconda voltata a sinistra *the*

second turn to the left.
voltato *turned.*
  Gli occhi di tutti erano voltati verso di lui. *All eyes were turned toward him.*
volto *face.*
volume, m. *volume.*
VOSTRO, -a, -i, -e (il vostro; la vostra; i vostri; le vostre) *your, yours.*
  il vostro amico *your friend.*
  vostro padre *your father.*
  Questo libro è il vostro. *This book is yours.*
votare *to vote.*
votato *consecrated.*
voto *vow, vote.*
  dare il proprio voto a *to cast one's vote for.*
  fare un voto *to make a vow.*
vulcano *volcano.*
vulnerabile *vulnerable.*
vulnerabilità *vulnerability.*
vuotare *to empty.*
  vuotare il sacco *to get something off one's chest (to empty the sack).*
vuoto, noun *emptiness; empty space; vacuum.*
  andare a vuoto *to come to nothing.*
VUOTO *empty.*
  a tasche vuote *with empty pockets; penniless.*
  Non posso andare a mani vuote. *I can't go empty-handed.*
  Questo fiasco è vuoto. *This bottle is empty.*

Z

zabaione, m. *eggnog.*
zafferano *saffron.*
zaffiro *sapphire.*
zàino *knapsack, pack.*
  collo zàino a tracollo *with a knapsack on his back.*
zampa *paw.*
zampillare *to gush; to spring.*
  La fontana zampillava. *The fountain was gushing.*
zampillo *jet, squirt, stream.*
zanna *tusk, fang.*
zanzàra *mosquito.*
zappa *hoe.*
zappare *to hoe; to dig.*
zàttera *raft.*
zebra *zebra.*
zebrato *zebra-striped.*
zecca *mint.*

nuovo di zecca *brand-new.*
zèffiro *breeze.*
zelante *zealous.*
zelantemente *zealously.*
zelo *zeal.*
zènzero *ginger.*
zeppo *full.*
Questa valigia è piena zeppa. *The suitcase is quite full.*
zero *zero.*
sopra zero *above zero.*
sotto zero *below zero.*
zeta *z.*
dall'A alla Z *from start to finish.*
ZIA *aunt.*
zibellino *sable.*
zigomo *cheekbone.*
aver gli zigomi alti *to have high cheekbones.*
zimarra *robe.*
zimbello *laughingstock.*
zinco *zinc.*
zingaro *gypsy.*
ZIO *uncle.*
zitella *maid.*
zitellona *old maid; spinster.*
zittire *to hush; to shush.*
ZITTO *silent.*
stare zitto *to keep quiet.*
Zitto! *Quiet!*
zoccolo *wooden shoe; hoof.*

gli zoccoli del cavallo *the horse's hooves.*
zodiaco *zodiac.*
zolfo *sulphur.*
zolla *clod, sod.*
zolletta *lump (of sugar).*
zona *zone.*
zoologia *zoology.*
zoologico *zoological.*
giardino zoologico *zoo.*
zoppicare *to limp.*
zoppo *lame.*
essere zoppo *to be lame.*
sedia zoppa *wobbly chair.*
zucca *pumpkin, pate.*
aver la zucca pelata *to be bald-headed.*
aver sale in zucca *to be sensible.*
semi di zucca *pumpkin seeds.*
zuccherare *to sugar; to sweeten.*
zuccherato *sugared, sweetened.*
ZUCCHERO *sugar.*
due zollette di zucchero *two lumps of sugar.*
zucchero di canna *cane sugar.*
zucchero in pòlvere *powdered sugar.*
zucchino *squash.*
zuccone, m. *blockhead.*
zufolare *to whistle.*
zuppa *soup.*
zuppiera *soup tureen.*

GLOSSARY OF PROPER NAMES

Adriana *Adriane.*
Alberto *Albert.*
Alessandro *Alexander.*
Alfredo *Alfred.*
Alice *Alice.*
Andrèa *Andrew.*
Anita *Anita.*
Antonio *Anthony.*
Arnoldo *Arnold.*
Arrigo *Harry.*
Arturo *Arthur.*

Beatrice *Beatrice.*
Bernardo *Bernard.*
Bertrando *Bertrand.*
Bianca *Blanche.*

Carlo *Charles.*
Carlotta *Charlotte.*
Carolina *Carol.*
Caterina *Katherine.*

Daniele *Daniel.*
Davide *David.*
Donato *Donald.*

Editta *Edith.*
Edmondo *Edmund.*
Edoardo *Edward.*
Eleanora *Eleanor.*
Elizabetta *Elizabeth.*
Emilia *Emily.*
Emmanuele *Emanuel.*
Enrichetta *Henrietta.*
Enrico *Henry.*
Evelina *Evelyn.*

Federico *Frederick.*
Ferdinando *Ferdinand.*
Francesca *Frances.*
Francesco *Francis.*

Gabriele *Gabriel.*

Gianna *Jean, Jane.*
Gilberto *Gilbert.*
Giorgio *George.*
Giovanna *Joan.*
Giovanni *John.*
Giuditta *Judith.*
Giulia *Julia.*
Giuliano *Julian.*
Giuseppe *Joseph.*
Gregorio *Gregory.*
Guglielmo *William.*
Guido *Guy.*

Irene *Irene.*
Isabella *Isabel.*

Liliana *Lillian.*
Lorenzo *Lawrence.*
Lucia *Lucy.*
Luigi *Lewis, Louis.*
Luisa *Louise.*

Maria *Mary.*
Maurizio *Maurice.*
Michele *Michael.*

Paolo *Paul.*
Pietro *Peter.*
Peppino *Joe.*

Raffaele *Ralph.*
Raimondo *Raymond.*
Riccardo *Richard.*
Roberto *Robert.*
Rosa *Rose.*

Silvia *Sylvia.*

Teresa *Theresa.*
Tommaso *Thomas.*

Vincenzo *Vincent.*
Violetta *Violet.*
Viviana *Vivian.*

GLOSSARY OF GEOGRAPHICAL
NAMES

Adriatico *Adriatic.*
Africa *Africa.*
Alpi, f. pl. *Alps.*
America *America.*
  America del Nord *North America.*
  America del Sud *South America.*
  America Centrale *Central America.*
Argentina *Argentina.*
Asia *Asia.*
Atlantico *Atlantic.*
Australia *Australia.*

Belgio *Belgium.*
Bermude, f. pl. *Bermuda.*
Brasile *Brazil.*
Brusselles *Brussels.*

Canadà *Canada.*
Cina *China.*

Danimarca *Denmark.*
Dover *Dover.*

Egitto *Egypt.*
Europa *Europe.*

Firenze *Florence.*
Francia *France.*

Galles *Wales.*
Germania *Germany.*
Genova *Genoa.*
Giappone *Japan.*
Ginevra *Geneva.*
Gran Bretagna *Great Britain.*
Grecia *Greece.*

India *India.*
Inghilterra *England.*
Irlanda *Ireland.*
Islanda *Iceland.*
Italia *Italy.*

Lisbona *Lisbon.*
Londra *London.*

Messico *Mexico.*
Milano *Milan.*
Mosca *Moscow.*

Napoli *Naples.*
Norvegia *Norway.*
Nuova Zelanda *New Zealand.*

Olanda *Holland.*

Pacifico *Pacific.*
Padova *Padua.*
Parigi *Paris.*
Persia *Persia.*
Polonia *Poland.*
Portogallo *Portugal.*
Prussia *Prussia.*

Reno *Rhine.*
Roma *Rome.*
Rumania *Rumania.*
Russia *Russia.*

Sardegna *Sardinia.*
Scozia *Scotland.*
Siberia *Siberia.*
Sicilia *Sicily.*
Sorrento *Sorrento.*
Spagna *Spain.*
Stati Uniti *United States.*
Svezia *Sweden.*
Svizzera *Switzerland.*

Toscana *Tuscany.*
Turchia *Turkey.*

Ungherìa *Hungary.*

Venezia *Venice.*
Vesuvio *Vesuvius.*
Vienna *Vienna.*

ENGLISH-ITALIAN

A

a (an) uno, un, una.
abandon (to) abbandonare.
abbreviate (to) abbreviare.
abbreviation abbreviazione, *f.*
ability abilità, talento.
able (to be) potere; essere capace di; avere la forza di.
able *(adj.)* abile, capace.
aboard a bordo.
abolish (to) abolire.
about circa; a proposito di *(with reference to);* in giro *(in circulation).*
about the end of the month verso la fine del mese.
What's it about? Di che si tratta?
above sopra; in alto.
  above all sopratutto.
abroad all' estero.
absence assenza.
absent assente.
absent-minded distratto.
absolute assoluto.
absorb (to) assorbire.
abstain from astenersi dal.
abstract astratto.
absurd assurdo.
abundance abbondanza.
abundant abbondante.
abuse abuso.
abuse (to) abusare.
academy accademia.
accelerate (to) accelerare.
accelerator acceleratore, *m.*
accent accento.
accent (to) accentare, accentuare.
accept (to) accettare.
accident accidente, *m.;* incidente, *m.*
accidental accidentale, casuale.
accidentally accidentalmente.
accommodate (to) accomodare.
accommodation accomodamento; alloggio *(lodging).*
accompany (to) accompagnare.
accomplish (to) compi(e)re, finire, perfezionare.
accord accordo.
according to secondo.
account conto; resoconto; relazione, *f. (report).*
  on account of a causa di.
accuracy esattezza, accuratezza.
accurate esatto.
accuse (to) accusare.
accustom (to) abituare, abituarsi a.
ace asso.
ache dolere, *m.*
  headache mal di testa.

ache (to) dolere; fare male.
  It hurts me. Mi fa male. (Mi duole.)
achieve (to) compiere; raggiungere.
achievement compimento, successo.
acid acido.
acknowledge (to) riconoscere, convenire.
acquaintance conoscenza.
  to make someone's acquaintance fare la conoscenza di qualcuno.
acquire (to) acquistare.
across attraverso.
act atto.
act (to) agire; rappresentare *(represent).*
  to act as fare da.
action azione, *f.*
active attivo.
activity attività.
actor attore.
actual reale, vero.
acute acuto.
adapt (to) adattare.
add (to) aggiungere; fare la somma; addizionare.
addition addizione, *f.*
  in addition to oltre a.
address indirizzo *(street, location);* discorso *(speech).*
address (to) indirizzare.
  to address oneself to rivolgersi a.
adequate sufficiente, adeguato.
adhesive tape nastro adesivo.
adjective aggettivo.
adjoining vicino, confinante.
  adjoining rooms stanze contigue.
administer (to) amministrare.
administration amministrazione, *f.*
admiral ammiraglio.
admiration ammirazione, *f.*
admire (to) ammirare.
admission ammissione, *f.*
  ticket of admission biglietto d'ingresso.
admit (to) riconoscere, ammettere.
admittance ammissione, *f.;* permesso d'entrare.
  Free admittance Entrata libera.
  No admittance Vietato l'ingresso.
adopt (to) adottare.
  adopted child figlio adottivo.
adult adulto.
advance progresso, avanzata.
  in advance in anticipo.
advance (to) progredire.
advantage vantaggio.
adventure avventura.
adverb avverbio.
advertise (to) avvisare; fare della pubblicità.

advertisement avviso, annunzio, pubblicità.

advice consiglio.
  to take someone's advice seguire il consiglio di qualcuno.

advise (to) consigliare.

affair affare, *m.*

affect (to) influire, concernere, riguardare.

affected affettato, studiato.

affection affezione, *f.;* affetto.

affectionate affettuoso.

affirm (to) affermare.

afloat a galla.
  to be afloat galleggiare.

afraid pauroso, intimorito.

after dopo; in seguito; più tardi.

afternoon pomeriggio; dopo pranzo.

afterwards dopo.

again di nuovo.
  never again mai più.

against contro.

age epoca; età *(of a person).*
  of age maggiorenne.
  under age minorenne.

age (to) invecchiare.

agency agenzia.

agent agente, rappresentante, *m.*

aggravate (to) aggravare.

ago fa.
  five years ago cinque anni fa.
  long ago molto tempo fa.

agree (to) consentire; essere d'accordo.

agreeable convenevole, ameno.

agreed inteso, d'accordo.

agreement patto, accordo.
  as by agreement come si è convenuto.

agricultural agricolo.

agriculture agricoltura.

ahead in avanti.
  to get ahead of oltrepassare.

aid assistenza, aiuto.

aid (to) assistere, aiutare.
  first aid pronto soccorso.

aim mira, fine, *m.;* intento.

aim (to) prendere di mira; mirare.

air aria.
  by air per via aerea.

air mail posta aerea.

airplane aeroplano.

air raid incursione aerea.

aisle corridoio; passaggio; navata *(of a church).*

alarm allarme, *m.*

alarm (to) allarmare; dare l'allarme.

alien straniero.

alike simile.

alive vivo.

more dead than alive più morto che vivo.

all tutto.

all (adj.) tutto, tutta, tutti, tutte.
  all day tutto il giorno.

allow (to) permettere.

allowed permesso.

ally alleato.

almost quasi.

alone solo.

along lungo.

aloud ad alta voce.

also anche.

alter (to) alterare, cambiare.

alternate (to) alternare.

alternately a vicenda; alternamente.

although benchè, sebbene.

altitude altitudine, *f.*

always sempre.

amaze (to) stupire

amazed (to be) essere sorpreso; essere stupefatto.

amazement stupore, *m.*

ambassador ambasciatore, *m.*

ambitious ambizioso.

amend (to) correggere, modificare.

amends riparazione, *f.*

American americano.

among fra; nel mezzo.

amount somma.

amount (to) ammontare.

ample ampio, vasto.

amuse (to) intrattenere, divertire.

amusement intrattenimento, divertimento.

amusing divertente.

analyze (to) analizzare.

ancestor antenato.

anchor àncora.

ancient antico.

and e.

anecdote aneddoto.

angel angelo.

anger collera.

angry irato, collerico.
  to get angry adirarsi.

animal animale, *m.*

animate (to) animare.

annihilate (to) annientare.

anniversary anniversario.

announce (to) annunziare.

annoy infastidire, disturbare, contrariare.

annual annuale.

annul (to) annullare.

anonymous anonimo.

another un altro, un'altra.
  in another hour un'ora più tardi.

answer risposta.

answer (to) rispondere.

anterior anteriore.
anticipate (to) anticipare.
antique antico.
anxiety ansia.
anxious ansioso; desideroso *(eager)*.
any qualunque, qualche, del.
anybody chiunque, qualcuno.
anyhow comunque.
anyone chiunque, qualcuno.
anything qualunque cosa; qualche cosa.
anyway in qualunque modo.
anywhere dovunque.
apart a parte.
apartment appartamento.
apiece ciascuno; per uno.
apologize (to) scusarsi.
apparent evidente.
appeal (to) rivolgersi a; ricorrere a.
appear (to) apparire.
appearance aspetto; apparizione, *f.*
appease (to) placare.
appendix appendice, *f.*
appetite appetito.
applaud (to) applaudire.
applause applauso.
apple mela.
application domanda; richiesta *(request)*; assiduità *(diligence)*.
apply (to) essere adatto *(to be suitable)*; sollecitare *(to apply for)*; rivolgersi a *(to apply to)*.
appoint (to) nominare, stabilire.
appointment appuntamento; nomina *(to a position)*.
appreciate (to) apprezzare.
appreciation apprezzamento.
approach (to) avvicinare.
appropriate appropriato, adatto.
approval approvazione, *f.*
approve (to) approvare.
April aprile.
apron grembiule, *m.*
arbitrary arbitrario.
arcade arcata.
architect architetto.
architecture architettura.
ardent ardente.
area area, spazio.
argue (to) discutere.
argument discussione, *f.;* argomento.
arise (to) levarsi, sorgere.
arm braccio.
    arm in arm a braccetto.
army esercito.
around in giro *(in circulation)*; intorno a.
arouse (to) svegliare, sollevare, aizzare.

arrange (to) aggiustare, assettare, stabilire.
arrangement disposizione, *f;* accordo *(agreement)*.
arrest arresto, cattura.
arrest (to) arrestare, catturare.
arrival arrivo.
arrive (to) arrivare.
art arte, *f.*
    Fine Arts Belle Arti, *f.*
article articolo, oggetto.
artificial artificiale.
artist artista, *m & f.*
artistic artistico.
as come *(like)*; mentre *(while)*.
    as... as... così... come...
    as it were per così dire.
    as little as tanto poco quanto.
    as long as finchè.
    as much altrettanto.
    as much... as... tanto... quanto...
ascertain (to) constatare.
ash cenere, *f.*
ashamed vergognoso.
    to be ashamed of aver vergogna di.
ash tray portacenere, *m.*
aside a parte.
ask (to) chiedere, domandare.
    to ask a question fare una domanda.
asleep addormentato.
    to fall asleep addormentarsi.
aspire (to) aspirare.
aspirin aspirina.
assault assalto.
assemble (to) riunire.
assign (to) assegnare.
assist (to) assistere, aiutare.
assistance assistenza, soccorso.
associate socio.
associate (to) associare.
assume (to) assumere.
assurance sicurezza.
    self-assurance confidenza in se stesso.
assure (to) assicurare.
astonish (to) stupire.
astounded stupefatto.
astounding stupefacente.
at a.
    at first in principio; dapprima.
    at last finalmente.
    at once immediatamente, subito.
    at the same time nel stesso tempo.
athlete atleta, *m.*
athletic atletico.
athletics sports, *m. pl.*
atmosphere atmosfera.
attach (to) attaccare, aderire (a).
attack assalto, attacco.
attack (to) assalire, attaccare.

attain (to) ottenere, conseguire, raggiungere.
attempt tentativo.
attempt (to) tentare.
attend (to) assistere.
  to attend to occuparsi di.
attention attenzione, *f.*
attic soffitta.
attitude atteggiamento.
attorney avvocato.
attract (to) attirare.
attraction attrazione, *f.;* attrattiva.
attractive seducente.
audience udienza, uditorio.
August agosto.
aunt zia.
author autore, *m.*
authority autorità.
authorize (to) autorizzare.
automatic automatico.
automobile automobile, *f.;* vettura.
autumn autunno.
available utilizzabile, disponibile.
average media, *f.;* medio *(adj.).*
avoid (to) evitare.
awake sveglio.
awake (to be) essere sveglio.
awaken (to) svegliare, destare.
award premio.
away assente, lontano.
  to go away andar via.
awful spaventoso.
awhile per qualche tempo.
awkward goffo.

B

baby bambino, bambina.
back *(noun)* dorso *(in body);* spalliera *(of piece of furniture);* fondo *(of room* or *place).*
  to be back essere di ritorno.
back *(adv.)* indietro; di dietro.
background sfondo.
backwards indietro.
bacon lardo.
bad cattivo; malo; guasto *(spoiled).*
badge segno, insegna.
badly male.
bag sacco, borsa.
baker panettiere.
bakery panetteria.
balance equilibrio.
bald calvo.
ball palla; ballo *(dance).*
balloon pallone, *m.*
banana banana.
band orchestra, banda.
bandage benda.

banister balaustrata.
bank banca; sponda *(river).*
  bank account deposito in banca.
bank note biglietto di banca.
bankruptcy bancarotta, fallimento.
  to go bankrupt fare fallimento.
banquet banchetto.
bar bar, *m.*
barber barbiere, *m.;* parrucchiere, *m.*
barbershop barberia.
bare nudo.
bargain affare, *m.*
barge barchetta.
barn capanna, granaio.
barrel barile, *m.*
barren sterile, arido.
base fondamento.
bashful timido.
basin bacino, catinella.
basket paniere, *m.;* canestro; cesto.
bath bagno.
bathe (to) bagnare.
  bathing suit costume da bagno, *m.*
bath-tub vasca.
battle battaglia.
be (to) essere.
  (to) be ahead essere in capo.
  (to) be hungry aver fame.
  (to) be right aver ragione.
  (to) be sleepy aver sonno.
  (to) be sorry dispiacersene.
  (to) be thirsty aver sete.
  (to) be wrong aver torto.
  (to) be tired sentirsi stanco.
beach spiaggia.
beaming raggiante.
bean fagiuolo.
bear (to) sostenere; soffrire con rassegnazione *(morally).*
beat (to) battere.
beautiful bello.
beauty bellezza.
because perché.
  because of a causa di.
become (to) diventare.
  to become accustomed abituarsi.
becoming confacente.
  This dress is becoming to me. Questo vestito mi sta bene.
bed letto.
bedclothes coperte, *f. pl.*
bedroom camera da letto.
beef manzo, vaccina.
beefsteak bistecca.
beer birra.
beet bietola.
before prima; davanti; prima che.
  the day before la vigilia.
beg (to) mendicare.
beggar mendicante, *m. & f.*

begin (to) incominciare.
beginning principio, inizio.
behave (to) comportarsi, condursi.
behavior condotta; maniere, *f. pl.*
behind di dietro; dietro a.
Belgian belga, *m.*
belief credenza, opinione, *f.*
believe (to) credere.
bell campana, campanello.
belong (to) appartenere; essere di.
below di sotto; in basso.
belt cintura.
bench panca.
bend (to) piegare, curvare.
beneath al di sotto; inferiore a.
benefit beneficio, vantaggio.
benefit (to) beneficare, giovare.
beside presso; accanto a.
besides a parte; inoltre.
best il migliore; il meglio.
bet scommessa.
bet (to) scommettere.
betray (to) tradire.
better migliore, meglio.
between fra.
beyond oltre; al di là.
bicycle bicicletta.
bid offerta.
big grande.
bill conto.
   to pay the bill pagare il conto.
   bill of fare menu, *m.;* lista.
billion bilione, *m.*
bind (to) legare.
bird uccello.
birth nascita.
birthday compleanno.
biscuit biscotto.
bishop vescovo.
bit pezzetto.
bit (a) un po'.
bite morsicatura; boccone, *m.*
bite (to) mordere.
bitter amaro.
bitterness amarezza.
black nero.
blackbird merlo.
blade lama; lametta *(razor).*
blame colpa, biasimo.
blame (to) incolpare.
blank *(noun)* modulo *(form).*
blank *(adj.)* in bianco.
blanket coperta.
bleed (to) sanguinare.
bless (to) benedire.
blessing benedizione, *f.*
blind *(noun)* tendina *(for window).*
blind cieco.
blind (to) accecare.
block blocco; caseggiato

(a city square).
block (to) ostacolare, sbarrare.
blood sangue *m.*
blotter carta sugante.
blouse camicia, camicetta.
blow colpo.
blow (to) soffiare.
blue blu, azzurro, turchino.
blush rossore, *m.*
blush (to) arrossire.
board vitto e alloggio
   (food and lodging); asse, *f. (plank).*
boarding house pensione, *f.*
boast (to) vantare.
boat barca, battello.
   sailboat barca a vela.
   rowboat barca a remi.
boil (to) bollire.
boiler caldaia.
bold ardito.
bomb bomba.
   atomic bomb bomba atomica.
bond legame, *m.*
bone osso.
book libro.
bookseller libraio.
bookstore libreria.
border frontiera.
boring noioso.
born (to be) nascere.
borrow (to) pigliare in prestito.
both ambedue, entrambi.
bother noia.
bother (to) annoiare.
   Don't bother. Non disturbatevi.
bottle bottiglia.
bottle opener apribottiglia.
bottom fondo.
bottom *(adj.)* ultimo; in fondo.
bounce (to) saltare.
boundary limite, *m.;* confine, *m.*
boundless sconfinato, illimitato.
bowl scodella.
box scatola.
boy ragazzo.
bracelet braccialetto.
braid treccia.
brain cervello.
brake freno.
branch ramo; succursale, *f. (business).*
brassiere reggiseno, *m.*
brave coraggioso, bravo.
bread pane, *m.*
break (to) rompere.
   to break out irrompere.
breakfast colazione, *f.*
   to have breakfast far colazione.
breath soffio, respiro.
breathe (to) respirare.
breeze brezza.

bribe (to) corrompere.
brick mattone, *m.*
bride sposa.
bridge ponte, *m.*
brief breve.
bright chiaro, vivo.
brighten (to) brillare.
brilliant brillante.
bring (to) portare, condurre.
bring together (to) avvicinare.
bring up (to) educare.
British inglese, britannico.
broad largo.
broil (to) arrostire.
  broiled sulla graticola.
broken rotto.
brook ruscello.
broom scopa.
brother fratello.
brother-in-law cognato.
brown marrone.
bruise (to) ammaccare.
brush spazzola.
brute bruto.
bubble bolla.
buckle fibbia.
bud bocciuolo.
budget bilancio.
buffet buffet.
build (to) costruire, fabbricare.
building costruzione, *f.;* palazzo,
  edifizio.
bulletin bollettino.
bundle pacco.
burn (to) bruciare.
burst eruzione, *f.;* scoppio.
burst (to) scoppiare.
bus autobus, *m.*
bush cespuglio, macchia.
business affare, *m.;* commercio.
businessman uomo d'affari;
  commerciante *(dealer).*
busy occupato.
but ma.
butcher macellaio.
butcher shop macelleria.
butter burro.
button bottone, *m.*
buy (to) comprare.
buyer compratore, *m.*
by per, a.
  by and by più in là; fra poco.
  by day di giorno.
  by then allora.

C

cab tassì, *m.*
cabbage cavolo.

cab driver autista, *m.*
cabinet gabinetto, armadio.
cable (to) mandare un cablogramma.
cablegram cablogramma, *m.*
cage gabbia.
cake torta.
cake of soap pezzo di sapone.
calendar calendario.
calf vitello.
call chiamata, visita, grido.
call (to) chiamare.
  to call back richiamare.
  to call forth evocare.
  to call out gridare.
  to call on (someone) visitare.
calm sereno.
camera macchina fotografica.
camp campo.
camp (to) accampare.
can scatola, latta.
can potere *(to be able).*
cancel (to) annullare.
candidate candidato.
candle candela.
can-opener apriscatola.
cap berretto.
capacity capacità.
capital capitale, *f. (city);* capitale,
  m. (money).
capital *(adj.)* capitale, principale.
capricious capriccioso.
captain capitano.
captive prigioniero.
capture (to) catturare.
car automobile, *f.;* vettura *(wagon).*
carbon paper carta copiativa.
card carta.
  game of cards partita a carte.
care cura.
  in care of presso *(on a letter).*
  take care of prendere cura di.
care (to) curare.
  to care for amare.
  to care to desiderare.
  I don't care. Non me ne curo.
career carriera.
careful cauto, attento.
careless incauto, trascurato.
cares noie, *f. pl.*
carpenter falegname, *m.*
carpet tappeto.
carry (to) portare.
carry out (to) eseguire.
carve (to) tagliare, scolpire.
case caso; recipiente, *m. (container);*
  cassa *or* cassetta *(box).*
  in that case in tal caso.
cash contanti, *m. pl.*
cash (to) incassare.
cashier cassiere, *m.*

cast (to) gettare *(throw)*.
castle castello.
cat gatto.
catch (to) afferrare.
category categoria.
Catholic cattolico.
cattle bestiame, *m.*
cause causa.
cause (to) causare.
cavalry cavalleria.
cease (to) cessare.
ceiling soffitto.
celebrate (to) celebrare.
cellar cantina.
cement cemento.
cemetery cimitero.
cent centesimo.
center centro.
central centrale.
century secolo.
cereal cereale, *m.*
ceremony cerimonia.
certain certo.
certainty certezza.
certificate certificato, atto.
  birth certificate atto di nascita.
chain catena.
chain (to) incatenare.
chair sedia.
chairman presidente, *m.*
chalk gesso.
challenge sfida.
challenge (to) sfidare.
champagne champagne, *m.*
champion campione, *m.*
chance caso, azzardo, sorte, *f.*
  to take a chance correre il rischio.
change cambiamento; trasformazione; resto *(money)*.
change (to) cambiare.
chapel cappella.
chapter capitolo.
character carattere, *m.;* personaggio *(in a play)*.
characteristic caratteristica.
charge (to) far pagare; mettere a carico di; accusare *(to accuse)*.
charitable caritatevole.
charity carità.
charm fascino.
charm (to) affascinare.
charming affascinante.
chase (to) inseguire.
chat (to) chiacchierare.
cheap a buon mercato.
cheat (to) ingannare, truffare.
check freno; assegno *(bank)*.
check (to) verificare *(verify)*; reprimere *(hold back)*.
cheek guancia.

cheer (to) rallegrare, acclamare, rianimare.
cheerful allegro, gaio.
cheese formaggio.
chemical sostanza chimica.
chemist chimico.
cherish (to) amare teneramente.
cherry ciliegia.
chest petto *(body)*; cassa *(box)*.
  chest of drawers stipo; armadio.
chestnut castagna.
chew (to) masticare.
chicken pollo.
chief capo.
chief *(adj.)* principale.
child bambino, bambina, fanciullo, fanciulla.
chime cariglione, *m.*
chimney camino; focolare, *m. (hearth)*.
chin mento.
china porcellana.
chip acheggia.
chocolate cioccolato.
choice scelta; *(adj.)* scelto.
choir coro.
choke (to) strangolare.
choose (to) scegliere.
chop cotoletta *(cut of meat)*.
Christian cristiano *(noun & adj.)*.
Christmas Natale.
  Christmas Eve Vigilia di Natale.
  Merry Christmas! Buon Natale!
church chiesa.
cigar sigaro.
circle cerchio.
circular rotondo.
circulation circolazione, *f.*
circumstances circostanze, *f. pl.*
citizen cittadino.
city città.
city hall municipio.
civil civile.
civilization civilizzazione, *f.;* civiltà.
civilize (to) civilizzare, incivilire.
claim diritto, reclamo.
claim (to) reclamare, affermare.
clamor clamore, *m.;* strepito.
clap (to) applaudire, battere le mani.
class classe, *f.*
classify (to) classificare.
clause clausola.
clean pulito.
clean (to) pulire.
  (to) dry clean pulire a secco.
cleanliness pulizia.
clear chiaro.
clear (to) chiarire.
clearly chiaramente.
clerk commesso.
clever scaltro.

climate clima, *m.*
climb (to) arrampicarsi.
clip (to) attaccare, appuntare.
cloak mantello.
clock orologio.
close vicino *(near).*
close (to) chiudere.
closed chiuso.
closet armadio.
cloth stoffa.
clothe (to) vestire.
clothes vestiti, indumenti.
clothes hanger attaccapanni, *m.*
cloud nuvola.
cloudy nuvoloso.
clover trifoglio.
club circolo *(organization);* bastoni, *f.*
 (playing cards).
coal carbone, *m.*
coarse ruvido.
coast costa.
coat cappotto *(overcoat).*
cocoa cacào.
code codice, *m.*
coffee caffè, *m.*
 coffee with cream caffè con panna.
coffin bara.
coin moneta.
cold freddo.
 to be cold aver freddo; far freddo
 (weather).
coldness freddezza.
collaborate (to) collaborare.
collar collare, *m.;* colletto.
collect (to) raccogliere.
collection collezione, *f.;* raccolta.
collective collettivo.
college università.
colonial coloniale.
colony colonia.
color colore, *m.*
color (to) colorare.
column colonna.
comb pettine, *m.*
comb (to) pettinare.
combination combinazione, *f.*
combine (to) combinare.
come (to) venire.
 to come about accadere.
 to come back ritornare.
 to come by passare per.
 to come down scendere.
 to come for venire a prendere.
 to come in entrare.
 to come out uscire.
comedy commedia.
comet cometa.
comfort conforto, agio.
comfort (to) consolare, rassicurare.
comfortable confortevole.

comma virgola.
command comando.
command (to) comandare.
commander comandante, *m.*
commerce commercio.
commercial commerciale.
commission commissione, *f.*
commit (to) commetere.
common comune.
communicate (to) comunicare.
communication comunicazione, *f.*
community comunità.
companion compagno, compagna.
company compagnia *(firm);* invitati
 (guests).
compare (to) paragonare, confrontare.
comparison paragone, *m.*
compete (to) competere.
competition competizione, *f.*
complain (to) lagnarsi.
complaint lagnanza.
complete completo.
complex complesso *(noun & adj.).*
complexion carnagione, *f.*
complicate (to) complicare.
complicated complicato.
compliment complimento.
compose (to) comporre.
composer compositore, *m.*
composition composizione, *f.*
comprehend (to) comprendere,
 includere.
compromise compromesso.
compromise (to) compromettere.
comrade camerata, *m.*
conceit vanagloria.
conceive (to) concepire, immaginare.
concentrate (to) concentrare.
concern ditta *(business);* ansietà
 (anxiety).
concern (to) concernere, riguardare.
concert concerto.
conclusion conclusione, *f.;* fine, *f.*
concrete *(adj.)* concreto.
condemn (to) condannare.
condense (to) condensare.
condition condizione, *f.*
conduct condotta.
conduct (to) condurre, dirigere.
conductor conduttore, *m.;* direttore, *m.*
confess (to) confessare.
confession confessione, *f.*
confidence confidenza.
confident confidente, sicuro.
confidential confidenziale.
confirm (to) confermare.
confirmation conferma.
congratulate (to) congratulare.
congratulation congratulazione, *f.*
connect (to) unire.

connection connessione, *f.;* relazione, *f.*
conquer (to) conquistare.
conquest conquista.
conscience coscienza.
conscientious coscienzioso, scrupoloso.
conscious conscio, consapevole.
consent consenso.
consent (to) acconsentire.
conservative conservativo.
consider (to) considerare.
considerable considerabile.
consideration considerazione, *f.*
consist (to) consistere.
consistent consistente.
console (to) consolare.
constant costante.
constitution costituzione, *f.*
constitutional costituzionale.
construct (to) costruire.
consul console, *m.*
contagious contagioso.
contain (to) contenere.
container recipiente, *m.*
contemporary contemporaneo.
contend (to) contendere.
content (to) accontentare.
content (to be) essere contento.
content(s) contenuto.
continent continente, *m.*
continual continuo.
continue (to) continuare.
contract contratto.
contract (to) contrattare.
contractor contrattante, *m.;* contraente, *m.*
contradict (to) contradire, smentire.
contradiction contradizione, *f.*
contradictory contradittorio.
contrary contrario.
  on the contrary contrariamente; al contrario.
contrary *(adj.)* contrario.
contrary to contrario a.
contrast contrasto.
contrast (to) contrastare.
contribute (to) contribuire.
contribution contributo.
control controllo; potere, *m. (power or ability).*
control (to) controllare.
controversy controversia.
convenience convenienza.
  at your convenience a vostro agio.
convenient conveniente.
convention convenzione, *f.*
conversation conversazione, *f.*
converse (to) conversare.
convert (to) convertire.

convict (to) condannare.
conviction convinzione, *f.*
convince (to) convincere.
cook cuoco, cuoca.
cook (to) cucinare.
cool fresco.
cool (to) rinfrescare, raffreddarsi.
copy copia.
copy (to) copiare.
cork sughero.
cork (to) tappare, turare.
corkscrew cavaturaccioli, *m.*
corn grano.
corner angolo.
corporation corporazione, *f.*
correct corretto.
correct (to) correggere.
correction correzione, *f.*
correspond (to) corrispondere.
correspondence corrispondenza.
correspondent corrispondente, *m. & f.*
corresponding corrispondente.
corrupt corrotto.
corruption corruzione, *f.*
cost prezzo, costo.
  at any cost a qualunque costo.
cost (to) costare.
costume costume, *m.*
cottage capanna.
cotton cotone, *m. (cotton thread, material);* ovatta *(wadding).*
couch divano.
cough tosse, *f.*
cough (to) tossire.
count conte, *m. (title);* conto, *m. (computation, reckoning).*
count (to) contare.
counter banco *(store).*
countess contessa.
countless innumerevole.
country campagna; patria *(fatherland).*
country-house casa di campagna.
countryman compatriota; contadino *(farmer).*
couple coppia.
courage coraggio.
course corso.
  of course naturalmente; s'intende.
court corte, *f.,* tribunale, *m.*
courteous cortese.
courtesy cortesia.
courtship corte, *f.*
courtyard cortile, *m.*
cousin cugino, cugina.
cover coperchio, *(lid);* coperta *(for a bed).*
cover (to) coprire.
cow mucca, vacca.
crack fessura.
crack (to) crepare, fendere.

cradle culla.
crash scontro, fracasso.
crash (to) fracassare.
crazy folle, pazzo.
cream crema.
create (to) creare.
creature creatura.
credit credito, fiducia.
creditor creditore, m.
cricket grillo.
crime delitto.
criminal delinquente, m. (Also adj.)
crisis crisi, f.
crisp croccante.
critic critico.
criticism critica.
crooked storto; disonesto (morally).
crop raccolta.
cross croce, f.
cross (adj.) adirato; di cattivo umore.
cross (to) traversare.
crossing passaggio.
crossroads bivio, crocevia, m.
crouch (to) appiattarsi.
crow corvo.
crowd folla.
crowd (to) affollare, ingombrare.
cruel crudele.
cruelty crudeltà.
cruise crociera.
crumb mollica, briciola.
crumble (to) sgretolarsi.
crust crosta.
crutch gruccia, stampella.
cry grido.
cry (to) piangere, gridare.
cuff manichino, polsino.
cunning scaltrezza.
cup tazza.
cure cura.
cure (to) curare.
curiosity curiosità.
curious curioso.
curl riccio.
curl (to) arricciare.
current corrente, f.
current (adj.) corrente; in corso.
curtain tendina; sipario (theater).
curve curva.
cushion cuscino.
custom usanza.
customary abituale.
customer cliente, m. & f.
customhouse dogana.
customs official doganiere, m.
cut taglio.
cut (to) tagliare.

D

dagger pugnale, m.
daily quotidiano.
dainty delicato.
dairy latteria.
dairy products latticini, m. pl.
dam diga.
damage danno.
damage (to) danneggiare.
damp umido.
dance danza.
dance (to) ballare, danzare.
danger pericolo.
dangerous pericoloso.
dark buio; oscuro; scuro (color).
darkness oscurità.
dash (to) precipitarsi.
date data.
date (to) datare.
daughter figlia.
daughter-in-law nuora.
dawn alba.
day giorno.
  all day tutto il giorno.
  day after tomorrow dopo domani;
    l'indomani, m.
  day before giorno prima.
  day before yesterday avantieri; ieri
    l'altro.
dazzle (to) abbagliare.
dead morto, morta.
deaf sordo. (Also deaf person.)
deaf and dumb sordomuto, sordomuta.
deal affare, m.
dealer mercante, m. venditore, m.
dear caro.
death morte, f.
debatable discutibile.
debate discussione, f.
debate (to) discutere.
debris rovine, f. pl.
debt debito.
debtor debitore, m.
decanter caraffa.
decay decadenza.
decay (to) decadere, appassire.
deceased defunto.
deceit inganno.
deceive (to) ingannare.
December dicembre.
decent decente.
decide (to) decidere.
decidedly decisamente.
decision decisione, f.
decisive decisivo.
deck ponte, m.
declare (to) dichiarare.
decline decadenza, abbassamento.

decline (to) declinare.
decrease diminuzione, *f.*
decrease (to) diminuire.
decree decreto.
dedicate (to) dedicare.
deed atto.
deep profondo.
deer cervo.
defeat sconfitta.
defeat (to) sconfiggere.
defect difetto.
defend (to) difendere.
defense difesa.
defiance sfida, disfida.
define (to) definire.
definite definitivo.
defy (to) sfidare.
degree grado.
delay ritardo.
delay (to) ritardare.
delegate delegato.
delegate (to) delegare.
deliberate *(adj.)* deliberato.
deliberate (to) deliberare.
deliberately deliberatamente.
delicacy delicatezza.
delicate delicato.
delicious delizioso.
delight delizia.
delight (to) dilettare.
deliver (to) rimettere, consegnare.
deliverance liberazione, *f.*
delivery liberazione, *f.;* consegna *(package).*
demand domanda, richiesta.
demand (to) domandare, richiedere.
demonstrate (to) dimostrare.
demonstration dimostrazione, *f.*
denial diniego, rifiuto.
denounce (to) denunziare.
dense denso.
density densità.
dental dentale.
dentifrice dentifricio.
dentist dentista, *m.*
deny (to) negare.
department dipartimento, reparto.
depend (to) dipendere.
dependence dipendenza.
dependent *(adj.)* dipendente.
deplore (to) deplorare.
deposit deposito.
deposit (to) depositare.
depot deposito.
depress (to) deprimere.
depression depressione, *f.*
deprive (to) privare.
depth profondità.
derive (to) derivare.
descend (to) discendere, scendere.

descent discesa.
describe (to) descrivere.
description descrizione, *f.*
desert deserto.
desert (to) abbandonare.
deserve (to) meritare.
design disegno.
design (to) disegnare *(to draw).*
designed (for) destinato a.
desirable desiderabile.
desire desiderio.
desire (to) desiderare.
desirous desideroso.
desk scrivania.
desolate desolato.
desolation desolazione, *f.*
despair disperazione, *f.*
despair (to) disperare.
desperate disperato.
despise (to) dispregiare, sdegnare.
despite malgrado.
despondent abbattuto.
dessert frutta e dolci.
destiny destino.
destitute indigente.
destroy (to) distruggere.
destruction distruzione, *f.*
detach (to) staccare, separare.
detail dettaglio, particolare, *m.*
detain (to) trattenere.
detect (to) notare.
determination determinazione, *f.*
determine (to) determinare, fissare, stabilire.
detest (to) detestare.
detour svolta.
detract from (to) detrarre, denigrare.
detriment detrimento.
develop (to) sviluppare.
development sviluppo.
device espediente, *m.*
devil diavolo.
devise (to) immaginare.
devoid of privo di.
devote (to) dedicare.
devour (to) divorare.
dew rugiada.
dial quadrante *(clock).*
dialect dialetto.
dialogue dialogo.
diameter diametro.
diamond diamante, *m.;* quadri, *m. pl.* *(playing cards).*
diary diario.
dictate (to) dettare.
dictionary dizionario, vocabolario.
die (to) morire.
diet dieta.
differ (to) differire.
difference differenza.

different diverso.
difficult difficile.
difficulty difficoltà.
dig (to) scavare.
digest (to) digerire.
dignity dignità.
dim oscuro, annebbiato, debole.
dimension dimensione, *f.*
diminish (to) diminuire.
dine (to) pranzare.
dinner pranzo.
dip (to) immergere, intingere.
diplomacy diplomazia.
diplomat diplomatico.
direct (to) dirigere.
direction direzione, *f.;* senso.
   in all directions in tutte le direzioni.
director direttore, *m.*
directory elenco, direttorio.
dirt sudiciume, *m.*
dirty sudicio, sporco.
disability incapacità.
disabled incapacitato, mutilato.
disadvantage svantaggio.
disagree (to) differire; non essere
   d'accordo.
disagreeable contrario, sgradevole.
disagreement differenza, disaccordo.
disappear (to) sparire.
disappearance sparizione, *f.;*
   scomparsa.
disappoint (to) deludere
   l'aspettativa di.
disapprove (to) disapprovare.
disaster disastro.
disastrous disastroso.
discharge congedo *(from army or a
   position);* scarica *(of a gun).*
discharge (to) congedare *(military);*
   licenziare *(from a position);* scaricare
   (firearm).
discipline disciplina.
disclaim (to) negare, rinunziare.
disclose (to) svelare, palesare.
disclosure rivelazione, *f.;* palesamento.
discomfort disagio.
discontent malcontento.
discontented scontento.
discontinue (to) cessare.
discord discordia, dissenso, dissidio.
discount sconto.
discourage (to) scoraggiare.
discouragement scoraggiamento.
discover (to) scoprire.
discovery scoperta.
discreet discreto.
discretion discrezione, *f.*
discuss (to) discutere.
discussion discussione, *f.*
disdain sdegno.

disdain (to) disdegnare.
disease malattia.
disgrace vergogna, disonore, *m.*
disguise travestimento.
   in disguise travestito.
disgust disgusto.
disgusted disgustato.
disgusting disgustante.
dish piatto.
dishonest disonesto.
disk disco.
dislike avversione, *f.;* antipatia.
dislike (to) sentire avversione; sentire
   antipatia; non amare.
dismiss (to) congedare, licenziare.
dismissal congedo.
disobey (to) disobbedire.
disorder disordine, *m.*
dispense (to) dispensare, distribuire.
display esposizione, *f.*
display (to) esporre.
displease (to) dispiacere.
disposal disposizione, *f.;* vendita
   (sale).
dispose (to) disporre.
dispute disputa, contesa.
dispute (to) disputare, contestare.
dissolve (to) dissolvere, disfare.
distance distanza.
distant lontano, distante.
distinct distinto, chiaro.
distinction distinzione, *f.*
distinguish (to) distinguere.
distort (to) storcere, deformare.
distract (to) distrarre.
distress afflizione, *f.;* affanno,
   imbarazzo.
distress (to) affliggere.
distribute (to) distribuire.
distribution distribuzione, *f.*
district quartiere, *m.*
distrust sfiducia.
distrust (to) non aver fiducia.
disturb (to) disturbare.
disturbance disturbo, disordine, *m.*
ditch fosso.
dive (to) tuffarsi.
divide (to) dividere, separare.
divine divino.
division divisione, *f.*
divorce divorzio.
divorce (to) divorziare.
dizziness vertigine, *f.*
dizzy stordito.
do (to) fare.
dock darsena.
doctor dottore, *m.*
doctrine dottrina.
document documento.
dog cane, *m.*

dome cupola.
domestic domestico.
dominate (to) dominare.
door porta.
  next door accanto.
dose dose, f.
dot punto.
double doppio.
doubt dubbio.
doubt (to) dubitare.
doubtful dubbioso.
doubtless senza dubbio.
dough pasta.
down giù, in basso.
downwards in giù.
dozen dozzina.
draft corrente, f. (air); leva (military); cambiale, f. (bank).
draft (to) reclutare (military); fare la pianta (make a plan).
drag (to) strascinare.
drain (to) seccare, fognare.
drama dramma, m.
draw (to) disegnare.
drawback svantaggio.
draw back (to) indietreggiare.
drawer tiretto, cassetto.
drawing room salone, m.
dread terrore, m.; paura.
dread (to) temere.
dreaded terribile, formidabile.
dream sogno.
dream (to) sognare.
dreamer sognatore, m.
dress abito, vestito, veste, f.
dress (to) vestirsi, vestire.
drink bevanda.
drink (to) bere.
drip (to) sgocciolare.
drive (to) guidare (car); spingere (to force or induce).
driver conducente, m.
drop goccia (of water); caduta (a fall).
drop (to) lasciare cadere.
drown (to) annegare.
drug droga.
druggist farmacista, m.
drugstore farmacia.
drum tamburo.
drunk ubriaco, ebbro.
dry asciutto, secco.
dry (to) asciugare, seccare.
dryness aridità.
duchess duchessa.
due dovuto.
duke duca, m.
dull fosco (color); ottuso (stupid).
dumb muto (mute); stupido (stupid).
during durante.
dust polvere, f.

dust (to) spolverare.
dusty polveroso.
duty dazio (customs tolls); dovere (obligation).
dwell (to) dimorare, abitare.
dwelling dimora, abitazione, f.
dye tintura.
dye (to) tingere.

E

each ciascuno, ciascuna, ogni.
  each other si; ci; l'un l'altro.
  each time ogni volta.
eager ansioso; desideroso di.
eagle aquila.
ear orecchio.
early presto; di buon'ora.
earn (to) guadagnare.
earnest zelante, fervido, sincero.
earth terra.
ease agio.
ease (to) alleviare, mitigare.
easily facilmente.
east est, m.; oriente, m.
Easter Pasqua.
eastern orientale.
easy facile.
eat (to) mangiare.
echo eco, m. & f.
economical economico.
economize (to) fare delle economie; economizzare.
economy economia.
edge bordo, orlo.
edition edizione, f.
editor editore, m.; redattore, m.
editorial articolo di fondo; (adj.) editoriale.
education educazione, f.; istruzione, f.
effect effetto.
effect (to) effettuare, compiere.
effective efficace.
efficiency efficienza.
effort sforzo.
egg uovo.
  hard-boiled egg uovo sodo.
  scrambled eggs uova strapazzate.
egoism egoismo.
eight otto.
eighteen diciotto.
eighteenth diciottesimo.
eighth ottavo.
eightieth ottantesimo.
eighty ottanta.
either ... or sia ... che ...
  either ... or... o ... o ...
  either one l'uno o l'altro.
  either one of the two qualunque dei due.

elastic elastico *(noun & adj.)*.
elbow gomito.
elder anziano, maggiore.
elderly anziano.
eldest il più anziano; il maggiore.
elect scegliere, eleggere.
election elezione, *f.*
elector elettore, *m.*
electric(al) elettrico.
electricity elettricità.
elegant elegante.
element elemento, fattore, *m.*
elementary elementare.
elephant elefante, *m.*
elevator ascensore, *m.*
eleven undici.
eleventh undicesimo.
eliminate (to) eliminare.
eloquence eloquenza.
eloquent eloquente.
else altro.
  or else altrimenti.
  someone else qualche altro.
elsewhere altrove.
elude (to) eludere.
embark (to) imbarcare, imbarcarsi.
embarrass (to) imbarazzare.
embarrassing imbarazzante.
embarrassment imbarazzo.
embassy ambasciata.
embody (to) incarnare.
embroider (to) ricamare.
embroidery ricamo.
emerge (to) emergere.
emergency emergenza.
eminent eminente.
emotion emozione, *f.*
emperor imperatore.
emphasis enfasi, *f.*
emphasize (to) accentuare.
emphatic enfatico.
empire impero.
employ (to) impiegare.
employee impiegato.
employer datore di lavoro, *m.*
employment impiego.
empty vuoto.
empty (to) vuotare.
enable (to) rendere abile; mettere in condizione di.
enamel smalto.
enclose (to) rinchiudere.
enclosed rinchiuso.
encourage (to) incoraggiare.
encouragement incoraggiamento.
end fine, *f.*
end (to) finire.
endeavor sforzo, tentativo.
endeavor (to) tentare; sforzarsi di.
endorse (to) firmare *(a check)*;

sottoscrivere a *(an idea)*.
endure (to) durare *(last)*; sopportare *(bear)*.
enemy nemico, nemica.
energetic energico.
energy energia.
enforce (to) imporre.
engage (to) impegnare.
engagement impegno *(social)*; fidanzamento *(romantic)*.
engine macchina, motore, *m.*
engineer ingegnere, *m.*; macchinista, *m. (railway)*.
English inglese *(noun & adj.)*.
engrave (to) intagliare.
enjoy (to) godere.
enjoyment godimento.
enlarge (to) ingrandire.
enlist (to) arrolare, arrolarsi.
enormous enorme.
enough abbastanza.
  Enough! Basta!
enrich (to) arricchire.
enter (to) entrare.
entertain (to) intrattenere.
entertainment intrattenimento.
enthusiasm entusiasmo.
enthusiastic entusiastico.
entire intero.
entitle (to) intitolare *(title)*; dare diritto di *(give the right to)*.
entrance. entrata.
entrust (to) affidare.
enumerate (to) enumerare.
envelope busta.
envious invidioso.
envy invidia.
episode episodio.
equal uguale.
equal (to) uguagliare.
equality uguaglianza.
equilibrium equilibrio.
equip (to) fornire; equipaggiare *(ship, army)*.
equipment fornimento; equipaggiamento *(army)*.
equity equità.
era era.
erase (to) cancellare.
eraser gomma.
erect diritto, eretto.
erect (to) erigere.
err (to) errare.
errand commissione, *f.*
error errore, *m.*
escalator scala mobile.
escape fuga.
escape (to) fuggire.
escort scorta, guida.
escort (to) scortare, accompagnare.

especially specialmente.
essay composizione, *f. (school);*
tentativo *(attempt).*
essence essenza.
essential essenziale.
establish (to) stabilire.
establishment stabilimento.
estate beni, *m. pl.;* proprietà.
esteem stima.
esteem (to) stimare.
esthetic estetico.
estimate valutazione, *f.;* preventivo.
estimate (to) valutare.
estimation valutazione, *f.;*
estimazione, *f.*
eternal eterno.
eternity eternità.
ether etere, *m.*
European europeo *(noun & adj.).*
evade (to) evadere.
evasion evasione, *f.*
eve vigilia.
on the eve of la vigilia di.
even pari, uguale.
even *(adv.)* anche.
evening sera, serata.
tomorrow evening domani sera.
yesterday evening ieri sera.
Good evening! Buona sera!
event avvenimento.
ever sempre.
every ogni.
everybody tutti, tutte.
everyone ognuno, ognuna.
everything tutto.
everywhere ovunque, dappertutto.
evidence evidenza.
evident evidente.
evil male, *m.*
evil *(adj.)* cattivo.
evoke (to) evocare.
evolve (to) evolvere.
exact preciso.
exaggerate (to) esagerare.
exaggeration esagerazione, *f.*
exalt (to) esaltare.
exaltation esaltazione, *f.*
examination esame, *m.*
to take an examination fare
un esame.
examine (to) esaminare.
example esempio.
exceed (to) eccedere, oltrepassare.
excel (to) eccellere.
excellence eccellenza.
excellent eccellente.
except eccetto, salvo.
except (to) eccettuare.
exception eccezione, *f.*
exceptional eccezionale.

exceptionally eccezionalmente.
excess eccesso.
exchange cambio.
excite (to) eccitare.
excitement eccitamento.
exclaim (to) esclamare.
exclamation esclamazione, *f.*
exclamation mark punto esclamativo.
exclude (to) escludere.
exclusive esclusivo.
excursion escursione, *f.*
excuse scusa.
excuse (to) scusare.
Excuse me. Mi scusi.
execute (to) eseguire *(to carry out);*
giustiziare *(a prisoner).*
execution esecuzione, *f.*
exempt esente.
exercise esercizio.
exercise (to) esercitare, esercitarsi.
exert (to) adoprarsi.
exertion sforzo.
exhaust (to) sfinire, esaurire.
exhaustion esaurimento.
exhibit (to) esibire.
exhibition esibizione, *f.;* mostra.
exile esilio.
exile (to) esiliare.
exist (to) esistere.
existence esistenza.
exit uscita.
expand (to) espandere.
expansion espansione, *f.*
expansive espansivo.
expect (to) attendere, aspettare,
aspettarsi.
expectation aspettativa.
expedition spedizione, *f.*
expel (to) espellere.
expense spesa.
expensive costoso, caro.
experience esperienza.
experience (to) provare.
experiment esperimento.
expert esperto.
expire (to) spirare, morire.
explain (to) spiegare.
explanation spiegazione, *f.*
explode (to) esplodere.
exploit gesta, *f. pl.*
exploit (to) sfruttare.
explore (to) esplorare.
explosion esplosione, *f.*
export esportazione, *f.*
export (to) esportare.
expose (to) esporre.
express espresso *(noun & adj.).*
express (to) esprimere.
expression espressione, *f.*
expressive espressivo.

expulsion espulsione, f.
exquisite squisito.
extend (to) estendere.
extensive estensivo.
extent estensione, f.; limite, m.
  to some extent fino ad un certo punto.
exterior esteriore.
exterminate (to) sterminare.
external esteriore.
extinct estinto.
extinction estinzione, f.
extinguish (to) estinguere.
extra in più; supplementare.
extract estratto.
extract (to) estrarre.
extraordinary straordinario.
extravagance stravaganza.
extravagant stravagante.
extreme estremo.
extremely estremamente.
extremity estremità.
eye occhio.
eyebrow ciglio.
eyeglasses occhiali, m. pl.
eyelid palpebra.

F

fable favola.
face viso, faccia.
face (to) affrontare.
facilitate (to) facilitare.
facility facilità.
fact fatto.
  in fact infatti.
factory fabbrica.
faculty facoltà.
fade (to) sbiadire.
fail fallo, mancanza.
  without fail senz' altro; senza fallo.
fail (to) fallire, mancare.
faint fievole (sound, voice); debole; fioco.
faint (to) svenire.
fair giusto; equo; biondo (blond).
faith fede, f.
faithful fedele.
faithfulness fedeltà.
fall caduta; cascata (of water).
fall (to) cadere.
false falso.
fame fama, reputazione, f.
familiar noto.
family famiglia.
famine carestia.
famous famoso.
fan ventaglio.

  electric fan ventilatore elettrico.
fancy fantasia, capriccio.
fantastic fantastico.
far lontano.
  far away molto lontano.
farce farsa.
fare prezzo della corsa.
farm fattoria, podere, m.
farmer agricoltore, m.
farming agricoltura.
farther più lontano.
farthest il più lontano.
fashion moda.
  old-fashioned passato di moda; fuori di moda.
fashionable di moda.
fast veloce, fisso.
fasten (to) attaccare.
fat grasso (noun & adj.).
fatal fatale.
fate destino.
father padre, m.
father-in-law suocero.
faucet rubinetto.
fault colpa.
favor favore, m.; cortesia.
favor (to) favorire, preferire.
favorable favorevole.
favorite favorito (noun & adj.).
fear timore, m.; paura.
  to be afraid aver paura.
fearless intrepido.
feather piuma.
feature caratteristica, lineamento.
February febbraio.
federal federale.
fee onorario, paga.
feeble debole.
feed (to) nutrire.
feel (to) sentire; tastare (to touch).
  to feel well sentirsi bene.
feeling sensibilità, sentimento.
fellow compagno, camerata, m.
fellowship compagnia, società.
fellow-worker collega, m. & f.
female femmina.
feminine femminile.
fence siepe, f.; chiusura, steccato.
fencing scherma.
fender parafango.
ferocious feroce.
ferry chiatta.
  ferry-boat nave-traghetto.
fertile fertile.
fertilize (to) fertilizzare.
fertilizer fertilizzante, m.
fervent fervente.
fervor fervore, m.
festival festa, festival.
fetch (to) andare a cercare.

fever febbre, *f.*
few pochi, poche, *m. & f. pl.*
fiber fibra.
fiction finzione, *f.;* invenzione, *f.;* romanzo.
field campo.
fierce violento.
fiery focoso.
fifteen quindici.
fifteenth quindicesimo
fifth quinto.
fiftieth cinquantesimo.
fifty cinquanta.
fig fico.
fight lotta.
fight (to) lottare, combattere.
figure forma *(form);* cifra *(number).*
file lima *(tool);* fascicolo *(papers).*
file (to) limare.
fill (to) riempire.
film pellicola.
filthy sudicio.
final finale.
finance finanza.
financial relativo alle finanze; finanziario.
find (to) trovare.
  to find out scoprire.
fine multa.
fine *(adj.)* fine *(not coarse);* bello.
  Fine! Bene!
finger dito.
finish (to) terminare, completare.
fire fuoco, incendio.
firearms armi da fuoco.
fireplace focolare, *m.*
firm ditta.
firm *(adj.)* fermo, fisso.
first *(adj.)* primo.
  for the first time per la prima volta.
first *(adv.)* prima.
  at first dapprima; da principio.
fish pesce, *m.*
fish (to) pescare.
fisherman pescatore, *m.*
fist pugno.
fit *(noun)* attacco; crisi, *f. (illness).*
fit *(adj.)* idoneo, capace.
fit (to) essere idoneo; essere della stessa misura.
fitness convenienza; attitudine, *f.;* proporzione, *f.*
five cinque.
fix (to) accomodare, aggiustare.
flag bandiera.
flame fiamma.
flank fianco, lato.
flash baleno.
flashlight lampadina tascabile; pila.
flat appartamento *(living quarters);*

bemolle, *m. (in music).*
flat *(adj.)* piatto, piano.
flatter (to) adulare.
flattery adulazione, *f.*
flavor gusto.
fleet flotta.
flesh carne, *f.*
flexibility flessibilità.
flexible flessibile.
flight volo *(in air);* fuga *(escape).*
fling (to) gettare.
flint pietra focaia.
float (to) galleggiare.
flood inondazione, *f.*
flood (to) inondare.
floor pavimento.
flourish (to) prosperare.
flow (to) scorrere.
flower fiore, *m.*
fluid fluido.
fly mosca.
fly (to) volare.
foam schiuma.
foam (to) fare la schiuma.
fog nebbia.
fold piega.
fold (to) piegare.
foliage fogliame, *m.*
follow (to) seguire.
following seguente.
fond (to be) sentire tenerezza.
fondness tenerezza.
food nutrimento, cibo.
fool sciocco *(noun & adj.).*
foolish sciocco.
foot piede, *m.*
football gioco del calcio.
footstep passo.
for per.
  for example per esempio.
  for the first time per la prima volta.
  for the most part per la maggior parte.
  for the present per il momento.
forbid (to) vietare.
force forza.
force (to) obbligare.
ford guado.
foreground primo piano.
forehead fronte, *f.*
foreign straniero.
foreigner straniero.
forest foresta.
forget (to) dimenticare.
forgetfulness oblio, dimenticanza.
forgive (to) perdonare.
forgiveness perdono.
fork forchetta.
form forma.
form (to) formare.

formal formale.
formation formazione, *f.*
former precedente.
formerly precedentemente.
formula formula.
forsake (to) abbandonare.
fort forte, *m.*
fortunate fortunato.
fortunately fortunatamente.
fortune fortuna.
fortieth quarantesimo.
forty quaranta.
forward avanti.
forward (to) spedire *(goods, letters).*
foster (to) nutrire, proteggere.
found trovato.
found (to) fondare.
foundation fondazione, *f. (society or order);* fondamento *(base).*
founder fondatore, *m.*
fountain fontana.
four quattro.
fourteen quattordici.
fourteenth quattordicesimo.
fourth quarto.
fowl uccello, pollo.
fox volpe, *f.*
fragment frammento.
fragrance fragranza, profumo.
fragrant fragrante, profumato.
frail fragile.
frame cornice, *f.*
frame (to) incorniciare.
frank franco.
frankness franchezza.
free libero *(without restraint);* gratuito *(gratuitous).*
free (to) liberare.
freedom libertà.
freeze (to) gelare.
freight merce, *f.;* carico.
freight train treno merci.
French francese *(noun & adj.).*
frequent frequente.
frequently frequentemente.
fresh fresco.
friction frizione, *f.*
Friday venerdì.
friend amico, amica.
  to be friends with essere in buoni rapporti.
friendly amichevole.
friendship amicizia.
frighten (to) spaventare.
frightening spaventoso.
fringe frangia.
frivolity frivolezza.
frog rana.
from da.
front (in front of) davanti a.

fruit frutto, frutta.
fry (to) friggere.
frying pan padella.
fuel combustibile, *m.*
fugitive fuggitivo.
fulfill (to) adempire.
full pieno.
fully pienamente.
fun divertimento.
  to have fun divertirsi.
function funzione, *f.*
function (to) funzionare.
fund fondo.
fundamental fondamentale.
funds fondi, *m. pl.*
funny buffo.
fur pelliccia *(coat).*
furious furioso.
furnace fornace, *f.*
furnish (to) fornire *(provide);* ammobigliare *(a house).*
furniture mobilia.
furrow solco, fosso.
further più lontano; ulteriore.
fury furia.
future futuro, avvenire.
  in the future nel futuro.

G

gaiety gaiezza.
gain guadagno.
gain (to) guadagnare.
gallant galante.
gallery galleria.
gallop (to) galoppare.
gamble (to) giuocare.
game partita.
gang banda.
gangplank passerella.
garage rimessa, autorimessa.
garbage rifiuti, *m. pl.*
garden giardino.
gardener giardiniere, *m.*
garlic aglio.
gas benzina *(for car);* gas *(chemical).*
gate cancello.
gather (to) raccogliere, riunire.
gathering riunione, *f.*
gay gaio.
gem gemma.
gender genere, *m.*
general generale *(noun & adj.).*
generality generalità.
generalize (to) generalizzare.
generation generazione, *f.*
generosity generosità.
generous generoso.
genius genio.

gentle gentile, tenero.
gentleman gentiluomo, signore.
  Gentlemen. Signori.
  Ladies and gentlemen. Signore e
  signori.
gentleness gentilezza.
genuine genuino, autentico.
geographical geografico.
geography geografia.
germ germe, *m.*
German tedesco *(noun & adj.).*
gesture gesto.
get (to) ottenere, diventare.
  Get down! Scenda! Scendete!
  Scendi!
  Get up! Si alzi! Alzatevi! Alzati!
giant gigante, *m.*
gift dono; talento *(talent).*
gifted dotato; con talento *(talented).*
girdle fascia.
girl fanciulla; ragazza.
give (to) dare, donare.
give back (to) restituire, rendere.
give up (to) abbandonare.
glad felice.
gladly volentieri.
glance (to) intravedere; dare
  un' occhiata; gettare uno aguardo.
glass bicchiere, *m.;* vetro.
  glasses occhiali, *m. pl.*
  looking glass specchio.
glitter splendore, *m.*
glitter (to) splendere, brillare.
globe globo.
gloomy lugubre, fosco.
glorious glorioso.
glory gloria.
glove guanto.
go (to) andare.
  (to) go away partire.
  (to) go back ritornare.
  (to) go down discendere.
  (to) go forward avanzare.
  (to) go out uscire.
  (to) go to bed coricarsi.
  (to) go to sleep addormentarsi.
  (to) go up salire.
  (to) go with accompagnare.
God Dio.
gold oro.
golden d'oro.
good buono.
  Good! Bene!
  Good afternoon. Buon pomeriggio.
  Good evening. Buona sera.
  Good morning. Buon giorno.
  Good night. Buona sera; buona notte.
good-bye arrivederci, addio.
goodness bontà.
goods merce, *f.*

good will buona volontà.
goose oca.
gossip pettegolezzo.
gossip (to) pettegolare.
govern (to) governare.
governess governante, *f.*
government governo.
grace grazia.
graceful grazioso.
grade grado.
grain grano.
grammar grammatica.
  grammar school scuola elementare.
grand grandioso.
  Grand! Magnifico!
grandchild nipote, *m. & f.*
grand-daughter nipote, *f.*
grandfather nonno.
grandmother nonna.
grandson nipote, *m.*
grant concessione, *f.;* dono.
grant (to) concedere, accordare.
  Granted! D'accordo!
grape uva.
grapefruit pompelmo.
grasp (to) afferrare *(seize);*
  comprendere *(understand).*
grass erba.
grateful riconoscente, grato.
gratitude riconoscenza, gratitudine, *f.*
grave tomba.
grave *(adj.)* grave, serio.
graveyard cimitero.
gravel ghiaia.
gray grigio.
grease grasso.
great grande *(person);* enorme *(size);*
  lungo *(time).*
greatness grandezza.
greedy avido.
green verde.
greet (to) salutare.
greeting saluto.
grief pena.
grieve (to) penare.
grin (to) sogghignare.
grind (to) macinare.
groan gemito.
groan (to) gemere.
grocer venditore di generi alimentari.
grocery store negozio di generi
  alimentari.
gross grosso.
ground terra.
group gruppo.
group (to) raggruppare.
grouping raggruppamento.
grow (to) crescere.
growth crescita.
grudge rancore, *m.*

hold a grudge against volerne a.
guard guardia.
guard (to) fare le guardia a.
guardian guardiano.
guess congettura.
guess (to) indovinare.
guide guida.
guilt colpa.
guilty colpevole.
gum gengiva *(of the teeth)*.
  chewing gum gomma (da masticare).
gun fucile, *m.;* schioppo.
gush getto.

H

habit abitudine, *f.*
  to be in the habit of aver
  l'abitudine di.
habitual abituale.
hail grandine, *f.*
hair capello.
hairdo pettinatura.
hairpin forcina.
hairdresser parrucchiere, *m.*
half *(noun)* metà.
half *(adj.)* mezzo.
half-hour mezz'ora.
hall sala.
ham prosciutto.
hammer martello.
hand mano, *f.*
  hand-made fatto a mano.
hand (to) consegnare, passare.
handbag borsetta.
handful manata.
handkerchief fazzoletto.
handle manico.
handle (to) maneggiare, toccare.
handsome bello.
handy destro, abile *(person);*
  conveniente *(thing).*
hang (to) appendere.
happen (to) succedere, avvenire.
happening avvenimento.
happiness felicità.
happy felice.
harbor porto *(ship);* rifugio *(refuge).*
hard difficile *(difficult);* duro
  (not soft).
harden (to) indurire.
hardly appena.
hardness durezza.
hardship privazione, *f.*
hardware chincaglia.
hardware store chincaglieria.

hare lepre, *m. & f.*
harm male, *m.;* danno.
harm (to) nuocere; fare del male a.
harmful nocivo.
harmless innocuo.
harmonious armonioso.
harmony armonia.
harsh aspro.
harvest raccolta.
haste fretta.
hasten (to) affrettarsi.
hat cappello.
hate odio.
hate (to) odiare.
hateful odioso.
hatred odio.
haughty altero.
have (to) avere.
  to have a bath fare un bagno.
haven asilo, rifugio.
hay fieno.
he egli.
head testa; capo *(leader or chief).*
headache mal di testa.
heal (to) guarire; cicatrizzarsi
  (a wound).
health salute, *f.*
healthy sano.
heap mucchio.
heap up (to) ammucchiare.
hear (to) udire, sentire.
  to hear from ricevere notizie da.
hearing udito.
heart cuore, *m;* cuori, *m. pl.- (playing
  cards).*
  by heart a memoria.
heaven cielo.
heavy pesante.
hedge siepe, *f.*
heed (to) badare.
heel calcagno, tallone, *m.*
height altezza.
heir erede, *m. & f.*
helm elmo, timone, *m.*
help aiuto, soccorso.
help (to) aiutare, soccorrere.
  I cannot help it. Non ci posso nulla.
helper aiutante, *m.;* assistente, *m.*
helpful utile.
hem orlo.
hen gallina.
henceforth d'ora in poi.
her *(pron.)* lei, la, le.
  to her a lei.
her *(adj.)* il suo; la sua; i suoi; le sue.
herb erba.
herd branco, mandra, gregge, *m.*
here qui.
  Here! Ecco! Tenga! Tenete! Tieni!
herewith con ciò.

hero eroe, *m.;* protagonista, *m.*
(theater).
heroine eroina.
herring aringa.
hers il suo; la sua; i suoi; le sue.
herself se stessa; ella stessa.
hesitant esitante.
hide (to) nascondere; nascondersi
(oneself).
hideous mostruoso.
high alto.
higher più in alto.
hill collina.
him *(pron.)* lui, lo, gli.
  to him a lui.
himself se stesso; egli stesso.
hinder (to) ostacolare.
hinge cardine, *m.*
hint allusione, *f.;* accenno.
hint (to) alludere.
hip fianco.
hire (to) affittare; moleggiare; prendere
  in servizio *(person).*
his il suo; la sua; i suoi; le sue.
hiss (to) sibilare; fischiare *(a play).*
historian storico.
historic storico.
history storia.
hoarse rauco.
hoe zappa.
hold presa.
hold (to) tenere.
  to hold back trattenere.
hole buco.
holiday giorno di festa.
holiness santità.
hollow vuoto.
holy santo.
homage omaggio.
home casa.
  at home a casa.
home town città nativa.
honest onesto.
honesty onestà.
honey miele, *m.*
honor onore, *m.*
honor (to) onorare.
honorable onorevole.
hood cappuccio.
hoof zoccolo.
hook gancio.
hope speranza.
hope (to) sperare.
hopeful fiducioso.
hopeless disperato.
horizon orizzonte, *m.*
horizontal orizzontale.
horn tromba *(musical)*; corno *(animal).*
horrible orribile.
horror orrore, *m.*

horse cavallo.
horseback (on) a cavallo.
hosiery calze.
hospitable ospitale.
hospital ospedale, *m.*
host ospite, *m.*
hostess ostessa.
hostile ostile.
hot caldo.
hotel albergo.
hour ora.
house casa.
household famiglia *(family).*
housekeeper massaia.
housemaid donna di servizio.
how come.
  how long quanto tempo.
  how many quanti, quante.
  how much quanto.
  how often quante volte.
  however comunque
  How are you? Come sta? Come
    state? Come stai?
  How beautiful! Com' è bello!
howl ululato, ululo.
howl (to) ululare.
human umano.
humane umano.
humanity umanità.
humble umile.
humid umido.
humiliate (to) umiliare.
humility umiltà.
humor umore, *m.;* spirito.
hundred cento.
hundreth centesimo.
hunger fame, *f.*
hungry (to be) aver fame.
hunt caccia.
hunt (to) adare a caccia.
hunter cacciatore, *m.*
hurry fretta.
  to be in a hurry aver fretta.
hurry (to) affrettarsi.
hurt (to) far male.
husband marito.
hyphen tratto d'unione.
hypocrisy ipocrisia.
hypocrite ipocrita, *m.*
hypothesis ipotesi, *f.*

I

I io.
ice ghiaccio.
ice cream gelato.
icy ghiacciato.

idea idea.
ideal ideale, *m.* (Also *adj.*)
idealism idealismo.
idealist idealista, *m.*
identical identico.
identity identità.
idiot idiota *(noun & adj.).*
idle pigro, inattivo.
idleness ozio.
idol idolo.
if se.
ignoble ignobile.
ignorance ignoranza.
ignorant ignorante.
ignore (to) ignorare.
ill malato.
   to become ill ammalarsi.
illness malattia.
illusion illusione, *f.*
illustrate (to) illustrare.
illustration illustrazione, *f.*
image immagine, *f.*
imaginary immaginario.
imagination immaginazione, *f.*
imagine (to) immaginare.
imitate (to) imitare.
imitation imitazione, *f.*
immediate immediato.
immediately immediatamente.
imminent imminente.
immobility immobilità.
immoral immorale.
immorality immoralità.
immortal immortale.
immortality immortalità.
impartial imparziale.
impatience impazienza.
impatient impaziente.
imperfect imperfetto.
impertinence impertinenza.
impertinent impertinente.
impetuosity impetuosità.
impetuous impetuoso.
impious empio, irreligioso.
import importazione, *f.*
import (to) importare.
importance importanza.
   of the utmost importance della
   massima importanza.
important importante.
imposing imponente.
impossible impossibile.
impress (to) imprimere.
impression impressione, *f.*
   to be under the impression that
   avere l'impressione che.
imprison (to) imprigionare.
improve (to) migliorare.
improvement miglioramento.
improvise (to) improvvisare.

imprudence imprudenza.
imprudent imprudente.
impulse impulso, slancio.
impure impuro.
in in, dentro.
inadequate inadeguato.
inaugurate (to) inaugurare.
incapable incapace, inabile.
incapacity incapacità.
inch pollice, *m.*
incident incidente, *m.*
include (to) includere, comprendere.
included incluso.
income rendita, entrata.
   income tax imposta sul reddito.
incomparable incomparabile.
incompatible incompatibile.
incompetent incompetente.
incomplete incompleto.
incomprehensible incomprensibile.
inconvenience inconveniente, *m.*
inconvenient inconveniente, incomodo.
incorrect non corretto, scorretto.
increase aumento.
increase (to) aumentare.
incredible incredibile.
indebted indebitato, obbligato.
indecision indecisione, *f.*
indecisive indecisivo, indeciso.
indeed infatti.
independence indipendenza.
independent indipendente.
index indice, *m.*
index finger indice, *m.*
indicate (to) indicare.
indicative indicativo.
indifference indifferenza.
indifferent indifferente.
indignant indignato.
indignation indignazione, *f.*
indirect indiretto.
indirectly indirettamente.
indiscretion indiscrezione, *f.*
indispensable indispensabile.
individual individuo.
individual *(adj.)* individuale.
indivisible indivisibile.
indolence indolenza.
indolent indolente.
indoors in casa; dentro.
   to go indoors rientrare.
indorse (to) girare, approvare.
induce (to) indurre.
induct (to) iniziare, installare.
indulge (to) favorire, concedere,
   essere indulgente.
indulgence indulgenza.
indulgent indulgente.
industrial industriale.
industrious industrioso.

industry industria.
ineffective inefficace.
inexhaustible inesauribile.
inexplicable inesplicabile.
inexpressible inesprimibile.
infallible infallibile.
infamous infame.
infancy infanzia.
infant neonato, *m.;* neonata, *f.*
infantry fanteria.
infection infezione, *f.*
infer (to) inferire, dedurre.
inference inferenza, deduzione, *f.*
inferior inferiore.
infernal infernale.
infinite infinito.
infinity infinità.
inflict (to) infliggere.
influence influenza.
influence (to) influenzare.
inform (to) informare; far sapere.
information informazione, *f.;* notizia.
ingenious ingegnoso.
ingenuity ingegno, ingegnosità.
ingratitude ingratitudine, *f.*
inhabit (to) abitare.
inhabitant abitante, *m.*
inherit (to) ereditare.
inheritance eredità.
inhuman inumano.
initial iniziale, *f.* (Also *adj.*)
initiate (to) iniziare.
initiative iniziativa.
injurious offensivo.
injury danno, ingiuria.
injustice ingiustizia.
ink inchiostro.
inkwell calamaio.
inland interno.
inn albergo, osteria.
innate innato.
inner interno.
innkeeper albergatore, *m.*
innocence innocenza.
innocent innocente.
inquire (to) domandare, ricercare.
inquiry inchiesta, indagine, *f.*
inscription iscrizione, *f.*
insect insetto.
insensible insensibile.
inseparable inseparabile.
inside di dentro; all'interno.
insight percezione, *f.*
insignificant insignificante.
insincere non sincero; falso.
insinuate (to) insinuare.
insist (to) insistere.
insistence insistenza.
insoluble insolubile.
inspect (to) esaminare, ispezionare.

inspection ispezione, *f.;* esame, *m.*
inspiration ispirazione, *f.*
install (to) installare.
installment installazione, *f.;* rata
  (payment).
instance esempio.
instant istante, *m.;* attimo.
instantaneous istantaneo.
instantly all'istante; istantaneamente.
instead of invece di.
instigate (to) istigare.
instinct istinto.
instinctive istintivo.
institute istituto.
institute (to) istituire.
institution istituzione, *f.*
instruct (to) istruire.
instruction istruzione, *f.*
instructor istruttore, *m.*
instrument strumento.
insufficiency insufficienza.
insufficient insufficiente.
insult insulto, offesa.
insult (to) insultare, offendere.
insuperable insuperabile.
insurance assicurazione, *f.*
insure (to) assicurare.
integral integrale.
intellect intelletto.
intellectual intellettuale, *m.*
  (Also *adj.*)
intelligence intelligenza.
intelligent intelligente.
intend (to) intendere.
intense intenso.
intensity intensità.
intention intenzione, *f.*
interest interesse, *m.*
interesting interessante.
interfere (to) interferire, intromettersi.
interference interferenza.
interior interiore, *m.;* interno.
  (Also *adj.*)
intermediate intermediaro.
  (Also *noun.*)
international internazionale.
interpose (to) interporre.
interpret (to) interpretare.
interpretation interpretazione, *f.*
interpreter interprete, *m.*
interrupt (to) interrompere.
interruption interruzione, *f.*
interval intervallo.
interview intervista, colloquio.
intimacy intimità.
intimate intimo.
intimidate (to) intimidire.
into entro, dentro.
intolerable intollerabile.
intolerance intolleranza.

intolerant intollerante.
intonation intonazione, *f.*
introduce (to) presentare.
introduction presentazione, *f.*
  letter of introduction lettera di presentazione.

intuition intuito, intuizione, *f.*
invade (to) invadere.
invariable invariabile.
invasion invasione, *f.*
invent (to) inventare.
invention invenzione, *f.*
inventor inventore, *m.*
invert (to) invertire.
invest (to) investire.
investment investimento.
invisible invisibile.
invitation invito.
invite (to) invitare.
invoice fattura.
invoke (to) invocare.
involuntary involontario.
involve (to) implicare.
iodine iodio.
iron ferro; ferro da stiro *(for pressing).*
iron (to) stirare.
irony ironia.
irregular irregolare.
irreparable irreparabile.
irresistible irresistibile.
irritate (to) irritare.
irritation irritazione, *f.*
island isola.
isolate (to) isolare.
issue emissione, *f.*
it lo, la, esso, essa.
  it is è.
  It's here. È qui.
  It's late. È tardi.
Italian Italiano *(noun & adj.).*
item dettaglio *(detail);* articolo.
its il suo; la sua; i suoi, le sue.
itself se stesso; se stessa; da se.
ivy edera.

J

jacket giacca *(for a suit).*
jail prigione, *f.*
jam marmellata.
jar vaso.
jaw mascella.
jealous geloso.
jealousy gelosia.
jelly marmellata.
jest scherzo.
Jew ebreo *(noun & adj.).*

jewel gioiello.
job impiego *(occupation);* lavoro *(work).*
join (to) unire.
joint giuntura.
joke burla.
joke (to) burlare, scherzare.
jolly allegro.
journal giornale, *m.*
journalism giornalismo.
journalist giornalista, *m.*
journey viaggio.
joy gioia.
joyous gioioso.
judge giudice, *m.*
judge (to) giudicare.
judgment giudizio, discernimento.
judicial giudiziario.
juice succo.
July luglio.
jump salto.
jump (to) saltare.
June giugno.
junior più giovane; minore.
just giusto *(adj.);* appena *(adv.).*
  just now proprio ora.
justice giustizia.
justify (to) giustificare.

K

keen acuto.
keep (to) tenere.
  (to) keep back tenere indietro.
  (to) keep from impedire *(prevent);* astenersi *(refrain).*
  (to) keep quiet tacere.
  (to) keep in mind tener conto di; ricordare.
  (to) keep still star fermo.
kernel gheriglio; nocciolo *(of a discussion).*
kettle pentola.
key chiave, *f.*
keyhole buco della serratura.
kick calcio.
kick (to) dare un calcio.
kid capretto *(leather).*
kidney rene, *m.*
kill (to) uccidere.
kin parente, *m. & f.*
kind *(noun)* sorta, qualità.
kind *(adj.)* benigno, gentile, amabile.
kindly benignamente.
  Will you kindly ... Volete avere la bontà di ...
kindness bontà.
king re, *m.*

kingdom regno.
kiss bacio.
kiss (to) baciare.
kitchen cucina.
kite aquilone, *m.*
knee ginocchio.
  on one's knees in ginocchio.
kneel (to) inginocchiarsi.
knife coltello.
  penknife temperino.
knight cavaliere, *m.*
knit (to) lavorare a maglia.
knock bussata.
knock (to) bussare.
knot nodo.
know (to) sapere, conoscere.
knowledge conoscenza, sapere, *m.*
known conosciuto.

L

label etichetta.
labor lavoro, fatica.
laboratory laboratorio.
lace merletto.
lack mancanza.
lack (to) mancare.
ladder scala a piuoli.
lady signora.
  the lady of the house la padrona di casa.
  Ladies. Signore.
  Ladies and gentlemen. Signore e signori.
lake lago.
lamb agnello.
lame zoppo.
lamp lampada.
land terra, terreno.
land (to) sbarcare *(ship);* atterrare *(airplane).*
landscape paesaggio.
language linguaggio.
languish (to) languire.
languor languore, *m.*
lantern lanterna.
large grande.
last ultimo.
  at last finalmente.
  last month il mese scorso.
  last night ieri sera.
last (to) durare.
lasting duraturo.
latch saliscendi, *m.*
late tardi.
lately ultimamente, poco fa.
latter ultimo.

laugh (to) ridere.
  to laugh at ridere di.
laughter risata, riso.
laundry lavanderia.
lavish prodigo, profuso.
lavish (to) prodigare.
law legge, *f.*
lawful legale.
lawn prato.
lay (to) deporre, collocare.
layer strato.
lazy pigro.
lead piombo.
lead (to) condurre, guidare.
leader capo; duce, *m.*
leadership direzione, *f.*
leaf foglia *(of a tree);* foglio, *m.*
leak (to) gocciolare.
lean (to) appoggiarsi.
leap salto.
leap (to) saltare.
learn (to) apprendere, imparare.
learned erudito, colto.
learning cultura, erudizione, *f.*
lease (to) affittare.
least minore.
  at least almeno.
leather cuoio.
leave congedo, permesso.
leave (to) abbandonare *(desert);* lasciare *(quit).*
lecture conferenza.
left sinistra *(noun & adj.).*
  left-handed mancino.
  to the left a sinistra.
leg gamba.
legal legale.
legend leggenda.
legislation legislazione, *f.*
legitimate legittimo.
leisure agio, ozio.
lemon limone, *m.*
  lemon juice succo di limone.
lemonade limonata.
lend (to) prestare.
length lunghezza; durata *(of time).*
lengthen (to) allungare.
less meno.
lesson lezione, *f.*
let (to) lasciare, permettere; affittare *(rent).*
  To Let. Si Affitta.
  to let alone lasciare tranquillo.
letter lettera.
level livello.
liable responsabile.
liar mentitore, *m.;* bugiardo.
liberal liberale.
liberty libertà.
library biblioteca.

license licenza, permesso.
lick (to) leccare.
lie menzogna.
lie (to) mentire *(tell a falsehood)*;
sdraiarsi *(lie down)*; coricarsi
(go to bed).
lieutenant tenente *(first lieutenant)*;
sottotenente *(second lieutenant)*.
life vita.
lift (to) sollevare, alzare.
light luce, *f.;* lume, *m.*
light *(adj.)* chiaro; leggero *(in weight)*.
light (to) accendere.
lighten (to) alleggerire.
light up (to) illuminare.
lighthouse faro.
lighting illuminazione, *f.*
lightning fulmine, *m.*
like simile *(adj.)*; come *(adv.)*.
like (to) voler bene a; piacere.
  Would you like to go? Le piacerebbe
  andare?
likely probabile.
likeness somiglianza.
likewise altrettanto.
liking piacere, *m.;* gusto.
limb membro, estremità.
limit limite, *m.*
limit (to) limitare.
limp fiacco.
limp (to) zoppicare.
line linea.
line up (to) allineare.
linen lino *(textile)*; biancheria.
linger (to) indugiarsi, indugiare.
lining fodera.
link anello *(in a chain)*.
link (to) concatenare, legare.
lion leone,
lip labbro.
liquid liquido *(noun & adj.)*.
liquor liquore, *m.*
list lista, elenco.
listen (to) ascoltare.
literary letterario.
literature letteratura.
little piccolo.
  little by little poco a poco.
little (a) un po' di; poco.
live vivo.
live (to) vivere.
lively vivace.
liver fegato.
load carico.
load (to) caricare.
loan prestito.
loan (to) prestare.
local locale.
locate (to) situare.
location situazione, *f.;* sito.

lock serratura.
lock (to) chiudere a chiave.
locomotive locomotiva.
log tronco.
logic logica.
logical logico.
loneliness solitudine, *f.*
lonely solitario.
long lungo.
  a long time lungo tempo.
  before long quanto prima.
  long ago tempo fa; molto tempo fa.
longing desiderio.
look sguardo; aspetto *(appearance)*.
look (to) guardare; sembrare *(seem)*.
  Look out! Attenzione!
loose sciolto, slegato.
loosen (to) sciogliere, slegare.
lord signore, *m.;* padrone, *m.;*
  Iddio *(God)*.
lose (to) perdere.
loss perdita.
lost perduto.
lot (a) molto, tanto.
  a lot of money molto denaro.
  a lot of people molta gente.
loud forte.
  Speak louder. Parlate più forte.
love amore, *m.*
love (to) amare.
lovely amabile, bello.
low basso.
lower (to) abbassare.
loyal leale.
loyalty lealtà.
luck fortuna.
lucky fortunato.
luggage bagaglio.
luminous luminoso.
lump massa.
lunch colazione, *f.*
lung polmone, *m.*
luxe lusso.
  de luxe di lusso.
luxurious lussuoso.
luxury lusso.

M

macaroni maccheroni, *m. pl.*
machine macchina.
mad folle, irato.
madam signora.
madness follia.
magazine periodico, rivista.
magistrate magistrato.

magnificent magnifico.
maid cameriera, serva.
mail posta.
mail (to) impostare.
main principale.
main road via principale.
main street strada principale.
maintain (to) mantenere.
maintenance mantenimento.
majesty maestà.
major maggiore, *m.* (Also *adj.*)
majority maggioranza.
make (to) fare.
male maschio.
malice malizia.
man uomo.
manage (to) gestire, amministrare.
management gestione, *f.;* amministrazione, *f.*
manager amministratore, *m.*
mankind umanità.
manner maniera, modo.
  good manners buone maniere.
manufacture manifattura.
manufacture (to) fabbricare.
manufacturer fabbricante, *m.*
manuscript manoscritto. (Also *adj.*)
many molti, molte.
map carta.
March marzo.
march (to) marciare.
margin margine, *m.*
marine marino.
mark segno.
mark (to) segnare; prendere nota *(heed)*.
market mercato.
marriage matrimonio.
marry (to) sposare.
marvel meraviglia.
marvelous meraviglioso.
masculine maschile, virile.
mask maschera.
mask (to) mascherare.
mason muratore, *m.*
mass massa *(quantity);* messa *(religious rite).*
mast albero.
master padrone, *m.*
master (to) dominare.
masterpiece capolavoro.
match fiammifero, cerino; incontro *(sports);* unione, *f. (marriage).*
match (to) agguagliare.
material materiale, *m.* (Also *adj.*)
maternal materno.
mathematics matematica.
matter affare, *m.;* cosa, materia.
matter (to) importare.
mattress materasso.

mature maturo.
maximum massimo.
May maggio.
may potere *(to be able).*
mayor sindaco.
me me, mi.
meadow prateria.
meal pasto.
mean cattivo.
mean (to) voler dire; significare.
meaning significato.
means mezzo; mezzi *(resources).*
meanwhile frattanto.
  in the meanwhile nel frattempo.
measure misura.
measure (to) misurare.
meat carne, *f.*
mechanic meccanico *(noun & adj.).*
mechanically meccanicamente.
medal medaglia.
meddle (to) intromettersi.
mediate (to) intervenire.
medical medico.
medicine medicina.
mediocre mediocre.
mediocrity mediocrità.
meditate (to) meditare.
meditation meditazione, *f.*
medium mezzo; intermedio; medio *(adj.).*
meet (to) incontrare.
meeting incontro; riunione, *f. (reunion).*
melt (to) squagliare, liquefare, sciogliersi.
member membro.
memorize (to) imparare a memoria.
memory memoria.
mend (to) rappezzare, rattoppare.
mental mentale.
mention menzione, *f.*
mention (to) menzionare.
merchandise merce, *f.*
merchant mercante, *m.;* commerciante, *m.*
merciful clemente.
merciless inclemente.
mercury mercurio.
mercy clemenza, misericordia.
merit merito.
merry allegro.
message messaggio, imbasciata.
messenger messaggero, fattorino.
metal metallo.
metallic metallico.
method metodo.
metropolis metropoli, *f.*
microphone microfono.
middle in mezzo; intermedio.
  in the middle of the night durante la notte.

Middle Ages Medio Evo.
midnight mezzanotte, *f.*
might forza, potere, *m.*
mild mite.
mildness mitezza.
military militare.
milk latte, *m.*
milkman lattaio.
mill mulino.
miller mugnaio.
million milione, *m.*
millionaire milionario *(noun & adj.).*
mind mente, *f.*
mind (to) fare attenzione.
  Do you mind? La disturba?
mine miniera *(coal or steel).*
mine il mio; la mia; i miei; le mie.
miner minatore, *m.*
mineral minerale, *m.* (Also *adj.)*
minimum minimo.
minister ministro.
ministry ministero.
mink visone, *m.*
minor minore; più giovane.
minority minoranza.
minute minuto.
  Any minute now. Da un momento
  all'altro.
  Just a minute! Un minuto!
  Wait a minute. Attenda un minuto.
miracle miracolo.
mirror specchio.
miscellaneous vario, miscellaneo.
mischief cattiveria, malizia.
mischievous cattivo, malizioso.
miser avaro.
miserable miserabile.
miserably miseramente.
misery miseria.
misfortune sfortuna, disgrazia.
mishap infortunio, accidente, *m.*
misprint errore (di stampa), *m.*
Miss Signorina.
miss (to) mancare; sentire la
  mancanza di.
mission missione, *f.*
missionary missionario.
mist rugiada.
mistake errore, *m.*
mistake (to) sbagliare, errare.
Mister Signore.
  Mr. Rossi Signor Rossi.
mistrust diffidenza.
mistrust (to) diffidare.
mistrustful diffidente.
misunderstand (to) capire male.
misunderstanding malinteso.
misuse abuso.
misuse (to) abusare.
mix (to) mischiare.

mixture miscuglio; mistura *(liquids
  and drugs).*
mob folla.
mobility mobilità.
mobilization mobilitazione, *f.*
mobilize (to) mobilitare.
mock (to) deridere.
mockery derisione, *f.*
mode moda.
model modello *(noun & adj.).*
model (to) modellare.
moderate moderato.
moderate (to) moderare.
moderation moderazione, *f.*
modern moderno.
modest modesto.
modesty modestia.
modification modifica.
modify (to) modificare.
moist umido.
moisten (to) inumidire.
moment momento.
  any minute now da un momento
  all'altro.
  Just a moment! Un momento!
monarchy monarchia.
monastery monastero.
Monday lunedì.
money denaro.
monk monaco.
monkey scimmia.
monologue monologo.
monopoly monopolio.
monotonous monotono.
monotony monotonia.
monster mostro.
monstrosity mostruosità.
monstrous mostruoso.
month mese, *m.*
  last month il mese passato.
  next month il mese prossimo.
monthly mensile.
monument monumento.
monumental monumentale.
mood umore, *m.*
moody di cattivo umore.
moon luna.
  honeymoon luna di miele.
moonlight chiaro di luna.
moral morale, *f. (both fable and
  morality).*
morale morale, *m.*
moralist moralista, *m.*
morality moralità.
more di più.
morning mattina.
  this morning stamane.
mortal mortale, *m.* (Also *adj.)*
mortgage ipoteca
mortgage (to) ipotecare.

mosquito zanzara.
most il più; la più; i più; le più.
mostly in gran parte; la maggior parte.
moth tignola.
mother madre.
mother-in-law suocera.
motion movimento, mozione, f.
motionless immobile.
motivate (to) motivare.
motive motivo.
motor motore, m.
motor (to) andare in auto.
motorist automobilista, m.
mount monte, m.
mount (to) montare.
mountain montagna.
mountainous montagnoso.
mourn (to) lamentare.
mournful triste, lugubre.
mourning lutto.
mouse topo.
mouth bocca.
movable movibile, mobile.
move movimento.
move (to) muovere, muoversi; sloggiare *(household)*.
movement movimento.
movies cinema, m.
moving commovente *(touching)*.
Mr. Signore.
Mrs. Signora.
much molto.
mud fango.
muddy fangoso.
mule mulo.
multiple molteplice *(numerous)*.
multiply (to) moltiplicare.
multitude moltitudine, f.
mumble (to) borbottare.
municipal municipale.
municipality municipalità.
munitions munizioni, f.
murder omicidio.
murder (to) assassinare.
murmur mormorio.
murmur (to) mormorare.
muscle muscolo.
museum muséo.
mushroom fungo.
music musica.
musical musicale.
musician musicista, m.
must *(have to)* dovere.
mustard mostarda.
mute muto.
mutter mormorio, borbottamento.
mutter (to) mormorare, borbottare.
mutton montone, m.; carne di castrato, f.
my il mio; la mia; i miei; le mie.

myself io stesso; me stesso.
mysterious misterioso.
mystery mistero.

N

nail unghia *(finger-)*; chiodo *(carpentry)*.
nail (to) inchiodare.
naive ingenuo.
naked nudo.
name nome, m.
   first name nome.
   last name cognome.
   What is your name? Come si chiama?
   My name is. . . Mi chiamo. . .
name (to) nomiare, chiamare.
nameless senza nome; anonimo.
namely specialmente, cioè.
nap sonnellino.
napkin salvietta, tovagliolo.
narrow stretto.
narrow (to) restringere.
nasty offensivo, spiacevole.
nation nazione, f.
national nazionale.
nationality nazionalità.
nationalization nazionalizzazione, f.
nationalize (to) nazionalizzare.
native nativo, indigeno.
natural naturale.
naturalness naturalezza.
nature natura.
   human nature natura umana.
naughty birichino.
naval navale.
navy marina.
Neapolitan napoletano.
near vicino.
nearly quasi.
neat nitido; ben tenuto.
neatness nitidezza.
necessarily necessariamente.
necessary necessario.
necessity necessità.
neck collo.
necklace collana.
necktie cravatta.
need bisogno.
need (to) aver bisogno.
needle ago.
needless inutile.
needy bisognoso.
negative negativa *(denial or film)*.
negative *(adj.)* negativo.
neglect negligenza.

neglect (to) trascurare.
negotiate (to) trattare.
negotiation trattativa.
Negro negro.
neighbor vicino.
neighborhood rione, *m.;* vicinato.
neither nessuno.
  neither one nè l'uno, nè l'altro.
  neither...nor... nè...nè...
nephew nipote.
nerve nervo.
  What a nerve! Che sfacciato!
nervous nervoso.
nest nido.
net rete, *f.*
net *(adj.)* netto.
neuter neutro.
neutral neutrale, *m.* (Also *adj.*)
never mai.
nevertheless ciò nonostante.
new nuovo.
news notizia.
newsdealer giornalaio.
newspaper giornale, *m.*
next prossimo.
nice piacevole.
nickname nomignolo, soprannome, *m.*
niece nipote.
night notte, *f.;* sera.
nightmare incubo.
nine nove.
nineteen diciannove.
nineteenth diciannovesimo.
ninetieth novantesimo.
ninety novanta.
ninth nono.
no no.
  no longer non più.
  No Smoking! Vietato Fumare!
nobility nobiltà.
noble nobile.
nobody nessuno.
nod cenno, saluto.
noise rumore, *m.*
noisy rumoroso.
nominate (to) nominare.
nomination nomina.
none nessuno.
  She has none. Non ne ha.
nonsense assurdità, sciocchezza.
noon mezzogiorno.
nor nè...non...
  neither...nor... nè...nè...
normal normale.
north nord.
northern a nord; settentrionale.
northwest nord-ovest.
nose naso.
nostril narice, *f.*
not non.

note nota, biglietto.
note (to) notare.
noted conosciuto.
nothing niente.
notice avviso.
  Notice to the public. Avviso al
  pubblico.
notice (to) notare.
notify (to) notificare.
notion nozione, *f.*
noun nome, *m.*
nourish (to) nutrire.
nourishment nutrimento.
novel romanzo *(literary).*
novel *(adj.)* nuovo.
novelty novità.
November novembre.
now ora.
  now and then di tanto in tanto.
  nowadays di questi tempi.
  nowhere in nessun posto.
nude nudo.
nuisance seccatura.
null nullo, invalido.
numb insensibile, addormentato.
number numero.
number (to) numerare.
nun monaca.
nurse infermiera.
nursery giardino d'infanzia.
nut noce, *f.*

O

oak quercia.
oar remo.
oat avena.
oath giuramento.
obedience obbedienza.
obedient obbediente.
obey (to) obbedire.
object oggetto; scopo *(aim).*
object (to) opporsi, obbiettare.
objection obbiezione, *f.*
  I see no objection to it. Non ho
  nulla da obbiettare.
objective obbiettivo *(noun);*
  oggettivo *(adj.).*
objectively oggettivamente.
objectivity oggettivismo.
obligation obbligo.
obligatory obbligatorio.
oblige (to) obbligare.
obliging gentile, cortese.
oblique obliquo.
obscure oscuro.
obscurity oscurità.

observation osservazione, *f.*
observatory osservatorio.
observe (to) osservare.
observer osservatore, *m.*
obstacle ostacolo.
obstinacy ostinazione, *f.*
obstinate ostinato.
obvious ovvio.
obviously ovviamente.
occasion occasione, *f.*
occasion (to) cagionare, causare.
occasionally occasionalmente.
occupation impiego.
occupy (to) occupare.
occur (to) avvenire.
occurrence avvenimento.
ocean oceano.
October ottobre.
odd dispari *(numbers)*; disuguale *(not matched)*; bizzarro *(strange)*.
odor odore, *m.*
of di.
  of course certo.
offend (to) offendere, insultare.
offense offesa.
offensive offensiva *(military)*.
offensive *(adj.)* offensivo.
offer offerta.
offer (to) offrire.
offering offerta.
office ufficio.
officer ufficiale, *m.*
official funzionario; ufficiale, *m.*
  (Also *adj.*)
often sovente, spesso.
  How often? Quante volte?
oil olio; petrolio *(mineral)*.
old vecchio.
  He is two years old. Ha due anni.
old age vecchiaia.
old man vecchio.
olive oliva.
  olive oil olio d'oliva.
on su, sopra.
once una volta.
  all at once d'un tratto.
  at once immediatamente.
  once a year una volta l'anno.
  once in a while di tanto in tanto.
one *(pron.)* uno, qualcuno, si.
one *(adj.)* uno, un, una.
oneself se stesso; si.
onion cipolla.
only soltanto, solamente.
open *(adj.)* aperto.
  in the open all'aperto.
open (to) aprire.
opening apertura.
opera opera.
operate (to) operare.

operation operazione, *f.*
opinion opinione, *f.*
opponent opponente, *m.*
opportune opportuno.
opportunity opportunità.
oppose (to) opporre.
opposite opposto.
opposition opposizione, *f.*
oppress (to) opprimere.
oppression oppressione, *f.*
optimism ottimismo.
optimist ottimista, *f.*
optimistic ottimista.
or o
  either...or... o...o...
oral verbale, orale.
orange arancia, arancio.
orator oratore, *m.*
oratory oratoria.
orchard orto, frutteto.
orchestra orchestra.
ordeal prova.
order ordine, *m.*
  in order to per.
  to put in order mettere in ordine.
order (to) ordinare.
ordinary ordinario.
organ organo.
organization organizzazione, *f.*
organize (to) organizzare.
Orient (the) Oriente, *m.*
oriental orientale.
origin origine, *f.*
originality originalità
originate (to) creare.
ornament ornamento.
orphan orfano, orfana.
ostentation ostentazione, *f.*
other altro, altra, altri, altre.
ought dovere.
ounce oncia.
our(s) il nostro; la nostra; i nostri; le nostre.
ourselves noi stessi, noi stesse.
out fuori.
  out of danger fuori pericolo.
outcome conseguenza, risultato.
outdo (to) sorpassare.
outer esteriore.
outfit corredo *(clothes, trousseau)*; equipaggiamento.
outlast (to) sopravvivere.
outlaw proscritto, bandito.
outlaw (to) proscrivere.
outlay spesa.
outlet sbocco.
outline delineazione, *f.;* schizzo.
outline (to) delineare; tracciare le grandi linee.
outlook prospettiva.

output rendimento, produzione, *f.*
outrage oltraggio.
outrageous oltraggioso.
outside fuori.
oval ovale, *m.* (Also *adj.)*
oven forno.
overcoat cappotto.
overcome (to) sormontare.
overflow (to) inondare, traboccare.
overhead in alto.
overlook (to) trascurare.
overpower (to) sopraffare.
overrule (to) dominare, respingere.
overrun (to) invadere.
overseas oltre mare.
overshoes soprascarpe, *f. pl.*
oversight inavvertenza.
overtake (to) raggiungere, sorpassare.
overthrow (to) rovesciare.
overwhelm (to) sopraffare.
owe (to) dovere.
own proprio.
own (to) possedere.
owner proprietario.
ox bue.
oxygen ossigeno.
oyster ostrica.

P

pace passo.
pacific pacifico.
pack (to) imballare, impaccare.
package pacco.
pact patto.
page pagina.
pain dolore, *m.*
pain (to) far male; addolorare.
painful doloroso.
paint pittura, colore, *m.*
    Wet paint. Pittura fresca.
paint (to) dipingere.
painter pittore, *m.*
painting pittura, quadro.
pair paio.
pale pallido.
pamphlet libretto.
pan padella.
pancake frittella.
pane vetro.
panel pannello.
panic panico.
panorama panorama, *m.*
panties mutandine, *f. pl.*
pants pantaloni, *m. pl.*
paper carta.
parachute paracadute, *m.*

parade parata.
paragraph paragrafo.
parallel parallelo.
paralysis paralisi, *f.*
paralyze (to) paralizzare.
parcel pacco.
pardon perdono.
pardon (to) perdonare.
parent genitore, *m.;* genitrice, *f.;*
    parente, *m.*
parenthesis parentesi, *f.*
park parco; giardino pubblico.
park (to) parcare.
    No parking! Divieto di sosta!
parkway autostrada.
parliament parlamento.
part parte, *f.*
part (to) separarsi.
partial parziale.
partially parzialmente; in parte.
particular particolare, *m.* (Also *adj.)*
particularity particolarità.
particularly particolarmente.
partner socio, socia, *(business);*
    compagno di giuoco *(in games).*
party partito *(political);* ricevimento
    (social); partita *(sports).*
pass permesso *(permission).*
pass (to) passare.
passage passaggio.
passenger passeggero.
passion passione, *f.*
passive passivo.
past passato. (Also *noun)*
    half-past seven le sette e mezzo.
    past ten o'clock le dieci passate.
    the past year l'anno passato.
past *(prep.)* oltre *(beyond).*
paste colla *(glue);* conserva *(preserve).*
paste (to) incollare.
pastry paste, *f. pl.;* dolci,
    m. pl. (sweets).
pastry shop pasticceria.
patch pezza; rappezzo; benda
    (bandage).
patch (to) rattoppare.
patent brevetto, patente, *f.*
paternal paterno.
path sentiero.
pathetic patetico.
patience pazienza.
patient paziente, *m. or f.* (Also *adj.)*
patriot patriota, *m.*
patriotism patriottismo.
patron patrono.
patronize (to) patrocinare.
pattern modello; campione, *m.;*
    disegno.
pause pausa.
pause (to) fare una pausa; arrestarsi.

pave (to) pavimentare.
pavement selciato.
paw zampa.
pay stipendio.
pay (to) pagare.
 to pay in cash pagare in contanti.
payment pagamento, ricompensa.
pea pisello.
peace pace, *f.*
peaceful pacifico, tranquillo.
peach pesca.
peak cima.
pear pera.
pearl perla.
peasant contadino, contadina.
pebble sassolino, sasso.
peculiar peculiare, strano.
pecuniary pecuniario.
pedal pedale, *m.*
pedantic pedante.
pedestrian pedone, *m.*
peel buccia, corteccia.
peel (to) spellare, sbucciare.
pen penna.
 fountain pen penna stilografica.
penalty pena, multa.
pencil lapia, *m.;* matita.
penetrate (to) penetrare.
peninsula penisola.
penitence penitenza.
pension pensione, *m.*
people gente, *f.;* popolo.
pepper pepe, *m.*
peppermint menta.
perceive (to) scorgere, capire.
per cent percento.
percentage percentuale, *f.*
perfect perfetto.
perfect (to) perfezionare.
perfection perfezione, *f.*
perfectly perfettamente.
perform (to) compiere; eseguire;
 rappresentare *(in a play).*
performance compimento; esecuzione;
 rappresentazione *(of a play).*
perfume profúmo.
perfume (to) profumare.
perhaps forse.
peril pericolo.
period punto fermo *(punctuation);*
 epoca *(era).*
periodical periodico (also *adj.*).
perish (to) perire.
permanent permanente, *f.* (Also *adj.*)
permission permesso.
permit permesso, licenza.
permit (to) permettere, concedere.
peroxide acqua ossigenata; perossido.
perplex (to) confondere; rendere
 perplesso.

persecute (to) perseguitare.
persecution persecuzione, *f.*
perseverance perseveranza.
persist (to) persistere, perseverare.
person persona.
personal personale.
personality personalità.
personnel personale, *m.*
perspective prospettiva.
persuade (to) persuadere.
pertaining appartenente, riferendosi a.
petty meschino.
pharmacist farmacista.
pharmacy farmacia.
phenomenon fenomeno.
philosopher filosofo.
philosophical filosofico.
philosophy filosofia.
photograph fotografia.
 to take a photograph fare una
  fotografia.
photostatic copy copia fotostatica.
phrase frase, *f.*
physical fisico.
physician medico.
piano pianoforte, *m.*
pick (to) scegliere *(choose);* rompere
 col piccone *(to break up with a pick);*
 mangiucchiare *(nibble on food);*
 sottrarre da *(a pocket).*
pick up (to) raccogliere.
picnic merenda all'aperto;
 campagnata.
picture ritratto, disegno, dipinto,
 quadro.
 to take a picture fare una fotografia.
picturesque pittoresco.
pie torta di frutta.
piece pezzo.
pig maiale, *m.*
pigeon piccione, *m.*
pile ammasso, mucchio.
pile (to) ammassare.
pill pillola.
pillar colonna.
pillow guanciale, *m.*
pilot pilota, *m.*
pin spilla.
pinch (to) pizzicare.
pink *(adj.)* rosa.
pious pio.
pipe pipa *(for smoking);* tubo
 (plumbing); zampogna *(musical).*
pitiful pietoso.
pity pietà.
 What a pity! Che peccato!
place luogo, località, posto.
 in my place al mio posto.
 to lose one's place perdere il segno.
 to take place aver luogo.

place (to) mettere.
plain *(adj.)* chiaro *(clear);* semplice *(simple).*
plan progetto, piano.
plan (to) progettare.
plane aeroplano, aero *(airplane);* pialla *(carpenter's tool).*
plant pianta.
plant (to) piantare.
plaster empiastro *(medical);* intonaco; gesso *(walls).*
plate piatto.
platform piattaforma.
platter largo piatto.
play gioco; lavoro teatrale *(theatrical).*
play (to) giocare; recitare *(to act);* sonare *(musical instruments).*
player giocatore, *m.*
plea causa, processo, supplica.
plead (to) perorare *(court case);* dichiararsi *(plead guilty or innocent).*
plead with (to) supplicare.
pleasant piacevole.
please (to) piacere, accontentare.
  if you please per piacere.
pleased contento, soddisfatto.
pleasure piacere, *m.*
pledge pegno, garanzia.
pledge (to) garantire.
plenty abbondanza.
plenty *(adj.)* abbondante.
plot complotto *(conspiracy);* pezzo di terra *(of ground);* intreccio *(of a play).*
plough aratro.
plough (to) arare.
plum prugna.
plunder (to) saccheggiare.
plural plurale, *m. (Also adj.)*
plus più.
pneumonia polmonite, *f.*
pocket tasca.
poem poesia, poema, *m.*
poet poeta, *m.*
poetic poetico.
poetry poesia.
point punto.
point (to) indicare.
pointed appuntito *(sharp);* acuto *(incisive).*
poise equilibrio.
poison veleno.
poison (to) avvelenare.
poisoning avvelenamento.
polar polare.
police polizia.
policeman vigile urbano; poliziotto.
policy politica; linea di condotta.
polish lucido, vernice, *f.*
polish (to) lucidare, lustrare.
polite cortese.

politeness cortesia.
political politico.
politics politica.
pond stagno, laghetto.
poor povero.
popular popolare.
population popolazione, *f.*
pork carne di maiale, *f.*
port porto.
porter facchino.
portrait ritratto.
position posizione, *f.;* situazione, *f.*
positive positivo.
possess (to) possedere.
possession possesso.
possibility possibilità.
possible possibile.
post palo *(pole or support);* posta *(mail).*
postage affrancatura.
  postage stamp francobollo.
poster manifesto, affisso, cartellone, *m.*
posterity posterità.
post office posta; ufficio postale.
pot pentola, vaso, recipiente, *m.*
potato patata.
pound libbra.
pour (to) versare.
  It's pouring! Piove a dirotto!
poverty povertà.
powder polvere, *f.*
  face-powder cipria.
power potere, *m.;* forza.
powerful potente.
practical pratico.
practice pratica, abitudine, *f.;* esercizio.
practice (to) esercitarsi, esercitare, praticare.
praise elogio, lode, *f.*
praise (to) elogiare.
prank scherzo.
pray (to) pregare.
prayer preghiera.
preach (to) predicare.
precaution precauzione, *f.*
precede (to) precedere.
preceding precedente.
precept precetto.
precious prezioso.
precise preciso.
precision precisione, *f.*
predecessor predecessore, *m.*
preface prefazione, *f.*
prefer (to) preferire.
preference preferenza.
prejudice pregiudizio.
preliminary preliminare.
prepare (to) preparare.

prescribe (to) prescrivere.
presence presenza.
present dono *(gift);* presente *(present time).*
present *(adj.)* presente, attuale.
present (to) presentare.
preserve (to) preservare, conservare.
preside (to) presiedere.
president presidente, *m.*
press stampa.
press (to) stirare *(iron clothes);* premere; comprimere.
pressing urgente.
pressure pressione, *f.*
prestige prestigio.
presume (to) presumere.
pretend (to) pretendere, fingere.
pretext pretesto.
pretty *(adj.)* bello, grazioso.
pretty *(adv.)* quanto.
    pretty nearly quasi.
    pretty soon quanto prima.
prevail (to) prevalere.
prevent (to) impedire.
prevention prevenzione, *f,* impedimento.
previous precedente.
    the previous year l'anno precedente.
prey preda.
price prezzo, costo.
pride orgoglio.
priest prete.
prime primo, principale.
prince principe.
princess principessa.
principal principale.
principle principio.
print (to) stampare.
prison prigione, *f.*
prisoner prigioniero, prigioniera.
private privato.
privilege privilegio.
prize premio.
prize (to) stimare molto.
probable probabile.
probably probabilmente.
problem problema, *m.*
procedure procedura.
proceed (to) procedere.
process processo.
procession processione, *f.*
proclaim (to) proclamare.
produce (to) produrre.
product prodotto.
production produzione, *f.*
productive produttivo.
profession professione, *f.*
professional professionale.
professor professora, *m.*
profile profilo.

profit profitto, utile, *m.*
profit (to) trarre profitto.
profits profitti, utili.
program programma, *m.*
progress progresso.
progress (to) progredire.
prohibit (to) vietare.
prohibition divieto, proibizione, *f.*
project progetto.
project (to) progettare.
promise promessa.
promise (to) promettere.
promotion promozione, *f.*
prompt pronto.
promptness prontezza.
pronoun pronome, *m.*
pronounce (to) pronunciare, pronunziare
proof prova.
proper proprio, corretto.
property proprietà *(country home);* beni, *m. pl. (estate, in legal sense).*
proportion proporzione, *f.*
proposal proposta.
propose (to) proporre.
prosaic prosaico.
prose prosa.
prospect prospetto, *(business);* prospettiva, *(panorama).*
prosper (to) prosperare.
prosperity prosperità
prosperous prospero.
protect (to) proteggere.
protection protezione, *f.*
protector protettore, *m.*
protest protesta.
protest (to) protestare.
Protestant protestante, *m.* (Also *adj.*)
proud orgoglioso, fiero.
prove (to) provare.
proverb proverbio.
provide (to) provvedere.
provided that purchè
province provincia.
provoke (to) provocare.
proximity prossimità
prudence prudenza.
prune prugna secca.
psychological psicologico.
psychology psicologia
public pubblico (also *adj.*).
publication pubblicazione, *f.*
publish (to) pubblicare.
publisher editore, *m.*
pull (to) tirare.
pulpit pulpito.
pulse polso.
pump pompa.
punish (to) punire.
punishment punizione, *f.*

pupil allievo, allieva; pupilla *(eye)*.
purchase acquisto.
purchase (to) acquistare.
pure puro.
purity purezza.
purpose scopo.
purse borsa.
pursue (to) inseguire.
pursuit inseguimento.
push (to) spingere.
put (to) mettere.
  (to) put away mettere via.
  (to) put off rimandare; rinviare.
  (to) put on indossare *(clothes)*.
  (to) put out spegnere *(light)*.
puzzle perplessità, indovinello, cruciverba, *m.*
puzzle (to) render perplesso; indovinare.

Q

quaint strano, disusato.
qualify (to) essere adatto.
quality qualità
quantity quantità
quarrel litigio.
quarrel (to) litigare.
quarter quarto; quartiere *(district)*.
queen regina.
queer strano, bizzarro.
quench (to) dissetare *(thirst)*; estinguere *(flame)*.
question questione, *f.* domanda.
question (to) domandare, interrogare.
quick rapido.
quickly rapidamente.
  Come quickly! Venga subito!
quiet *(adj.)* quieto, tranquillo.
  Keep quiet. Stai zitto.
quiet (to) calmare, tranquillizzare.
quit (to) abbandonare, lasciare.
quite completamente; del tutto; proprio.
  quite good proprio buono.
quote (to) citare.

R

rabbit coniglio; lepre, *m. & f.*
race corsa *(horse race, etc.)*; razza *(of people)*.
radio radio, *f.*
rag cencio, straccio.

rage furia, collera, ira.
ragged cencioso.
rail rotaia *(train)*; sbarra *(wood or iron)*; cancellata *(fence)*.
railroad ferrovia.
railroad station stazione ferroviaria.
rain pioggia.
rain (to) piovere.
rainbow arcobaleno.
rainy piovoso.
raise aumento *(in pay)*.
raise (to) sollevare *(lift)*; innalzare, produrre *(produce)*.
raisin uva secca.
rake rastrello.
rally (to) riunire insieme.
range estensione, *f.*; catena *(mountains)*.
range (to) percorrere, disporre.
rank grado, fila.
ransom riscatto.
rapid rapido.
rapidity rapidità.
rapidly rapidamente.
rapture estasi, *f.*
rare raro.
rat topo.
rate velocità *(of speed)*; tariffa *(fare)*.
  first rate di prim' ordine.
rate (to) valutare.
rather piuttosto.
  rather good piuttosto buono.
  rather than piuttosto che.
  I'd rather go. Preferirei andare.
ration razione, *f.*
rational razionale, ragionevole.
rave (to) delirare.
raw crudo.
ray raggio.
razor rasoio.
  razor blade lametta.
reach portata, estensione, *f.*
reach (to) stendere; arrivare; raggiungere; allungare *(with the arm)*.
react (to) reagire.
reaction reazione, *f.*
read (to) leggere.
reading lettura.
ready pronto.
  to get ready prepararsi.
real reale, vero.
realization realizzazione, *f.*; comprensione, *f.*
realize (to) rendersi conto di.
really in verità; veramente.
rear di dietro.
rear (to) crescere *(children)*.
reason ragione, *f.*
reasonable ragionevole.
reasoning ragionamento.

reassure (to) rassicurare.
rebel ribelle, *m.* (Also *adj.*).
rebel (to) ribellarsi.
rebellion ribellione, *f.*
recall richiamo.
recall (to) richiamare, ricordare.
receipt ricevuta.
receive (to) ricevere.
receiver ricevitore, *m. (telephone).*
recent recente.
reception accoglienza; ricevimento *(social).*
recess recesso; sospensione del lavoro *(rest period).*
reciprocal reciproco.
recite (to) recitare.
recognize (to) riconoscere.
recollect (to) richiamare alla mente; ricordare.
recollection ricordo.
recommend (to) raccomandare.
recommendation raccomandazione, *f.*
reconcile (to) riconciliare.
reconstitute (to) ricostituire
record disco *(phonograph);* registro *(file);* primato *(sports).*
recover (to) ritrovare *(find);* guarire *(from illness).*
recovery guarigione, *f.*
recruit recluta.
rectangle rettangolo.
red rosso.
Red Cross Croce Rossa.
redeem (to) redimere, riscattare.
redouble (to) raddoppiare.
reduce (to) ridurre.
reduction riduzione, *f.*
reed canna.
refer (to) riferire, alludere.
reference riferimento, referenza, allusione, *f.*
referring to con riferimento.
refine (to) raffinare.
refinement raffinatezza.
reflect (to) riflettere.
reflection riflesso.
reform riforma, miglioramento.
reform (to) formare di nuovo; riformare.
refrain ritornello.
refrain (to) trattenersi.
refresh (to) rinfrescare.
refreshment rinfresco.
refrigerator frigorifero.
refuge rifugio
   to take refuge rifugiarsi.
refund (to) rimborsare.
refusal rifiuto.
refuse (to) rifiutare.
refute (to) confutare.
regard riguardo, stima.

   in regard to a proposito di.
regime regime, *m.*
regiment reggimento.
region regione, *f.*
register registro.
register (to) registrare, iscriversi.
regret rimpianto, rammarico.
regret (to) rimpiangere, rammaricarsi di.
regular regolare.
regulate (to) regolare.
regulation regola.
rehearsal prova.
reherse (to) provare.
reign regno.
reign (to) regnare.
reinforce (to) rinforzare.
reject (to) respingere, rifiutare.
rejoice (to) gioire, rallegrarsi.
relapse ricaduta.
relate (to) raccontare.
relation relazione, *f.;* rapporto.
   in relation to in riferimento a.
relationship rapporto, parentela.
relative *(noun)* parente, *m. & f.*
relative *(adj.)* relativo, affine.
relax (to) rilassarsi; rallentare; riposare *(rest);* calmarsi *(calm).*
relaxation diminuzione, *f.;* rallentamento; ricreazione, *f.*
release liberazione, *f.;* scarico.
relent (to) cedere; divenire meno severo.
relentless inflessibile.
relevant pertinente.
reliable degno di fiducia; fidato.
reliance fiducia.
relic reliquia.
relief sollievo, soccorso.
relieve (to) sollevare.
religion religione, *f.*
religious religioso.
relinquish (to) abbandonare, cedere.
relish gusto, sapore, *m.*
relish (to) trovar piacevole.
reluctance riluttanza.
reluctant riluttante.
rely upon (to) fare assegnamento su (di).
remain (to) rimanere.
remainder resto, residuo.
remark osservazione, *f.*
remark (to) osservare, notare.
remarkable notevole, straordinario.
remedy rimedio.
remember (to) ricordare.
remembrance ricordo.
remind (to) richiamare alla mente.
remorse rimorso.
remote remoto.

removal rimozione, f.
remove (to) rimuovere.
renew (to) rinnovare.
rent affitto.
rent (to) dare in affitto; prendere in affitto.
repair riparazione, f.
repair (to) riparare.
repeat (to) ripetere.
repent (to) pentirsi.
repetition ripetizione, f.
reply risposta.
reply (to) rispondere.
report notizia, resoconto, rapporto.
represent (to) rappresentare.
representation rappresentazione, f.
representative rappresentante, deputato.
repress (to) reprimere.
reprimand rimprovero.
reprimand (to) rimproverare.
reprisal rappresaglia.
reproach rimprovero.
reproach (to) rimproverare.
reproduce (to) riprodurre.
republic repubblica.
reputation riputazione, f.
request domanda, richiesta.
request (to) richiedere.
require (to) esigere; aver bisogna di; chiedere.
rescue salvezza, soccorso.
rescue (to) salvare, soccorrere.
research ricerca.
resemble (to) rassomigliare.
resent (to) offendersi di.
resentment risentimento.
reservation riserva; prenotazione *(for tickets, etc.).*
reserve riserva.
reserve (to) riservare; prenotare *(tickets, tables, etc.).*
resign (to) dimettersi; dare le dimissioni.
resignation dimissione, f. *(from a position)*; rassegnazione, f. *(acquiescence).*
resist (to) resistere.
resistance resistenza.
resolute risoluto.
resolution soluzione, f. *(solution or explanation)*; risoluzione, f. *(determination).*
resolve (to) resolvere.
resort stazione climatica.
resort (to) ricorrere.
resource risorsa.
respect rispetto.
respect (to) rispettare.
respectful rispettoso.

respective rispettivo.
respite tregua
responsibility responsabilità.
responsible responsibile.
rest riposo.
rest (to) riposare.
restaurant ristorante, m.
restless inquieto, irrequieto.
restoration restaurazione, f.
restore (to) restaurare.
restrain (to) reprimere, trattenere.
restraint restrizione; controllo.
restrict (to) restringere, limitare.
restriction restrizione, f.
result risultato, esito
result (to) risultare, resolversi.
resume (to) riprendere
retail vendita al minuto
retail (to) vendere al minuto.
retain (to) trattenere, ritenere.
retaliate (to) vendicarsi di; ritorcere.
retaliation rappresaglia.
retire (to) ritirarsi.
retirement ritiro, isolamento.
retract (to) ritrarre.
retreat ritirata.
return ritorno.
return (to) ritornare; restituire *(give back).*
reveal (to) rivelare.
revelation rivelazione, f.
revenge vendetta.
revenue entrata, reddito.
reverence riverenza.
reverend reverendo.
reverse inverso, contrario. *(Noun & adj.).*
reverse (to) rovesciare, invertire, rivoltare.
revert (to) tornare indietro; spettare *(go to, as in a will).*
review rivista *(periodical).*
review (to) recensire *(a book, play, etc.).*
   to pass in review (as troops) passare in rivista.
revise (to) rivedere, emendare.
revision revisione, f.
revive (to) fare rivivere; rianimare; risvegliare *(memories).*
revoke (to) revocare.
revolt (to) ribellarsi *(rebel)*; disgustare *(disgust or offend).*
revolution rivoluzione, f.
revolve (to) roteare *(rotate)*; meditare *(think, consider).*
reward ricompensa.
reward (to) ricompensare.
rhyme rima.
rib costola.

ribbon nastro.

rice riso.

rich ricco.

richness ricchezza.

rid (to get) sbarazzarsi.
   to get rid of something sbarazzarsi di qualche cosa.

riddle enigma, indovinello.

ride corsa *(in a car)*; galoppata *(on horseback)*; passeggiata.

ride (to) andare.
   to ride a horse andare a cavallo.
   to ride a bicycle andare in bicicletta.
   to ride in a car andare in auto.
   to go for a boatride andare in barca.
   to go for a plane ride andare in aeroplano.

ridiculous ridicolo.

rifle fucile, *m.*

right destra, bene, *m.*
   to have a right to aver il diritto di.
   to be right aver ragione.
   to the right a destra.
   Right! Bene!

right *(adj.)* corretto, diritto, esatto, giusto.

righteous giusto, retto.

righteousness giustizia, rettitudine, *f.*

rightful giusto, legittimo.

rigid rigido.

rigor rigore, *m.*

rigorous rigoroso.

ring anello *(finger)*; cerchio *(circle)*; recinto *(enclosure)*; suono *(of a bell)*.

ring (to) sonare.

rinse (to) sciacquare.

riot tumulto, rivolta.

ripe maturo.

ripen (to) maturare.

rise ascesa, salita.

rise (to) alzarsi, levarsi, sollevarsi.

risk rischio.

risk (to) rischiare; mettere in pericolo.

rite rito.

ritual rituale, *m.* (Also *adj.*)

rival rivale, *m. & f.* Also *adj.*)

rivalry rivalità.

river fiume, *m.*

road strada, via.

roar ruggito *(of an animal)*; rombo *(of cannon, motor)*.

roar (to) ruggire.

roast arrosto.

roast (to) arrostire.

rob (to) derubare.

robber ladro.

robbery furto.

robe mantello.

robust robusto.

rock roccia, scoglio.

rock (to) dondolare, cullare.

rocky roccioso.

rod bacchetta, asta.

roll rotolo; rullio *(drums)*; panino *(bread)*.

roll (to) rotolare.

Roman romano, romana. *(Noun & adj.)*

romantic romantico.

romanticism romanticismo.

roof tetto.

room camera *(of a house)*; spazio *(space* or *area)*.
   make room for fare largo.
   There's no room. Non c'è spazio.

root radice, *f.*

rope corda.

rose rosa.

rot (to) marcire; languire *(in prison)*.

rough ruvido, rozzo.

round (adj.) rotondo.

round (adv.) attorno; in giro.

round ripresa *(in boxing)*; giro *(inspection)*; ronda *(patrol)*.

round off (to) arrotondire.

route via, percorso.

row fila.

row (to) remare.

royal reale.

rub (to) strofinare.

rubber gomma (also *tire*); caucciù (also *overshoes*).

rubbish scarti, *m.pl;* rifiuti, *m.pl.*

rude rude; grossolano; scortese *(impolite)*.

ruffle increspatura.

ruffle (to) increspare.

ruin rovina.

ruin (to) rovinare.

rule regola, dominio.

rule (to) regolare, governare.

ruler governante *(boss)*; sovrano *(of a country)*; riga *(for drawing lines)*.

rumor diceria; voce generale, *f.*

run (to) correre.
   to run away fuggire.

rural rurale.

rush assalto, impeto.

rush (to) precipitarsi.

Russian russo, russa, *(Noun & adj.)*

rust ruggine, *f.*

rustic rustico.

rusty arrugginito.

rye segala.

S

sacred sacro.

sacrifice sacrificio.

sacrifice (to) sacrificare.
sacrilege sacrilegio.
sad triste.
sadden (to) rattristare.
saddle sella.
sadness tristezza.
safe salvo, sicuro.
safe (to be) essere al sicuro.
safely sicuramente.
safety sicurezza.
sail vela.
sail (to) salpare, navigare.
sailor marinaio.
saint santo, *m.;* santa, *f.* (Also *adj.*)
sake amore, motivo, scopo.
  for my sake per amor mio.
  for the sake of per amor di.
salad insalata.
salary stipendio.
sale vendita.
salt sale, *m.*
salt (to) salare.
salute saluto.
salute (to) salutare.
salvation salvezza.
same medesimo, stesso.
  all the same lo stesso.
sample campione, *m.*
sanctuary santuario.
sand sabbia.
sandal sandalo.
sandwich panino ripieno.
sandy sabbioso.
sane sano.
sanitary sanitario.
sap linfa.
sarcasm sarcasmo.
sarcastic sarcastico.
sardine sardina.
satiate (to) saziare.
satin raso.
satisfaction soddisfazione, *f.*
satisfactory soddisfacente.
satisfy (to) soddisfare.
saturate (to) saturare.
Saturday sabato.
sauce salsa.
saucer piattino.
sausage salsiccia.
savage selvaggio *(noun & adj.)*
save *(prep.)* tranne, eccetto.
save (to) salvare *(person);* fare delle
  economie *(money).*
  to save time guadagnar tempo.
savings risparmi, *m. pl.*
savior salvatore, *m.*
say (to) dire.
scales bilancia.
scalp cuoio capelluto.
scan (to) scandire, scrutare.

scandal scandalo.
scanty scarso, ristretto.
scar cicatrice, *f.*
scarce scarso, raro.
scarcely appena, scarsamente.
scare (to) spaventare.
scarf sciarpa.
scatter (to) spargere.
scene scena.
scenery paesaggio *(landscape);*
  scenario *(theater).*
sceptic(al) scettico *(noun & adj.)*
schedule tabella, lista, inventario.
scheme disegno, piano.
scholar dotto, erudito.
school scuola.
science scienza.
scientific scientifico.
scientist scienziato.
scissors forbici, *f.pl.*
scold (to) rimproverare.
scope scopo, campo, prospettiva.
scorn sdegno.
scorn (to) sdegnare.
scornful sdegnoso.
scrape grattare.
scratch (to) graffiare.
scream urlo, grido.
scream (to) gridare, urlare.
screen paravento; schermo *(movie).*
screw vite, *f.*
screwdriver cacciavite, *m.*
scribble (to) scribacchiare.
scruple scrupolo.
scrupulous scrupoloso.
scrutinize (to) scrutare.
sculpture scultura.
sea mare, *m.*
seal sigillo.
seal (to) sigillare.
seam cucitura.
search ricerca.
search (to) ricercare.
seashore spiaggia.
seasickness mal di mare, *m.*
season stagione, *f.*
season (to) condire.
seat sedile, *m.;* posto.
seat (to) sedere.
second secondo *(unit of time).*
second *(adj.)* secondo *(numeral).*
secondary secondario.
secret segreto *(noun & adj.).*
secretary segretario, segretaria.
sect setta.
section sezione, *f.*
secure *(adj.)* sicuro.
secure (to) procurarsi, ottenere, *(get*
  or obtain); assicurare *(make secure).*
security sicurezza.

see (to) vedere.
seed seme, m.
seek (to) cercare; sforzarsi di.
seem (to) sembrare.
seize (to) afferrare, catturare.
seldom raramente.
select (to) scegliere, selezionare.
selection scelta, assortimento.
self stesso, stessa.
self-confidence fiducia in se stesso.
selfish egoista, egoistico.
selfishness egoismo.
sell (to) vendere.
semi- mezzo, metà
semicolon punto e virgola.
senate senato.
senator senatore, m.
send (to) inviare.
senior maggiore, m. or f.; anziano.
    (Also adj.)
sensation sensazione, f.
sense senso.
senseless insensibile.
sensibility sensibilità
sensible sensibile, ragionevole.
sensitive sensibile, sensitivo.
sensitiveness sensibilità
sentence proposizione, f.; sentenza.
sentiment sentimento.
sentimental sentimentale, (Also used
    as noun.)
separate separato.
separate (to) separare.
separately separatamente.
separation separazione, f.
September settembre.
sergeant sergente, m.
series serie, f.
serious serio.
seriously seriamente.
sermon sermone, m.; predica.
servant servo, m.; serva, f.
serve (to) servire.
service servizio.
session sessione, f.
set serie, f.; assortimento.
set (adj.) fisso, stabilito.
set (to) mettere a posto.
settle (to) fissare, stabilire.
settlement sistemazione, f.;
    accomodamento; colonizzazione,
    f. (colonization).
seven sette.
seventeen diciassette.
seventeenth diciassettesimo.
seventh settimo.
seventieth settantesimo.
seventy settanta.
several diversi, parecchi.
    several times diverse volte.

severe severo.
severity severità
sew (to) cucire.
sewer fogna.
sex sesso.
shabby meschino, logoro.
shade ombra.
shade (to) ombreggiare.
shadow ombra.
shady ombreggiato.
shake (to) scuotere; agitare; tremare
    (tremble).
shallow poco profondo.
shame vergogna.
shame (to) gettar vergogna su.
shameful vergognoso.
shameless impudente.
shape forma.
shape (to) formare.
shapeless informe; senza forma.
share parte, f.; porzione, f.; azione,
    f. (of stock).
share (to) dividere.
shareholder azionista, m.
sharp diesis, m. (in music).
sharp (adj.) tagliente.
sharpen (to) affilare.
shave (to) radersi.
she essa, ella, lei.
shed capannone, m.
shed (to) versare; spandere; perdere
    (leaves).
sheep pecora.
sheer puro; sottile (thin).
sheet lenzuolo.
shelf scaffale, m.
shell guscio.
shelter ricovero.
shelter (to) ricoverare.
shepherd pastore, m.
shield scudo.
shield (to) proteggere.
shift cambiamento.
shift (to) cambiare, trasferire,
    spostarsi.
shine splendore, m. (of the sun);
    lucidatura.
shine (to) brillare.
ship nave, f.
ship (to) spedire.
shipment imbarco, spedizione, f.
shirt camicia.
shiver brivido.
shiver (to) rabbrividire, tremare.
shock scossa.
shock (to) urtare, sbalordire.
shoe scarpa.
shoemaker calzolaio.
shoot (to) sparare.
shooting sparata, sparatoria.

shop bottega.
shop (to) fare delle spese; fare delle compre.
shore riva.
short corto, breve.
shortly fra poco.
shorten (to) abbreviare.
shorthand stenografia.
shorts mutande, *f. pl.*
shot colpo.
shoulder spalla.
shout grido.
shout (to) gridare.
shove (to) spingere.
shovel pala, paletta.
show spettacolo.
show (to) mostrare.
shower doccia.
shrill stridente.
shrimp gambero.
shrink (to) ritirarsi.
shrub arbusto.
shun (to) evitare.
shut (adj.) chiuso.
shut (to) chiudere.
shy timido.
sick infermo, malato.
sickness infermità, malattia.
Sicilian siciliano, siciliana. *(Noun & adj.)*
side lato, parte.
side dish contorno.
sidewalk marciapiede, *m.*
siege assedio.
sigh sospiro.
sigh (to) sospirare.
sight vista.
sign segno, simbolo, targa.
sign (to) firmare.
signal segnale, *m.*
signature firma.
significance significato.
signify (to) significare.
silence silenzio.
silence (to) far tacere.
silent silenzioso.
silk seta.
silken di seta; delicato *(soft).*
silly sciocco.
silver argento.
silvery argentato.
similar simile.
similarity somiglianza.
simple semplice.
simplicity semplicità.
simply semplicemente.
simulate (to) simulare.
simultaneous simultaneo.
sin peccato.
sin (to) peccare.

since da quando.
sincere sincero.
sincerely sinceramente.
    Yours sincerely Vostro sincero amico.
sincerity sincerità
sing (to) cantare.
singer cantante, *m. & f.*
single solo; celibe *(unmarried man);* nubile *(unmarried woman).*
singular singolare.
sinister sinistro.
sink lavandino *(kitchen).*
sink (to) affondare.
sinner peccatore, *m.;* peccatrice, *f.*
sip (to) centellinare.
sir signore.
    Thank you, sir! Grazie, signore!
sister sorella.
sister-in-law cognata.
sit (to) sedere.
site sito, luogo.
situation situazione, *f.*
six sei.
sixteen sedici.
sixteenth sedicesimo.
sixth sesto.
sixtieth sessantesimo.
sixty sessanta.
size misura.
skate (to) pattinare.
skates pattini, *m. pl.*
skeleton scheletro.
sketch schizzo, abbozzo.
ski (to) sciare.
skill destrezza.
skillful destro, abile.
skin pelle, *f.*
skirt sottana, gonna.
skull teschio.
sky cielo.
slander calunnia.
slap schiaffo.
slate lavagna.
slaughter macello.
slave schiavo, schiava.
slavery schiavitù.
sleep sonno.
sleep (to) dormire.
sleeve manica.
slender snello.
sleigh slitta.
slice fetta.
slide (to) scivolare.
slight lieve, esile.
slight (to) disprezzare.
slip (to) scivolare.
slipper pantofola.
slippery sdrucciolevole.
slope pendio

slot fessura.
slovenly disordinato.
slow lento.
slowness lentezza.
slumber sonno.
slumber (to) sonnecchiare, dormire.
sly furbo.
small piccolo.
smart elegante; abile *(skillful)*; piccante.
smash (to) fare a pezzi.
smear macchia.
smear (to) lordare, macchiare.
smell odore, *m.*
smell (to) odorare, fiutare.
smile sorriso.
smile (to) sorridere.
smoke fumo.
smoke (to) fumare.
smoker fumatore, *m.*
smooth liscio.
smother (to) soffocare.
smuggle (to) far entrare di
    contrabbando.
snake serpente, *m.;* rettile, *m.*
snapshot istantanea.
snatch frammento *(fragment)*.
sneer (to) sogghignare.
sneeze (to) starnutire.
snore (to) russare.
snow neve, *f.*
snow (to) nevicare.
so (thus) così.
    and so on e via di seguito.
soak (to) mettere a bagno.
soap sapone, *m.*
sob singhiozzo.
sober sobrio.
sociable socievole.
social sociale.
society società.
sock calzino.
socket orbita.
soft morbido.
soften (to) ammorbidire.
soil (to) sporcare.
soldier soldato.
sole unico, solo.
solemn solenne.
solemnity solennità.
solicit (to) sollecitare.
solid solido.
solitary solitario.
solitude solitudine, *f.*
solution soluzione, *f.*
solve (to) risolvere.
some del; qualche; alcuni, *m. pl;*
    alcune, *f. pl.*
somebody qualcuno.
somehow in un modo o in un'altro.
someone qualcuno, *m.;* qualcuna, *f.*

something qualche cosa.
sometime un tempo; qualche volta.
sometimes talvolta; delle volte.
somewhat alquanto.
somewhere in qualche luogo.
son figlio.
song canzone, *f.*
son-in-law genero.
soon presto.
soot fuliggine, *f.*
soothe (to) calmare.
sore piagna.
sorrow dolore, *m.*
sorry dispiacente.
    to be sorry about essare dispiacente
    di.
    I am sorry. Mi dispiace.
sort sorta; generale; *m.*
sort (to) assortire.
soul anima.
sound suono.
sound (to) suonare.
soup minestra, brodo.
sour acido *(milk, etc.);* acerbo *(fruit);*
    amaro *(bitter).*
source fonte, *f.*
south sud, *m.pl.;* meridione, *m.*
southern meridionale (also noun, *m.);*
    al sud.
southwest sudovest, *m.*
sovereign sovrano, sovrana. (Also
    adj.)
sow (to) seminare.
space spazio.
space (to) spaziare.
spacious spazioso.
spade vanga; badile; *m.;* picche, *f.*
    (playing cards).
spaghetti spaghetti.
Spanish spagnuolo. *(Noun & adj.)*
spare disponibile; di ricambio *(said
    of a tire).*
spare (to) risparmiare, disporre.
spark scintilla.
sparkle (to) scintillare.
sparrow passero.
speak (to) parlare.
speaker oratore, *m.;* parlatore, *m.*
special speciale, particolare.
specialty specialità.
specific specifico.
specify (to) specificare.
spectacle spettacolo.
spectator spettatore, *m.*
speculate (to) speculare.
speech discorso.
speed velocità.
speedy rapido, veloce.
spell incanto.
spell (to) compitare, scrivere.

How do you spell this word? Come si scrive questa parola?
spelling ortografia.
spend (to) spendere.
sphere sfera.
spice spezi, *f. pl.*
spider ragno.
spill (to) versare; far cadere.
spin (to) filare.
spirit spirito.
spiritual spirituale.
spit (to) sputare.
spite dispetto.
spite (to) contrariare.
spiteful dispettoso.
splash (to) schizzare.
splendid splendido.
splendor splendore, *m.*
split (to) fendere, spaccare.
spoil (to) guastare, sciupare.
sponge spugna.
spontaneous spontaneo.
spoon cucchiaio.
spoonful cucchiaiata.
sport sport, *m.;* giuoco.
spot luogo determinato *(location);* punto; *macchia* (stain).
spread (to) stendere, spandere.
spring primavera *(season);* balzo *(leap);* molla *(machine);* sorgente, *f. (of water).*
spring (to) saltare; balzare; provvenire da; far scattare *(a trap).*
sprinkle (to) spruzzare, aspergere, cospargere.
sprout (to) germogliare.
spry vivace, attivo.
spur (to) spronare.
spurn (to) respingere, disprezzare.
spy spia.
spy (to) spiare.
squadron squadrone, *m.*
squander (to) sprecare.
square quadrato; piazza *(city).*
squeeze (to) spremere.
squirrel scoiattolo.
stabilize (to) stabilizzare.
stable stalla.
stable *(adj.)* stabile.
stack catasta, mucchio.
stack (to) ammucchiare.
stadium stadio.
staff bastone, *m.;* stato maggiore *(military).*
stage palcoscenico.
stain macchia.
stain (to) macchiare.
stairs scale, *f. pl.*
stammer balbuzie, *f.*
stammer (to) balbettare, balbuziare.

stamp francobollo *(postage);* marchio *(seal).*
stand banco *(newsstand);* leggio *(music).*
stand (to) stare in piedi; subire *(endure).*
star stella.
stare (to) fissare.
start (to) sobbalzare, trasalire, cominciare.
starve (to) morir di fame.
state stato.
state (to) affermare, dichiarare.
stately imponente.
statement dichiarazione, *f.*
stateroom cabina.
station stazione, *f.*
  first aid station pronto soccorso.
statistics statistiche, *f. pl.*
statue statua.
statute statuto.
stay permanenza.
stay (to) restare.
steady fermo, saldo.
steak bistecca.
steal (to) rubare.
steam vapore, *m.*
steamer piroscafo; vapore, *m.*
steel acciaio.
steep ripido.
steeple campanile, *m.*
steer (to) dirigere, guidare.
stem ramo, stelo.
stenographer stenografa, *f.;* stenografo, *m.*
stenography stenografia.
step gradino.
step (to) camminare.
sterile sterile.
sterilized sterilizzato.
stern severo.
stew stufato.
stew (to) cuoere a stufato.
steward dispensiere *m.;* cameriere, *m. (on a ship).*
stick bacchetta.
stick (to) conficcare, appiccicare.
stiff rigido.
stiffen (to) irrigidire.
stiffness rigidezza.
still *(adj.)* quieto, calmo.
  Keep still! Stá quieto!
still (adv.) ancora, sempre.
stimulate (to) stimolare.
stimulus stimolo.
sting puntura.
sting (to) pungere.
stinginess tirchieria.
stingy tirchio.
stir (to) agitare, incitare, muoversi.

stitch punto; puntura *(of pain)*.
stock bestiame, *m. (cattle);* merce,
f. *(wares)*.
stocking calza.
stomach stomaco.
stone pietra.
stool sgabello.
stop fermata.
stop (to) fermare, arrestare, smettere.
store negozio.
stork cicogna.
storm tempesta.
story storia.
stove stufa.
straight diritto.
straighten (to) raddrizzare.
strain sforzo, tensione, f.
strange strano.
stranger straniero.
strap cinghia.
straw paglia.
strawberry fragola.
stream corrente, f.; fiume, m.
street strada.
streetcar tranvài, m.
strength forza.
strengthen (to) rafforzare.
strenuous strenuo.
stress pressione, f.; forza, enfasi, f.
stretch stiramento; sforzo *(effort)*;
tratto *(of road)*.
stretch (to) stendere, allargare.
strict stretto, rigido, severo.
stride passo lungo; andatura.
stride (to) camminare a gran passi.
strife contesa, conflitto.
strike sciopero.
strike (to) colpire, battere.
string spago.
strip (to) spogliare.
stripe striscia.
strive (to) sforzarsi, lottare.
stroke colpo, tocco.
stroll breve passeggiata.
stroll (to) andare a passeggio.
strong forte.
structure struttura, edificio.
struggle lotta, sforzo.
struggle (to) lottare.
stubborn ostinato.
student studente, m.; studentessa, f.
studious studioso.
study studio.
study (to) studiare.
stuff stoffa.
stuff (to) imbottire.
stumble (to) inciampare.
stump ceppo.
stun (to) stordire.
stunt ostentazione di forza, f.

stupendous stupendo.
stupid stupido.
stupidity stupidità.
stupor stupore, m.
sturdy forte, tenace.
stutter (to) balbettare.
style moda *(fashion);* stile, m.
subdue (to) soggiogare.
subject soggetto.
subject (to) sottoporre, assoggettare.
subjective soggettivo.
subjugate (to) soggiogare.
subjunctive congiuntivo.
sublime sublime.
submission sottomissione, f.
submissive sottomesso.
submit (to) sottomettere, sottoporre.
subordinate subordinato, subalterno.
subscribe (to) sottoscrivere.
subscription sottoscrizione, f.
subside (to) abbassarsi.
subsidy sovvenzione, f.
subsist (to) sussistere.
substance sostanza.
substantial sostanziale.
substantive sostantivo.
substitute sostituto.
substitute (to) sostituire.
substitution sostituzione, f.
subtle sottile, fine.
subtract (to) sottrarre.
subtraction sottrazione, f.
suburb sobborgo.
subway ferrovia sotterranea;
metropolitana.
succeed (to) succedere, seguire,
riuscire.
success successo.
successful fortunato.
succession successione, f.
successor successore, m.
such tale.
sudden improvviso.
suddenly improvvisamente.
sue (to) chiamare in giudizio.
suede daino.
suffer (to) soffrire.
suffering sofferenza.
sufficient sufficiente.
sugar zucchero.
suggest (to) suggerire.
suggestion suggerimento.
suicide suicidio.
suit vestito, *(clothes);* petizione, f.
(lawsuit).
suit (to) adattare.
suitable adatto.
sulk (to) essere di cattivo umore.
sullen imbronciato.
sum somma.

summary riassunto.
summer estate, *f.*
summit sommità.
summon (to) citare, convocare.
sumptuous sontuoso.
sum up (to) fare la somma; fare un riassunto.
sun sole, *m.*
sunbeam raggio di sole.
Sunday domenica.
sunny solatìo.
sunrise sorgere del sole, *m.*
sunset tramonto.
sunshine luce di sole, *f.;* sole, *m.*
superb superbo.
superficial superficiale.
superfluous superfluo.
superintendent sovrintendente, *m.*
superior superiore, *m.* (Also *adj.*)
superiority superiorità.
superstition superstizione, *f.*
supervise (to) sorvegliare.
supper cena.
supplement supplemento.
supplementary supplementare.
supply provvista.
supply (to) fornire.
support sostegno.
support (to) sostenere.
suppose (to) supporre.
suppress (to) sopprimere.
supreme supremo.
sure sicuro.
surety sicurezza.
surface superficie, *f.*
surgeon chirurgo.
surgery chirurgia.
surmount (to) sormontare.
surname cognome, *m.*
surpass (to) sorpassare.
surplus eccedenza; soprappiù, *m.*
surprise sorpresa.
surprise (to) sorprendere.
surrender resa.
surrender (to) arrendersi.
surround (to) circondare.
surroundings dintorni, *m. pl.*
survey esame, *m.;* ispezione, *f.*
survey (to) esaminare.
survive (to) sopravvivere.
susceptibility suscettibilità.
susceptible suscettibile.
suspect sospetto.
suspect (to) sospettare.
suspense sospensione d'animo, *f.*
suspension sospensione, *f.*
suspicion sospetto.
suspicious sospettoso.
sustain (to) sostenere.
swallow (to) inghiottire.

swamp palude, *f.*
swan cigno.
sway (to) oscillare.
swear bestemmiare *(curse);* giurare *(take an oath).*
sweat sudore, *m.*
sweat (to) sudare.
sweep (to) scopare, spazzare.
sweet dolce.
sweetness dolcezza.
swell (to) gonfiarsi.
swift veloce, rapido.
swim (to) nuotare.
swindler truffatore, *m.*
swing (to) dondolare.
switch interruttore, *m. (electric).*
sword spada.
syllable sillaba.
symbol simbolo.
symbolic simbolico.
symbolize (to) simboleggiare.
symmetrical simmetrico.
symmetry simmetria.
sympathetic tenero, sensibile.
sympathy compassione, *f.*
symptom sintomo.
syrup sciroppo.
system sistema, *m.*
systematic sistematico.

T

table tavola, tavolo.
tablecloth tovaglia.
tacit tacito.
tacitly tacitamente.
taciturn taciturno.
tact tatto.
tactfully con tatto.
tail coda.
tailor sarto.
take (to) prendere.
tale storia, racconto.
talent talento.
talk (to) parlare, chiacchierare, discorrere.
talkative ciarliero.
tall alto.
tame mansueto, addomesticato, domato.
tangle (to) ingarbugliare.
tank serbatoio; cisterna *(cistern);* carro armato *(army).*
tapestry tappezzeria, arazzo.
tar catrame, *m.*
tardy lento, tardino.
target bersaglio.

tarnish (to) appannare; rendere opaco.
task compito.
taste gusto.
taste (to) assaggiare.
tax tassa, imposta.
taxi tassì.
tea tè.
teach (to) insegnare.
teacher insegnante, *m. & f.*
team squadra.
tear (to) strappare.
tease (to) molestare, tormentare.
teaspoon cucchiaino.
technical tecnico.
technique tecnica.
tedious tedioso.
telegram telegramma, *m.*
telegraph telegrafo.
telegraphic telegrafico.
telephone telefono.
telephone operator telefonista, *m. & f.*
telephone (to) telefonare.
tell (to) dire.
temper umore, *m. (mood)*;
　temperamento *(disposition)*.
temperance temperanza.
temperate temperato, moderato.
temperature temperatura.
tempest tempesta.
temple tempio.
temporary temporaneo.
tempt (to) tentare.
temptation tentazione, *f.*
ten dieci.
tenacious tenace.
tenant inquilino.
tend (to) tendere.
tendency tendenza.
tender tenero.
tennis tennis, *m.*
tense tempo *(grammar)*.
tense *(adj.)* teso.
tension tensione, *f.*
tent tenda.
tenth decimo.
tepid tiepido.
term termine, *m.*
terrace terrazzo.
terrible terribile.
terrify (to) atterrire.
territory territorio.
terror terrore, *m.*
test prova, esame, *m.*
test (to) provare; esaminare *(school)*.
testify (to) attestare, deporre.
testimony testimonianza.
text testo.
textbook libro di testo.
than di; che; di quello che; di quanto che.
thank (to) ringraziare.

thanks grazie, *f. pl.;* ringraziamenti,
　m. pl.
that *(pron.)* quello, quella, ciò, quelle,
　quelli.
　that is vale a dire.
　That's it. È così.
that *(adj.)* quel, quello, quella, quelle,
　quei, quelli, quegli.
thaw disgelo.
thaw (to) disgelare.
the il, lo, la, i, gli, le.
theater teatro.
their il loro; la loro; i loro; le loro.
theirs il loro; la loro; i loro; le loro;
　di loro.
them essi, esse, loro, li, le, quelli,
　quelle, coloro.
theme tema, *m.*
themselves essi stessi; esse stesse;
　se stessi; se stesse; sè; si.
then allora, perciò, dunque.
theoretical teorico.
theory teoria.
there là, lì.
　there is c'è.
　there are ci sono.
thereafter d'allora in poi.
thereupon in conseguenza di ciò.
thermometer termometro.
these queste, questi.
thesis tesi, *f.*
they essi, esse, loro.
thick spesso.
thicken (to) ingrossare *(make larger)*;
　far restringere *(a gravy or sauce)*.
thickness spessore, *m.*
thief ladro.
thigh coscia.
thimble ditale, *m.*
thin sottile, magro *(referring to
　people)*.
thing cosa.
think (to) pensare, credere, ritenere.
third terzo.
thirst sete, *f.*
thirteen tredici.
thirteenth tredicesimo.
thirtieth trentesimo.
thirty trenta.
this questo, questa.
thorn spina.
thorough intero, completo.
though sebbene, quantunque, però.
thought pensiero.
thoughtful pensieroso.
thoughtless spensierato.
thousand mille.
thread filo.
thread (to) infilare.
threat minaccia.

threaten (to) minacciare.
three tre.
threshold soglia.
thrift economia.
thrifty economico.
thrill palpito, tremito.
thrill (to) elettrizzare.
thrilling emozionante.
throat gola.
throb (to) pulsare.
throne trono.
throng folla, ressa.
through attraverso.
throughout per tutta la durata di.
throw lancio, tiro.
throw (to) lanciare, gettare.
thumb pollice, *m.*
thunder tuono.
thunder (to) tuonare.
thunderbolt fulmine, *m.*
Thursday giovedì.
thus così; in tal modo.
ticket biglietto.
ticket window biglietteria; sportello
   del biglietti.
tickle solletico.
ticklish sensitivo, delicato.
tide maréa.
tidiness pulizia, accuratezza,
   ordine, *m.*
tidy ordinato.
tie cravatta.
tie (to) legare.
tiger tigre, *f.*
tight stretto.
tile mattonella.
till (to) coltivare.
till fino a; finchè.
tilt (to) inclinare.
timber legname da costruzione, *m.*
time tempo
   behind time in ritardo.
   from time to time di volta in volta.
   in time a tempo.
   to have a good time divertirai.
   What time is it? Che ora è?
timid timido.
timidity timidezza.
tin stagno.
tinkle tintinnìo.
tiny piccolo.
tip punta; mancia *(money)*.
tip (to) dare la mancia.
tip over (to) far ribaltare.
tire pneumatico, gomma.
tire (to) stancare, stancarsi.
tired stanco.
tireless instancabile.
tiresome stanchevole, noioso.
title titolo.

to a, ad, verso.
toad rospo.
toast pane abbrustolito; pane tostato.
toast (to) brindare *(drink to)*; tostare
   (bread).
tobacco tabacco.
tobacco store tabaccheria.
today oggi.
toe dito del piede.
together insieme.
toil fatica.
toil (to) faticare.
toilet toletta, gabinetto.
token segno; simbolo; pegno *(of
   affection)*.
tolerable tollerabile.
tolerance tolleranza.
tolerant tollerante.
tolerate (to) tollerare.
toll (to) suonare a rintocco.
tomato pomodoro.
tomb tomba.
tomorrow domani, *m.*
ton tonnellata.
tone tono.
tongs mollette, *f. pl. (tool)*; pinze,
   f. pl. (tweezers, pincers).
tongue lingua.
tonight stasera.
too anche *(also)*; pure.
   too much troppo.
tool strumento; arnese, *m.;*
   utensile, *m.*
tooth dente, *m.*
   toothache mal di dente.
toothbrush spazzolino dei denti.
toothpaste dentifricio.
toothpick stuzzicadenti, *m.*
toothpowder polvere dentifricia.
top sommità, cima.
topic soggetto.
torch torcia, fiaccola.
torment tormento.
torture tortura.
toss (to) lanciare; agitarsi *(in sleep)*.
total totale, *m.* (Also *adj.*)
totally totalmente.
touch tocco.
touch (to) toccare.
touching commovente.
touchy suscettibile.
tough duro, rude.
tour viaggio *(journey)*; giro.
tour (to) fare un viaggio.
tourist turista, *m.* or *f.*
tourist agency agenzia di viaggi.
tournament tornèo, gara.
toward verso.
towel asciugamani.
tower torre, *f.*

town città.
  town hall palazzo municipale.
toy giocattolo.
trace traccia.
trace (to) tracciare.
track orma; binario *(railroad)*; traccia.
trade commercio; mestiere, *m.*
  (occupation).
  trade union camera del lavoro.
tradition tradizione, *f.*
traditional tradizionale.
traffic traffico.
tragedy tragedia.
tragic tragico. ·
trail sentiero, traccia.
trail (to) seguire le tracce di;
  strisciare.
train treno.
  freight train treno merci.
train (to) ammaestrare, allenarsi.
training esercitazione, *f.;*
  allenamento.
traitor traditore, *m.;* traditrice, *f.*
trample (to) calpestare.
tranquil tranquillo.
tranquillity tranquillità.
transaction affare, *m.;* trattamento.
transfer trasferimento.
transfer (to) trasferire.
transition transizione, *f.*
transitory transitorio.
translate (to) tradurre.
translation traduzione, *f.*
translator traduttore, *m.*
transmission trasmissione, *f.*
transmit (to) trasmettere.
transparent trasparente.
transport trasporto.
transport (to) trasportare.
transportation trasportazione, *f.;*
  trasporto.
transverse trasverso.
trap trappola.
trap (to) prendere in trappola.
trash rifiuto.
travel viaggio.
travel (to) viaggiare.
travel agency agenzia di viaggi.
traveler viaggiatore, *m.;*
  viaggiatrice, *f.*
tray vassoio.
treacherous proditorio, sleale.
treachery tradimento.
treason tradimento.
treasure tesoro.
treasurer tesoriere, *m.*
treasury tesoro.
treat cosa offerta; gioia; festa.
treat (to) trattare.
treatment trattamento; cura *(medical).*

treaty trattato.
tree albero.
tremble (to) tremare.
trembling tremito.
trembling *(adj.)* tremulo.
tremendous tremendo.
trench trincèa.
trend tendenza.
trial prova; esperimento; processo
  (court).
triangle triangolo.
tribe tribù, *f.*
tribulation tribolazione, *f.*
tribunal tribunale, *m.*
tribute tributo.
trick stratagemma, *m.*
trick (to) ingannare.
trifle inezia.
trifling insignificante.
trim (to) guarnire.
trimming guarnizione, *f.*
trip viaggio; gita; incespicamento
  (fall).
trip (to) inciampare.
triple triplice.
triumph trionfo.
triumph (to) trionfare.
triumphant trionfante.
trivial insignificante.
trolley car tranvài, *m.*
trophy trofèo.
trot trotto.
trot (to) trottare; mettere al trotto.
trouble disturbo, incomodo.
trouble (to) importunare, disturbare.
  Don't trouble yourself. non si
  disturbi.
troup truppa.
trousers calzoni, *m. pl.*
truck carro, autocarro.
true vero.
truly veramente, sinceramente.
  yours truly suo devotissimo, *m.*
  sua devotissima, *f.*
trump briscola.
trump (to) giocare una briscola.
trumpet tromba.
trunk tronco *(tree);* baule, *m.*
  (luggage); proboscide, *f. (elephant's).*
trust fiducia.
trust (to) aver fiducia in.
trusting fidente.
trustworthy fidato.
truth verità.
truthful sincero.
truthfully sinceramente.
truthfulness sincerità.
try tentativo.
try (to) tentare.
  Try to come. Cerchi di venire.

Try to be on time. Cerchi di arrivare
in tempo.
tube tubo.
tumble (to) cadere, precipitare.
tumult tumulto.
tune aria, tono, melodia.
tune (to) accordare.
tunnel galleria.
turf terreno erboso.
turkey tacchino.
turmoil tumulto.
turn giro, turno.
turn (to) voltare, rivoltare.
Left turn. Voltare a sinistra.
turnip rapa.
twelfth dodicesimo.
twelve dodici.
twentieth ventesimo.
twenty venti.
twenty-five venticinque.
twenty-four ventiquattro.
twenty-six ventisei.
twice due volte.
twilight crepuscolo.
twin gemello, *m.;* gemella, *f.*
twist torcere, contorcere, torcersi.
two due.
type tipo.
type (to) dattilografare.
typewriter macchina da scrivere.
tyranny tirannia.
tyrant tiranno.

U

ugliness bruttezza.
ugly brutto.
ulterior ulteriore.
ultimate ultimo, finale.
ultimately finalmente; in definitiva.
umbrella ombrello.
umpire arbitro.
unable to (to be) essere incapace di.
unanimity unanimità.
unanimous unanime.
unanimously unanimemente.
unaware (to be) essere inconsapevole.
unbearable insopportabile.
unbelievable incredibile.
unbutton (to) sbottonare.
uncertain incerto.
uncertainty incertezza.
unchangeable immutabile.
uncle zio.
uncomfortable acomodo.
uncommon raro; non comune.
unconscious inconscio; privo di

sensi; subcosciente.
unconsciously inconsciamente.
uncouth goffo, agraziato, grossolano.
uncover (to) scoprire.
undecided indeciso.
undefinable indefinibile.
undeniable innegabile.
under sotto.
undergo (to) subire; sottomettersi a.
underground sottoterra.
underhand *(adj.)* clandestino, subdolo.
underline (to) sottolineare.
underneath sotto; al disotto.
understand (to) comprendere.
understanding comprensione, *f.;*
intesa; accordo.
undertake (to) intraprendere.
undertaker direttore di pompe
funebri, *m.*
undertaking impressa.
undesirable non desiderabile.
undignified non dignitoso.
undo (to) disfare.
undress (to) avestirsi.
uneasiness inquietudine, *f.;* ansia.
uneasy inquieto; non comodo.
unemployed non impiegato;
disoccupato.
unequal ineguale.
uneven ineguale; dispari *(numbers).*
uneventful tranquillo; senza
importanti avvenimenti.
unexpected inaspettato, imprevisto.
unexpectedly inaspettatamente,
improvvisamente.
unfailing immancabile.
unfair ingiusto.
unfaithful infedele.
unfamiliar non familiare; poco noto.
unfavorable sfavorevole.
unfit inadatto.
unfold (to) spiegare, stendere, svelare.
unforeseen impreveduto, imprevisto.
unforgettable indimenticabile.
unfortunate sfortunato.
unfortunately sfortunatamente.
ungrateful ingrato.
unhappily infelicemente.
unhappiness infelicità.
unhappy infelice.
unharmed incolume.
unhealthy non sano.
unheard (of) inaudito.
unhesitatingly senza esitazione.
unhoped for insperato.
unhurt illeso, incolume.
uniform uniforme, *f.* (Also *adj.)*
uniformity uniformità.
uniformly uniformemente.
unify (to) unificare.

unimportant insignificante.
unintentional involontario.
unintentionally involontariamente.
uninviting non invitante.
union unione, *f.*
unique unico.
unit unità.
unite (to) unire.
united unito, congiunto.
unity unità.
universal universale.
universe universo.
university università.
unjust ingiusto.
unjustifiable ingiustificabile.
unkind poco gentile; scortese.
unknown sconosciuto.
unlawful illegale, illecito.
unless a meso che.
unlikely improbabile.
unlimited illimitato.
unload (to) scaricare.
unluckily sfortunatamente,
   disgraziatamente.
unmistakably chiaramente.
unnecessary non necessario.
unoccupied non occupato; disponibile;
   libero.
unofficial non ufficiale.
unpack (to) disfare le valigie.
unpleasant spiacevole, doloroso,
   agradevole.
unpublished inedito.
unquestionably indubitatamente.
unravel (to) dipanare.
unreal irreale.
unreasonable irragionevole.
unrecognizable irriconoscibile.
unreliable immeritevole di fiducia.
unrest inquietudine, *f.*
unrestrained afrenato.
unrestricted libero; sfrenato; senza
   restrizioni.
unroll (to) svolgere, distendere.
unsafe pericoloso.
unsatisfactory non soddisfacente.
unsatisfied insoddisfattò.
unscrupulous senza scrupoli.
unseemly sconvenevole.
unseen *(adj.)* inosservato.
unselfish disinteressato.
unspeakable indicibile.
unsteady instabile, incostante.
unsuccessful senza successo.
unsuitable inadatto.
unthinkable impensabile.
untidy disordinato.
untie (to) sciogliere, slegare.
until fino a; finché.
   until now fino ad ora.

untrimmed senza guarnizione.
untrue falso, infedele.
untrustworthy indegno di fiducia.
untruth menzogna.
unusual insolito, raro.
unwell indisposto, sofferente.
unwholesome malsano, nocivo.
unwilling non disposto; mal disposto.
unwise non saggio; insensato.
unworthy indegno, immeritevole.
up su; sopra; in alto; in piedi.
upheaval sollevamento.
uphold (to) sostenere, mantenere.
upkeep mantenimento, sostentamento.
upon sopra.
upper superiore.
upright diritto; in piedi; retto.
uprising rivolta, insurrezione, *f.*
uproar tumulto, clamore, *m.*
upset capovolgimento, rovesciamento.
upset (to) capovolgere, sconvolgere.
upside down sottosopra.
upstairs al piano superiore; sopra.
upward in su; in alto.
urge (to) esortare.
urgency urgenza.
urgent urgente.
us noi, ci.
use uso, usanza.
use (to) usare; servirsi di.
used to abituato.
useful utile.
useless inutile.
usual solito, usuale.
usually usualmente.
utensil utensile, *m.*
utility utilità.
utilize (to) utilizzare.
utter estremo, assoluto.
utter (to) emettere.
utterly estremamente, totalmente.

V

vacancy vacanza.
vacant vuoto; non occupato.
vacation vacanze, *f.*
vague vago.
vain vano, vanitoso.
   in vain in vano.
valiant valoroso, intrepido.
valid valido.
validity validità.
valley valle, *f.*
valuable costoso, prezioso.
value valore, *m.*
value (to) valutare, stimare.

valued stimato, apprezzato.
valve valvola.
vanilla vaniglia.
vanish (to) svanire.
vanity vanità.
vanquish (to) vincere, conquistare.
vapor vapore, *m.*
variable variabile.
variation variazione, *f.*
varied vario, variato.
variety varietà; varietà, *m. (show).*
various diverso, vario.
varnish vernice, *f.*
varnish (to) verniciare.
vary (to) variare, mutare.
vase vaso.
vast vasto.
vault volta; sepoltura in sotterraneo *(church or cemetery).*
veal vitello.
vegetable legume, *m.;* verdura.
vehemence veemenza.
vehicle veicolo.
veil velo.
veil (to) velare.
vein vena.
velocity velocità.
velvet velluto.
venerable venerabile.
venerate (to) venerare.
veneration venerazione, *f.*
Venetian veneziano. *(Noun & adj.)*
vengeance vendetta.
venom veleno.
ventilation ventilazione, *f.*
ventilator ventilatore, *m.*
venture (to) azzardare, osare.
verb verbo.
verdict verdetto.
verge limite; punto estremo.
verification verifica.
verify (to) verificare.
versatile versatile.
versatility versatilità.
verse verso.
version versione, *f.*
vertical verticale.
very molto.
vessel recipiente, *m. (container);* vascello; nave, *f.*
vest panciotto.
veterinarian veterinario.
vex (to) irritare.
via via.
vibrate (to) oscillare; far vibrare.
vice vizio, difetto.
vice-president vice presidente, *m.*
vice-versa viceversa.
vicinity vicinanza.
victim vittima.

victor vincitore, *m.*
victorious vittorioso.
victory vittoria.
victuals vettovaglie, *f. pl.*
view vista, veduta.
view (to) guardare, considerare.
vigor vigore, *m.*
vigorous vigoroso.
vile abbietto.
village villaggio.
villain furfante, *m.*
vindicate (to) rivendicare.
vindictive vendicativo.
vine vigna.
vinegar aceto.
violence violenza.
violent violento.
violet viola, mammola.
violin violino.
virile virile.
virtue virtù, *f.*
virtuous virtuoso.
visibility visibilità.
visible visibile.
visibly visibilmente.
vision visione, *f.;* vista *(eyesight).*
visit visita.
visitor visitatore, *m.;* ospite, *m.*
visual visivo.
visualize (to) immaginare, raffigurarsi.
vital vitale.
vitality vitalità.
vivacious vivace.
vivid vivido.
vocabulary vocabolario.
vocal vocale.
vocation vocazione, *f.*
vogue voga.
voice voce, *f.*
void non valido; privo; nullo.
volubility fluidità, abbondanza.
voluble volubile.
volume volume, *m.*
voluminous voluminoso.
voluntary volontario.
vote voto.
vote (to) votare.
vow voto.
vow (to) far voto di.
vowel vocale, *f.*
vulgar volgare.
vulnerable vulnerabile.

W

wager scommessa.
wager (to) scommettere.

wages salario.
waist vita, cintura.
wait (to) attendere.
waiter cameriere.
wake (to) avegliarsi.
walk cammino, passeggiata.
walk (to) camminare.
  to go for a walk fare una
  passeggiata.
wali muro.
wallet portafogli, *m.*
walnut noce, *f.*
wander (to) vagabondare, divagare.
want bisogno.
want (to) volere; desiderare; aver
  bisogno.
war guerra.
ward pupillo *(person);* corsia *(hospital).*
wardrobe guardaroba, corredo.
ware, wares merce, *f.;* merci, *f. pl.*
warehouse magazzino.
warfare guerra.
warm caldo.
to be warm (hot)
  aver caldo *(a person).*
  essere caldo *(an object).*
  far caldo *(the weather).*
warm (to) riscaldare.
warmth calore, *m.*
warn (to) mettere in guardia; avvertire.
warning avvertimento, ammonimento.
warrant autorizzazione, *f.;* mandato.
warrant (to) assicurare, giustificare.
warrior guerriero.
wary cauto, guardingo.
wash bucato.
wash (to) lavare.
washroom lavandino.
waste aperpero, apreco.
waste (to) consumare; aperperare;
  deperire *(waste away).*
watch guardia *(guard);* orologio
  (clock); veglia *(vigil).*
watch (to) stare in guardia; guardare.
watchful guardingo.
water acqua.
  fresh water acqua dolce.
waterfall cascata d'acqua; cataratta.
waterproof impermeabile.
wave onda.
wave (to) ondeggiare *(speaking of
  sea);* far segno *(to signal);* mettere in
  piega *(set hair).*
waver (to) vacillare.
wax cera.
way via, modo, maniera.
we noi.
weak debole.
weaken (to) indebolire.
weakly debolmente.

weakness debolezza.
wealth ricchezza.
wealthy ricco.
weapon arma.
wear (to) portare; indossare;
  consumare *(consume).*
weariness stanchezza.
weary stanco.
weather tempo.
weave (to) tessere.
wedding sposalizio.
Wednesday mercoledì.
weed erbaccia.
week settimana.
weekend fine settimana.
weekly settimanalmente.
weep (to) piangere.
weigh (to) pesare.
weight peso.
welcome benvenuto.
  Welcome! Benvenuto!
  Prego.
  You're welcome.
  Non c'è di che.
welfare benessere, *m.*
well pozzo.
Well! Bene!
west ovest.
western occidentale.
wet bagnato.
whale balena.
what quale; quali; che; ciò che; quello
  che, *etc.; (interrog.)* come?; che
  cosa?
  What? Come?
  What is it? Che cos'è?
whatever qualunque cosa; tutto ciò che.
wheat grano.
wheel ruota.
when quando.
whenever ogni qual volta.
where dove.
wherever dovunque.
whether se; sia che.
which quale, *sing.;* quali, *pl.*
while mentre.
  Wait a while. Attenda un po'.
whim capriccio.
whine (to) piagnucolare.
whip frusta.
whip (to) frustare.
whirlwind turbine, *m.*
whisper bisbiglio, mormorlo.
whisper (to) bisbigliare.
whistle fischio.
whistle (to) fischiare.
white bianco.
who chi; che; il quale; la quale; i
  quali; le quali; colui che; colei che.

whoever chiunque.
whole (the) il tutto.
whole *(adj.)* tutto, intero.
wholesale all'ingrosso.
wholesome sano, salubre.
whom See *who.*
whose di chi; di cui.
why perchè.
  Why not? Perchè no?
wicked cattivo.
wide largo.
widen (to) allargare.
widow vedova.
widower vedovo.
width larghezza.
wife moglie.
wig parrucca.
wild selvaggio.
wilderness deserto.
wildness selvatichezza.
wile astuzia, inganno.
will volontà.
will (to) volere; lasciare per
  testamento *(bequeath).*
willful volontario, premeditato.
willing disposto, pronto.
willingly volentieri.
win (to) vincere.
wind vento.
wind (to) attorcigliare; caricare *(a*
  watch).
windmill mulino a vento.
window finestra.
windy ventoso.
wine vino.
wing ala.
wink strizzatina d'occhio.
winner vincitore, *m.;* viacitrice, *f.*
winter inverno.
wipe (to) asciugare, pulire.
wire filo metallico *(metal);*
  telegramma, *m. (telegram).*
wire (to) telegrafare.
wisdom saggezza.
wise saggio.
wish desiderio.
wit senso, spirito.
witch strega.
with con.
withdraw (to) ritirarsi.
withdrawal ritirata.
wither (to) disseccare, inaridirsi,
  appassire.
within di dentro.
without senza.
witness testimone, *m.*
witty spiritoso.
woe dolore, *m.*
wolf lupo.
woman donna.

wonder meraviglia.
wonder (to) meravigliarsi, domandarsi.
wonderful meraviglioso.
  Wonderful! Meraviglioso!
wood legno.
woods bosco.
work lavoro.
work (to) lavorare.
worker lavoratore, *m.;* lavoratrice, *f.*
workman lavoratore, *m.;* operaio.
work of art lavoro d'arte.
workshop laboratorio; officina.
world mondo.
worldliness mondanità.
worldly mondano.
worm verme. *m.*
worry preoccupazione, *f.;*
  inquietudine, *f.*
worry (to) essere inquieto;
  preoccuparsi.
  Don't worry. Non si preoccupi.
worse peggiore, peggio.
worship adorazione, *f.;* culto.
worship (to) adorare, venerare.
worst il peggiore; il peggio.
worth valore, *m.;* merito.
worthless senza valore; immeritevole.
worth degno, meritevole.
wound ferita.
wound (to) ferire.
wounded ferito.
wrap (to) avvolgere, coprirsi.
wrath ira.
wrathful irato.
wreath ghirlanda, corona.
wreck rovina; naufragio *(ship).*
wreck (to) rovinare; demolire *(a*
  building); naufragare *(ship).*
wrestle (to) lottare.
wrestler lottatore, *m.*
wrestling lotta.
wretched miserabile, misero.
wring (to) torcere, spremere, estorcere.
wrinkle ruga, grinza.
wrinkle (to) produrre rughe o grinze;
  corrugare.
wrist polso.
write (to) scrivere.
writer scrittore, *m.;* scrittrice, *f.*
writing scrittura.
  in writing per iscritto.
written scritto.
wrong torto, ingiustizia.
wrong *(adj.)* erroneo, sbagliato.
wrong (to) fare torto; offendere;
  giudicare erroneamente.

X

x-ray radiografia.

Y

yacht panfilo.
yard cortile, *m.;* recinto; cantiere, *m.*
  (shipyard).
yarn filato.
yawn sbadiglio.
yawn (to) sbadigliare.
year anno.
yearly annualmente *(adv.);* annuale
  (adj.)
yearn for (to) aver desiderio di;
  bramare.
yearning desiderio.
yeast lievito.
yell (to) urlare.
yellow giallo.
yes sì.
yesterday ieri, *m.*
yet ancora, tuttora.
yield (to) produrre *(produce).* cedere

(give in); arrendersi *(surrender).*
yoke giogo, vincolo.
yolk torlo *(egg).*
you voi; vi; tu; te; ti; lei; la; loro;
  le; li.
young giovane, *m.* & *f.* (Also *adj.)*
young lady signorina.
young man giovanetto.
your(s) il vostro; la vostra; i vostri;
  le vostre; il tuo; la tua; i tuoi; le tue;
  il suo; la sua; i suoi; le sue.
yourself voi stesso; tu stesso;
  te stesso; lei stesso.
youth giovinezza.
youthful giovanile.
youthfulness giovinezza.

Z

zeal zelo.
zealous zelante.
zero zero.
zone zona.
zoo giardino zoologico.
zoology zoologia.

GLOSSARY OF PROPER NAMES

Adrian Adriana.
Albert Alberto.
Alexander Alessandro.
Alfred Alfredo.
Alice Alice.
Andrew Andrêa.
Anita Anita.
Anthony Antonio.
Arnold Arnoldo.
Arthur Arturo.

Beatrice Beatrice.
Bernard Bernardo.
Bertram Bertrando.
Blanche Bianca.

Carol Carolina.
Charles Carlo.
Charlotte Carlotta.

Daniel Daniele.
David Davide.

Edith Editta.
Edmond Edmondo.
Edward Edoardo.
Eleanor Eleonora.
Emily Emilia.
Evelyn Evelina.

Ferdinand Ferdinando.
Frances Francesca.
Francis Francesco.
Frederick Federico.

Gabriel Gabriele.
George Giorgio.
Gertrude Gertrude.
Gregory Gregorio.
Guy Guido.

Harriet Enrichetta.
Harry Enrico.
Henry Enrico.
Hugh Ugo.

Irene Irene.

Jane Gianna.
Jerome Geronimo.
Joan Giovanna.
Judith Giuditta.
Julian Giuliano.

Lawrence Lorenzo.
Lewis Luigi.
Lucy Lucia.

Mary Maria.
Maurice Maurizio.
Michael Michele.

Paul Paolo.
Peter Pietro.

Ralph Raffaele.
Richard Riccardo.
Robert Roberto.

Sylvia Silvia.

Theresa Teresa.
Thomas Tommaso.

Vincent Vincenzo.
Vivian Viviana.

William Guglielmo.

GLOSSARY OF GEOGRAPHICAL NAMES

Africa Africa.
Alps Alpi.
America America.
  North America America del Nord.
  Central America America Centrale.
  South America America del Sud.
Argentina Argentina.
Asia Asia.
Atlantic Atlantico.
Australia Australia.
Austria Austria.

Belgium Belgio.
Bermuda Bermude.
Brazil Brasile.
Brussels Brusselle.

Canada Canadà.
Chile Cile.
China Cina.
Czechoslovakia Cecoslovacchia.

Denmark Danimarca.
Dover Dover.

Egypt Egitto.
England Inghilterra.
Europe Europa.

Florence Firenze.
Geneva Ginevra.
Genoa Genova.
Germany Germania.
Greece Grecia.

Hamburg Amburgo.
Holland Olanda.
Hungary Ungheria.

Iceland Islanda.
India India.
Ireland Irlanda.
Ischia Ischia.
Italy Italia.

Japan Giappone.
Jugoslavia Iugoslavia.

Lisbon Lisbona.
London Londra.

Mexico Messico.
Milan Milano.
Moscow Mosca.

Naples Napoli.
New Zealand Nuova Zelanda.
Norway Norvegia.

Pacific Pacifico.
Palermo Palermo.
Persia Persia.
Poland Polonia.
Prussia Prussia.

Rhine Reno.
Rome Roma.
Roumania Romania.
Russia Russia.

Sardinia Sardegna.
Scotland Scozia.
Siberia Siberia.
Sicily Sicilia.
Spain Spagna.
Sweden Svezia.
Switzerland Svizzera.

Tuscany Toscana.
Turkey Turchia.

United States Stati Uniti.

Vatican Vaticano.
Venice Venezia.
Vienna Vienna.

Wales Galles.